先蹤追ひつつ未来の望み——新先蹤録発刊に寄せて

秋田県立秋田高等学校同窓会長　銭谷　眞美（昭和四三年卒）

昭和二〇年代末、私が幼稚園児の頃だと思う。ある夜土崎のわが家に一人の賓客がお見えになり、家中あげての歓待の後一晩お泊りいただいたことがあった。翌朝起きて外を見ると、その方が上半身裸で庭石に腰掛け画帳を広げ絵筆をとっていた。老人なのに堂々たる偉丈夫で、私が近づくと笑顔で「坊やおいで」と膝の上に抱きあげて、「空は青い、世界は広い」とあれこれ優しく語りかけてきた。それだけの記憶なのだが、なぜだか忘れがたい思い出となった。

後で父象二郎にあの人は誰なのと訊ねると「須磨弥吉郎さんという立派な人だ。今は代議士で、戦前は上海総領事やスペイン公使も務めた外交官だった。秋田中学の大先輩で、父さんが在学中須磨さんの講演を聞いて大変感銘を受けたものだ」と話してくれた。

昭和四〇（一九六五）年、私は入学式でやはり秋田高校の先輩でもある鈴木健次郎校長の「汝、何のためにそこにありや」の問いかけに強烈なショックを受けた。また在学中やはり秋高先輩である多田等観先生のチベットでのすさまじい仏教修行の講演を聞き、その生き方に圧倒された。

平成一五（二〇〇三）年、秋田高校は創立一三〇周年を迎え、記念事業として「先蹤録」が刊行された。そこには前出の須磨弥吉郎氏、鈴木健次郎校長、多田等観先生の事蹟が詳しく紹介されていた。

今回、二〇年ぶりに「新先蹤録」を刊行することができた。畠山茂新先蹤録委員会委員長はじめ編纂に当たられた委員の皆様のご苦労には並々ならぬものがあり、心からの敬意と感謝の意を表すものである。また、春風社には難しい出版をお引き受けいただき改めてお礼申し上げる。

そして、この新先蹤録にご登場いただいた同窓生の皆様に心から感謝申し上げる。特に今回は、編纂委員などによる評伝に加え、ご本人や周囲の方々から聞き取ったオーラルヒストリー的な内容を取りまとめたもの、ご本人自らにご執筆いただいたものが掲載されている。お忙しいなかにもかかわらず、お時間を割いていただき、大変なご協力を賜り本当にありがたく重ねてお礼を申し上げる。

私は、この新先蹤録を是非秋田高校の在校生や若い同窓生など多くの若い皆さんに読んでほしいと願っている。

秋高校歌三番には「先蹤追ひつつ未来の望み」の一節がある。同じ学び舎で学び様々な分野で活動されておられる先蹤の事蹟を知ることは、高校生が自らの在り方を考えるときに必ずや何かしらのインフルエンスをもたらしてくれるものと考える。

人生は一度だけ、百人百様であり、他人と置き換わることはできない。その一度きりの人生を、己の信じる道を歩まれた先蹤の思いや活動は、きっと高校生はじめ若い皆さんを良い意味で益するものと考える。

そして若い人はもとより、多くの同窓生、さらに多くの方々にも是非ご一読いただきたいと思っている。この新先蹤録には、明治、大正、昭和に生まれ、明治、大正、昭和、平成、令和にご活躍いただいた同窓生の歩みと肉声が記載されている。ご自身のすごされた時代と照らし合わせながらお読みいただけたらと願っている。

最後に、この秋高新先蹤録刊行にご参加ご協力いただいたすべての皆様に重ねて感謝の意を表し発刊に寄せる言葉とする。

戯曲と評伝、二つのジャンルで人間を探究

劇作家・評論家
青江舜二郎《あおえしゅんじろう》
一九二二（大正11年）年卒

秋田市でも有数の薬種業店の長男に生まれながら、親の反対を跳ねのけ、劇作を志した青春期。恩師・小山内薫との出会いと別れ、家業の倒産、何度も死線をくぐった日中戦争従軍。戦後は複数の教育現場で後進の指導に当たり、草創期のテレビドラマ制作現場を支え、「法隆寺」で岸田演劇賞受賞。晩年は多くの評伝を世に送り出した。

一九〇四年　秋田市大町生まれ
一九二六年　東京帝国大学文学部印度哲学科入学
一九二七年　『新思潮』に青江舜二郎のペンネームで第一戯曲「火」を発表
一九二九年　東京帝国大学卒業
一九三一年　香川県庁に社会教育主事として赴任
一九三九年　召集将校として中国大陸に渡り敗戦翌年まで滞在
一九四七年　鎌倉アカデミア演劇科講師（後に教授）
一九五三年　日本テレビ嘱託となり連続ドラマ「少年西遊記」脚本、総合演出を担当
一九五七年　東京電機大学工学部教授。国際演劇協会日本センター理事
一九五八年　戯曲「法隆寺」が第五回岸田演劇賞受賞
一九五九年　戯曲「一葉舟」著作権侵害問題が起こり、東京地方裁判所に損害賠償請求訴訟
一九六六年　初評伝『竜の星座　内藤湖南のアジア的生涯』刊行
一九七九年　第八回川崎市文化賞受賞
一九八三年　死去

■主な著書　『演劇の本質と人間の形成』（誠文堂新光社）『戯曲の設計』（早川書房）『演劇の世界史』（紀伊國屋新書）『竜の星座　内藤湖南のアジア的生涯』（朝日新聞社）『日本芸能の源流』（岩崎美術社）『竹久夢二』（東京美術）『石原莞爾』（読売新聞社）『宮沢賢治　修羅に生きる』（講談社現代新書）『狩野亨吉の生涯』（明治書院）『仏教人間学』（公論社）『法隆寺』（春風社）

大店の長男に生まれ

青江舜二郎は一九〇四（明治三七）年一一月二六日、秋田市茶町梅之丁（現在の大町）にて生誕。家業は薬の卸小売業で家号は大嶋衛生堂。売薬の製造や写真の現像焼付けなども行う、秋田市内でも一、二をあらそう大店《おおだな》であった。その店の長男ということで衛一と命名される。一九〇九年、当時はまだ珍しかったキリスト教系の私立秋田幼稚園に入園。クリスマスにキリストの誕生劇に「星」などの役で出演した。これが初めての演劇体験であった。一九一一年、秋田県女子師範附属小学校（現在の秋田大学教育文化学部附属小学校）に入学。成績は優秀で読書を好み、月刊誌『日本少年』や漢文の「呉越軍談」「三国志演義」などを愛読していたという。これらは文芸好きの父・大嶋長三郎の影響であったと思われる。

一九一五（大正四）年一一月、長三郎が衛一の眼前で脳溢血を起こし急逝。この時、衛一は小学校五年生。ひとつ年上の姉のほかに弟と四人の妹がおり、末の妹は一カ月前に生まれたばかりであった。衛一はわずか一〇歳で喪主を務め、葬礼の後、父の名を継いで長三郎を襲名、大嶋家の跡取りという重責を背負わされる。一九一七年、県立秋田中学校（現在の秋田高等学校）に入学。ここでも成績は常に上位で、欠かさず級長を務め、特待生にも何度か選ばれた。また、三年生の時に野球部に入部、五年時には朝日新聞社主催の全国中学校野球大会（現在の全国高校野球大会）東北予選に捕手兼三番打者として出場、決勝戦まで勝ち進む。在学当時を回想した文章が残っている。

そのころの秋田中学は、鈴木校長が不幸にも病歿し、代わりにやって来た三沢力太郎（このひとのことは魯迅の手記にも見えている）という巨大な校長が大陸的に茫洋とした傑物で、校風はいよいよ淵達豪壮になり、教師たちと生徒たちは放課後も夜もいっしょになってさらに学びさらに遊び（こっそりいっしょに酒ものみ）、しばいもやれば日曜日ごとには旅行にもゆくというありさまで、まさに〝わが世の春〟というに足りた。私が五年の時各運動部が全国大会で獲得した優勝旗は七本、地方大会のそれは数知れず、しかもその年度の上級学校合格者は八十何人かで、官学入学率は全国で四位とか五位をしめ、一高入学者四人というのは中学創立以来の珍事であった。しかもそのうち三人までは運動部の選手である。（「略伝」より）

その一方、長三郎は文学に傾倒し、トルストイ、ドストエフスキー、ツルゲーネフ、チェーホフなどのロシア文学に耽溺するが、友人の勧めもあって、次第に演劇（戯曲）に関心が移る。母親や周囲からは「劇作で飯は食えない」と激しく反対されるが、中学卒業の間際に肺結核にかかったため、協議の結果、店は弟が継ぐということになり、半年間、療養に専念する。

一九二三（大正一二）年四月、旧制第一高等学校文科甲類に入学。同年九月一日、関東大震災発生。その後、震災復興の機運の中で一九二四年六月に開場した築地小劇場の常連となり、小山内薫と土方与志らが演出する新劇を観まくる。大学への進学を前に、「戯曲にしろ小説にしろ、すべて文芸の創作には、思想的哲学的基盤がなくてはならない。日本の作家はその点で弱い」という思いを強くし、一九二六年四月、東京帝国大学文学部印度哲学科に入学。また、『新思潮』同人となり、一九二七（昭和二）年一月号に第一戯曲「火」を発表。その執筆に際し、初めて「青江舜二郎」のペンネームを使う。この作品は、当時の苦悩を率直に表現したものであった。「革命思想の上げ潮のただ中にあって、はたしてそれよりほかの道はないのかというくるしい思索の結果がこれである。二元対立の西欧思想をすてて、万法一如という東洋的態度に立ったものといえるであろう」と、青江は後年記している。

秋田で想を得た「河口」

「火」が『劇と評論』誌上で小山内薫によって好意的に取り上げられたのをきっかけに小山内に師事、大学卒業後は築地小劇場への入団を決意するが、一九二八年一二月、小山内は心筋梗塞を起こし急逝。築地小劇場は分裂し、青江の築地入団の夢は砕け散る。また、青江に目をかけ、卒業論文を評価し、大学院に残るように勧めてくれた印度哲学科の主任教授・木村泰賢も、青江が幹部候補生として秋田連隊で一〇カ月の訓練を受けている最中の一九三〇年五月に急逝。青江はわずか一年半の間に、人生の師を二人も失い、翌一九三一年五月には実家の大嶋衛生堂が倒産。秋田にいられなくなった母や妹たちが、相次いで上京してくる。青江は一家の生活のため、長崎惣之助（後の国鉄総裁）の斡旋で、同年六月、香川県庁に社会教育主事として赴任。しかし、初心止みがたく四年後の一九三五年八月に辞表を提出。東京に戻り、「帝国少年団協会」の主事という職を得る。その一方で芥川賞最初の受賞作「蒼氓」（原作・石川達三）を脚色、これが花柳章太郎率いる新劇座の一二月公演で取り上げられ、商業演劇の劇作家としてデビュー。翌一九三六年には、卒業論文「仏陀時代における仏教と社会との交渉」が仏教学者・友松圓諦《えんたい》の著書『印度社会経済思想』に盗用された事実が明るみに出、友松は全面陳謝。岩波書店は、同書を絶版にすると発表した。

同年一一月、青江は将校教育のため、三週間ほど秋田連隊に予備召集され、土崎港の資産家・野口家（劇作家・野口達二の実家）に逗留、長編戯曲「河口」の構想を得る。一九三九年二月、劇団芸術小劇場の第五回公演で初演。「和製桜の園」「スケールの大きい力作」と高い評価を受け、青江の戦前を代表する戯曲と位置づけられる。また同年四月には、花柳章太郎の依頼により執筆した「一葉舟《ひとはぶね》」が新生新派により上演。これは樋口一葉の「にごりえ」「たけくらべ」といった小説と、一葉自身の生活とをからめた多層的な戯曲であった。青江は寸暇を縫って公演を見届け、それから間もなく第二小隊の隊長（階級は少尉）として中国・山西省の最前線へと旅立つ。

そのころ日本軍は中国各地でさかんに宣撫《せんぶ》活動を行っていた（宣撫とは、占領地の住民たちに日本の駐留目的や方針を説明し、人心を安定させること）。その一環として山西軍の捕虜の中から希望者を集め「興亜新劇団」という劇団が結成され、青江は数本の戯曲を「王青江」名義で執筆。「興亜新劇団」は、一九四一年四月、東宝文芸部に在籍していた菊田一夫の招きで来日し、当代きっての喜劇俳優・古川ロッパの一座と有楽座で共演を果たす。「中国人たちの演技は本職の俳優のようで、完全にロッパ一座を食っていた」と公演に同行した青江は回想している。一九四二年に召集解除となるが、その後北京に移り、「新民会」参事となる。方面軍司令部の指示によるものではあったが、立場は自由勤務の「軍属」で、それから敗戦までの約三年は、「大方にはもうしわけないが、私の人生の中でいちばん充実し安定した時期だった」という。青江は、紫禁城で晩年の西太后の写真を見たことから長編戯曲「西太后」を構想、満を持して執筆を開始するが、一九四五年五月末に再召集を受け天津地区で情報担当となり、八月一五日の終戦を迎える。

同年九月、北京に戻り「西太后」の執筆に専念。第一稿をどうにか書き上げ、翌四六年六月、焦土と化した日本に帰り着く。一二月、「中華日報社」という中国系新聞社の文化部長に就任。社論から劇評、小ばなしまで、複数の筆名で書きまくる。四七年四月、足立欽一（出版社「聚芳閣」社長）の斡旋で鎌倉アカデミア演劇科の講師となる（後に教授）。

「日本に帰った私は、これからの日本の若い世代にとって、私にはたして役に立つところがあるだろうか。あるとすれば何だと考えた。若い日本は今までとはまったくべつに新たに鍛えなおさなければならない。それには教育だ。教育こそが根本だ。そして私にはまだ他にわかち得るいくらかの智識がある」と、青江は略伝に記している。この鎌倉アカデミアを振り出しに、日本大学芸術学部、東京電機大学などの教壇に立ち、晩年まで若い世代と積極的な交流をつづけた。鎌倉アカデミアの教え子には俳優の高松英郎、声優の川久保潔、日本大学芸術学部の教え子には脚本家の早坂暁がいる。また、新劇雑誌「悲劇喜劇」の主宰する戯曲研究会の講師も務め、劇作家の小幡欣治らを育成した。

テレビの世界に踏み込む

一九五三（昭和二八）年五月、日本テレビの嘱託となり、テレビドラマ制作の準備に取りかかる。同局は八月、日本初の民放テレビ局として開局。そして二カ月後の一〇月から翌年三月まで、約半年間にわたって児童向け連続冒険ドラマ「少年西遊記」（民放テレビにおける連続ドラマの草分け）が放送される。青江は全三七話の脚本を執筆、また、編成局嘱託という立場でリハーサルや本番にもほぼ毎回立ち会い、実質的な演出も兼務した。また同時期、街頭テレビを通じて一躍スーパースターとなった力道山を主役に据えた「力道山の夢」という前後編ドラマの脚本も担当。一九五〇年代はこれ以外にも、「長谷川一夫アワー」「山本富士子アワー」、三島由紀夫原作「潮騒」、早川雪洲主演「釈尊」など、ラジオドラマ脚本を二〇〇本以上執筆している。

一九五五（昭和三〇）年一月、一〇日ほど奈良へ取材旅行に出かけ、帰京後、長編戯曲「法隆寺」の執筆に着手。同作は随所に独自の仏教観や社会観が盛り込まれ、まさに青江ならではの戯曲といえる。「法隆寺」は劇団民藝によって一九五八年五月に産経ホールで初演。出演は聖徳太子に滝沢修、四人の妃に細川ちか子、斎藤美和、佐々木すみ江、阪口美奈子を配し、他に佐野浅夫、奈良岡朋子、下條正巳、大滝秀治、北林谷栄など、当時の劇団民藝オールスターキャスト。作品そのものも圧倒的なボリュームで、上映時間は休憩を含めて四時間半を超えていたという。この作品で同年一一月、第五回岸田演劇賞を受賞。同時受賞は安部公房の「幽霊はここにいる」であった。

一九五九年四月には、演劇、映画、テレビ、放送、舞踊、音楽といったジャンルをすべて網羅した総合芸術雑誌『若い芸術』を創刊。編集主幹として毎号の誌面構成、コラム執筆などを行った。戦前の帝国少年団協会や戦後の鎌倉アカデミアなど、さまざまな形で青少年の文化活動をバックアップしてきた青江の、いわば集大成的事業だったが、資金繰りでつまずき、翌年には休刊に追い込まれる。また同年九月、戦前、花柳章太郎のために執筆した「一葉舟」が、久保田万太郎によって「一葉伝」と改題され、青江の許可なく上演されたことから、一一月、東京地方裁判所に損害賠償請求訴訟を起こす。被告は久保田、劇団新派、松竹の三者で、原告として「相応の原作料支払い」「新聞各紙への謝罪広告掲載」を請求した。詩人の菊岡久利が仲裁に入り、一二月に形式的な和解が成立するが、日本演劇界の〝大ボス〟であった久保田への反逆者と見なされた青江は演劇界に居場所を失う。一九六一年、戦争中北京で執筆し、その後数回にわたって改稿した三部作の戯曲「西太后」を、自費出版という形で刊行するものの、劇壇からは顧みられることなく終わる。一九六三年には、宮沢賢治と父親との相克を描いた長編戯曲「デクノボー」を執筆、劇団民藝に持ち込み、公演の時期や演出家まで決まったが、その後、賢治像についての解釈の違いから齟齬が生じ上演中止。また一九六四年には、「国内最大規模」「世紀の大事業」などと騒がれてきた秋田・八郎潟の干拓をテーマにした長編戯曲「干拓」を、現地での取材を重ね執筆するが、上演の内諾を取りつけた劇団が間もなく解散。「法隆寺」以降、作品の舞台化はなされないまま五年以上が経過する。

人物評伝に新境地

このような中で六〇歳を迎えた青江にいかなる心境の変化があったのか、もはや本人のみが知るところだが、一九六六（昭和四一）年一一月、初の評伝となる『竜の星座　内藤湖南のアジア的生涯』

を朝日新聞社から刊行。同書は、偶像化されつつあった内藤湖南（秋田県鹿角出身の東洋史学者）を今日的な視点で捉え直した評伝として高く評価され、これ以降も、竹久夢二、石原莞爾（山形県出身の軍人）、宮沢賢治（岩手県出身の詩人）、狩野亨吉（秋田県大館出身の京都帝国大学文科大学長）と、東北に関連した人物の評伝を次々に発表する。竹久夢二だけは東北と無関係のようだが、実は彼と交際していたモデルのお葉（本名・佐々木カネヨ）と作家の山田順子《ゆきこ》はともに秋田の出身で、しかも青江はこの二人の女性や夢二本人とも対面している。

青江が生涯こだわっていたのは「生きた人間を描く」ということであり、その点においては、戯曲も評伝も、心構えにおいて何ら変わるところはなかったと思われる。また、評伝の対象となる人物の家族が公《おおやけ》にしている資料には、「多くの美化や歪曲があり、ぐあいの悪いところはすべて隠されている」という理由から、ひたすら足で歩いて現場を見、家族親族ではない人間の話を聞くという実証主義を貫いた。その姿勢は、『宮沢賢治　修羅に生きる』などに顕著だが、それまでの賢治の伝記が触れて来なかった、いくつかのタブーに切り込んでいる反面、「あまりに露悪趣味ではないか」という批判があることも否定できない。

これら評伝の執筆と並行して、演劇や古典芸能に関する研究書も多数世に出している。『演劇の世界史』ではギリシャ時代から現代までの古今東西の演劇を概観し、『日本芸能の源流』では、日本の古典芸能の演目の起源を、中国やインド、さらにヨーロッパにまでさかのぼって解き明かそうとする。しかしそのまなざしは、遠い過去にばかり注がれていたわけではなく、草創期のテレビ番組制作に関わり、新しいメディアにも強く惹かれていた青江は、一九五七年から東京電機大学で一般教養の文学を教えていたことがきっかけで、テレビ以上に未来的なコンピューターの魅力に取りつかれる。コンピューターが人間と将棋を指して互角の勝負をしたという話を聞き、それなら、必要な情報さえ与えてやれば、定跡に沿って進行するドラマを組み立てることも可能ではないかと考え、同大学の教授やゼミの学生とともに研究に取り組み、「コンピュータドラマの可能性」と題した約三〇ページのレポートを一九七二年八月号の『放送朝日』に発表する。具体的には、四コマ漫画「サザエさん」の画像情報を複数入力し、最後のコマだけを隠して、それをコンピューターに回答させるというもので、機械がどこまで「起承転結」というドラマの構成を理解し、結果を予測できるかを調査したものだった。今から五〇年近く前の発想とは思えないほど斬新である。現在、ハリウッドでは「Dramatica」というストーリー作成ソフトが実用化されているが、青江の実験はまさにその「源流」をなすものといえるだろう。

このように、老年まで好奇心と探究心を失うことなく旺盛な創作・執筆活動を続けた青江だが、一九七六年一一月に長年の持病だった痛風から脳梗塞を発症。以後は療養に努めるも本復することなく、一九八三（昭和五八）年四月三〇日、痛風腎による尿毒症のため永眠。享年七八。その遺骨は富士霊園にある日本文藝家協会運営の文学者之墓に眠っている。

（大嶋　拓・記）

※本稿は『龍の星霜　異端の劇作家 青江舜二郎』（二〇一一年、春風社）を底本として執筆したものです。

努力と忍耐でカンボジアに和平をもたらす

元国連事務次長
明石《あかし》　康《やすし》
一九四八（昭和23）年卒

一九三一年　旧北秋田郡比内町生まれ。小学生の時に秋田市に移転
一九四三年　旧制秋田中学入学
一九四八年　新制秋田高校卒、旧制山形高校を経て、その後東京大学教養学部へ
一九五四年　フルブライト奨学金によりバージニア大学院、タフツ大学フレッチャースクールなどに留学
一九五七年　日本人初の国連職員となり、国連カンボジア暫定統治機構（ＵＮＴＡＣ）・旧ユーゴスラビア問題担当事務総長特別代表、事務総長特別顧問、人道問題担当事務次長などを歴任
一九九七年　国連を退任
二〇〇四年　旭日大綬章受賞
二〇〇九年　公益財団法人国際文化会館理事長
二〇一九年　国立京都国際会館理事長

「国連の暫定統治機構の人々と、特に事務総長の特別代行であったアカシ・ヤスシに、その勇気と献身的な行為、忍耐に感謝の意を表したい。勇気・献身・忍耐で、いろんな困難とか障害にもかかわらず、選挙のプロセスに必要な支援を与えてくれた、その勇気と献身と忍耐に感謝をささげたい。」※カンボジアＰＫＯのときの安全保障理事会が採択した決議（一九九三年六月二日）

■主な著書　『国際連合　軌跡と展望』『戦争と平和の谷間で』（以上、岩波書店）『平和へのかけ橋』（講談社）

私は色紙を頼まれたりすると、現在のこととか近いことよりも、できるだけ遠い将来を考えながら生きていくべきであるということ、しかしあまり遠くのことを夢見ているようでは仕方がないので、やはり足もとをしっかり見ろということで、「目は遠くを、足は地に」と書くことが多い。

カンボジア、ユーゴの国連平和維持活動に没頭

しかし、そんな言葉を掲げていても実際の生き方になるとなかなか難しい。二五年前に私が大きな責任をもって手掛けたのはカンボジアにおける国連の平和維持活動です。それが終わってから引き受けたのが旧ユーゴスラビアにおける平和維持活動。カンボジアは成功したといえると思うんですけど、その後に行かされた旧ユーゴスラビアの平和維持活動には非常に苦労しました。懸命の努力にもかかわらず成功しなかったのです。カンボジアから日本に帰ってきたときに、日本記者クラブで記者会見の折、何かひとこと書けということになり「天の時、地の利、人の和」という言葉を書きました。カンボジアＰＫＯが何とかうまくできたのは、時代が我々に有利に展開したからだと思っているんです。ちょうどアメリカと旧ソ連の冷戦が一九八九年前後に終わり、ベルリンの壁が崩れ東西ドイツが統合。いろんな意味でアメリカと旧ソ連そしてロシア連邦の間に新しい時代が開けていき、核軍縮なども可能になってきたわけです。カンボジアは一九九二年に始まって二年半後の九三年九月に終わりましたが、やはり冷戦が終わり米ソ関係が良くなっただけでなく、いろんなところに平和への兆しが現れた時期なので、カンボジアのＰＫＯはうまくいった。そういう大国関係や地球上の国々の関係が良くなっていったことが「天の時」です。もう一つは「人の和」ですけど、問題はいろいろたくさんあり、私とカンボジアのシアヌーク殿下との関係、現地の国連の責任者として本部の国連事務総長との関係も困難な面もありましたが、相互の努力で一つ一つ解決していき、基本的には「人の和」が

あったと思います。一番の疑問は、その「天の時」と「人の和」の間にある「地の利」があったのかなかったのか、これでした。で、ご承知の通りポル・ポト派は国連に盾をついて私の懸命の努力にもかかわらず、なかなか言うことを聞かないし、一九九三年五月に開かれた国連による自由民主選挙についてもポル・ポト派が実力でこれを撹乱し選挙をメチャメチャにしてしまうのではないか、そういう心配が最後まであった。だから「地の利」に関しては最後まで心配したのですけれども、九三年の五月二一日に開票が始まってどうかと思ったら、予想外にポル・ポト派の総攻撃というのは行われず、我々も最悪を予想しながら準備をしていたわけですけれども、カンボジアの有権者とくに女性は、一番の晴れ着を着て大雨の後だったんですけど、喜々として投票所に行ってくれたんですよ。で、私は五日間各地の投票所をヘリコプターで視察しました。国民は喜びをもって投票してくれ、投票率は約九〇パーセントでした。だから世界中の新聞がほとんど「選挙はうまくいかないだろう。ポル・ポト派が総攻撃に出るだろう。国連が一生懸命やっているけど失敗に終わるのではないか」と書いたにもかかわらず選挙はうまくいった。

国連の安保理事会も本当に喜びの気持ちを「決議」のかたちで、私個人の名前まで決議のなかに入れ、「努力」とか「勇気」という言葉をもって誉めてくれました。そのなかの言葉を今朝もちょっと見ていたんですけど、思い出されるのは、カンボジアＰＫＯのときの安全保障理事会が採択した決議（一九九三年の六月二日）のなかのこういう言葉です。

国連の暫定統治機構の人々と特に事務総長の特別代行であったアカシ・ヤスシに、その勇気と献身的な行為、忍耐に感謝の意を表したい。勇気・献身・忍耐でいろんな困難とか障害にもかかわらず選挙のプロセスに必要な支援を与えてくれた、その勇気と献身と忍耐に感謝をささげたい。

これが全員一致の安保理決議なんです。最高の誇りとすべき内容です。私は自分の勇気なんて考えたこともないんですけど、こういうことを言ってくれたのは非常にありがたかった。報いられることはなかなか少ないんです。「地の利」もポル・ポト派にあると思われたのですけれども、我々は懸命の努力で覆すことができた。カンボジアの平和維持活動には「天の時、地の利、人の和」その三拍子が一緒にあったといえると思います。

ところがユーゴスラビアのあたりから雲行きが怪しくなってきましてね、現地は血で血を洗う内戦のただなかに入っていましたし、我々は所期の目的を必ずしも達成できなかった。同じようにユーゴスラビア以外でも、たとえばソマリア、ルワンダが厳しかったです。九〇年代の後半は国連にとっても苦難の時期が来ました。反省しつつ新しい解放をしていった経緯があるんです。そんなことで「天の時」というのは無視できないのですが「人の和」で解決できることもあるし、それだけではだめだと紆余曲折がいろいろありました。アメリカとの関係も非常に窮地に追い込まれたこともあったし、国連側はNATOによる空爆に慎重だったしNATOの側は国連がどうしてもっと勇気をもって対処しないのかというもどかしさを持っていたと思いますけどね。お互いに立場は違うけれども共通の目的を達成し平和を創りだそうという気持ちにおいて同じなので、方法論が違うだけなんですよね。だからとことんまで話し合ってみること、それでお互いに分かり合う、一致することを求めながら、とことんまでやってみる。それでそれ以上にできないときはそこで様子を見ることしかないんですけど、一九九二年の二月にサラエボ危機があって現地の青空市場で六〇数名の人たちが一発の迫撃砲弾で殺され、当時の世界の一番の問題となったセルビア人勢力とボスニアのイスラム勢力との大きな対立になったとき、国連としては二つの勢力の間の和解を求めてできるだけのことをやって、私は両者の間を行ったり来たりしながら妥協を図りました。幸いにしてセルビア人勢力の方が最終的には撤退に合意してくれたのでＮＡＴＯによる本格的な空爆の必要は無くなったのですけど、分からず屋がいっぱいいるなかでも冷静にきちんと考えてくれるような人を探してね。説得に説得を重ねた結果、最終的にはデッドラインになる前に撤退が実現できて空爆が必要でなくなったとき、そのときのことは私の自叙伝にも書いていますけど、もう記者会見も終えて自分のホテルの部屋に帰って自分でウイスキーの水割りを作ってね、それをグイと飲んでいる間に眠ってしまって、その間にＮＡＴＯの空爆のデッドラインは過ぎていったというような状況でした。本当に自分の労苦が報いられた気がして嬉しかったですね。

若き日々を回顧して

私は日本経済新聞の「私の履歴書」をベースに一冊の本を出しまして、そのなかに子供時代、高校・大学時代などいろんなことを書いているんですけど、子供時代は私は末子でしてね。三人の兄と一人の姉、私が末子で当時はどうしても長兄というのが親のあとを継いで仕事を引き継いでやらなければいけない。それに対して末子というのは一番無責任で駄々っ子で甘えっ子で、私もそんなだったと思います。県北の旧比内町・扇田に生まれ育った私は当時の旧制秋田中学に入りました。戦争中に町長を務めた父の従兄の明石敬吉は、中学生の私に戦時下の敵性言語であろうとも英語を学び世界を知ることが大事と語ってくれました。そして三年生（一四歳）だったときに戦争が終わったんです。戦争の時代はみんな軍国主義のもとに勤労奉仕をさせられたり、ゆっくりきちんとした勉強もなかなかできないままに勤労現場に派遣されて辛くひもじい思いをしながら働いたりしたのも覚えています。しかしまあ秋田中学はそういう戦争の不自由な時代であっても幸せであったのは、いい先生方に恵まれたということだと思います。私なんか生意気で元気のいい、学校でもあまり先生たちの言うことを聞かない非常にやりにくい反抗的な時代が多かったと思いますけどね。八月一五日の当時の昭和天皇のお言葉を聞いて、戦争が終わったんだなあという安堵の気持ちと、これからどういう時代が始まるのかという不安とね、それから何日かして新しい民主主義というのはなかなか眩しいような、明るい時代が始まるんじゃないかという期待に満ちておったと思います。で、私も本をたくさん読んだり文学青年のような時代もありましたし、秋田では友人たちと一緒に演劇に凝ったこともありました。そういう、まあ少年時代というか青年時代というか過ごしたわけですけれども、先生方は淡々としてわれわれに必要なことを教えてくれたと思いますね。国語の先生もよかったし、修身の先生、町田與太郎先生（318頁参照）は軍国主義のグの字も使いませんでした。偉かったですよ。英語の先生にも生意気なわれわれが失礼なあだ名をつけたりしてね、いい学生であったとは思えませんけれど振り返って見てとてもいい教育をしてもらったと思っています。その後私は四年生を終えて旧制山形高校に入りました。ここは英語に強いといわれておったのですけど、田中菊雄という岩波書店の英和辞典を編集した偉い先生が、独学で英語を勉強したらしくて独特の訛りの英語でしてね、「えーこれで大丈夫かな」と思ったりしました。もう一人の先生はやたらに点数が厳しくて、私が一〇〇点満点の五〇点をもらって悲観していたら、五〇点が一番上だったのですよ。全体として素晴らしい先生が多かったし音楽の小田切先生、この方も非常にユニークな飄々とした教え方をしてくれました。本当にそういう意味ではありがたかったと思います。

その後旧制の山形高校が山形大学になったので、私は秋田に帰って、一年浪人して受験勉強をし、東京大学に入ったんですね、はい。教養学部教養学科というところのアメリカ科という所に配属されて当時としては贅沢な、一人の先生に一〇人ちょっとの学生がついてゼミナール形式で勉強ができるという、当時としては新しいタイプの教育を受けることができました。私は大学二年生のとき初めてアメリカ人の教授に教えてもらうことができて、はじめはチンプンカンプンで先生の言うことがほとんど分からなかったのですけど、アメリカから来た若いアメリカらしい考えを持った人たちとも話し合う機会が増えました。当時の日本の学生の典型的な、ややマルキシズムにかぶれた私はこの人たちと激論を交わしたわけですけど、こちらは英語力が足りなくていろいろ悔しい思いをしたのも覚えています。まあ一、二年している間に幸いいろいろいい刺激があって、RとLの音の違いも発音できなくて苦労したんですよね。ともかくも優れた先生について相変わらず生意気な学生だった私も当時のアメリカの政治制度について、政治と外交についても勉強することができたんですね。それで大学院に進んでそのうちフルブライト留学生としてアメリカへ行ってバージニア大学一年で修士号を取りました。授業料と寮費を払ってしまうと月に一四〇ドルしか残らなかったんですよ。貧しかったけれどもね。日本の学生時代は貧乏学生でアルバイトばかり多くてね、読みたい本もなかなか読む時間もないし、それから解放されてフルブライト留学生になったとしても月にお小遣いはたった一四〇ドルなので中古の車も買えないわけですよ。そういう車も買えないとなると女子学生とデートに行くこともできないでしょう、だから私は毎日夜の一二時まで大学の図書館が開いてましたので本を読んで、それから星を見ながら帰るときは本当にうれしかったですねぇ。

次は北部のボストンの近くにあるフレッチャースクールという外交関係・国際関係に関する小さな大学院に入りました。これはもう学生総数四〇人くらい、しかも世界中の違った国から優れた学生が集まるところで、いい勉強をさせてもらいました。その間に一九五六年一二月一八日に日本の国連加盟が可能になり、私はその時の重光葵外相の加盟演説を幸いにして聴くことが出来たんです。その前後にアメリカの北西部のある町で国際学生セミナーが開かれていて、私が偶然頼まれて急にアジアの政治と外交について発表させられました。これは一夜漬けのややお粗末な発表であったと思いますけれども、それをたまたま聞いていたイギリス人の国連の政治安全保障局の政務部長がどういう風の吹き回しか非常にこの発表に興味を持ってくれまして、日本の国連加盟が近いうちに成立すると思うけどそのときに国連を受けてみないかと言われました。私は国際関係の専門家になりたいと思ってアメリカから日本に帰って大学で教えることができれば幸いだというくらいにしか考えてなかったんですけど、政務担当官を一人は日本から採りたいという熱心な態度で私に白羽の矢が立って国連に入ることが決まりました。一九五六年に国連加盟が成立し一九五七年二月一一日に国連の政治安全保障局で小さな部屋を一つもらって仕事を始めたというのが始まりです。

で、西も東も分からなかったんですけど、いろんな国から来た異なる教育制度で学んだ人たちが一緒にチームを組んで仕事をしている、そういうのを見て私も見よう見まねで少しずつ仕事を覚えていき、一九六一年には国連の職員組合の委員長をさせられ一年間やりました。それで政治安全保障局とかＰＫＯをやる部門で働いたり、国連内部の政務関係の仕事をして一時は日本政府の国連代表部があり、そこで働いてみないかと日本の外務省に言われて参事官、公使、大使としていろんな国連の委員会などを経験し五年間外務省で先の国連代表部の仕事をし、その期間も結構やらされた仕事も興味深くて私なりに最適でありながら、しかも日本らしい外交を展開しようと思って頑張ったんです。五年間仕事をしてお前はまた国連に帰ってより高いポストで仕事をしてもらいたいということで国連の広報担当の事務次長として国連に逆戻りをしたのが一九七九年で、その頃は四〇代後半の若手の一番若い事務次長の一人だったと思います。それを七、八年務めてから軍縮担当の事務次長というのをやらされ、東西関係が少しずづ良くなり始めたので軍縮の仕事はそれなりにやりがいがあったと思います。

一九九二年の始めから今度はカンボジアにおける国連の平和維持活動の最高責任者をやらないかと言われて一年半それをやり、国連本部に帰りそれからユーゴスラビアの問題を担当して二年弱やりました。それから国連で今度は人道問題担当の事務次長をやって国連をやめたのが一九九七年末です。一九九八年はじめに日本に帰ってきまして、広島市が平和研究所をつくるから初代の所長にならないかと言われてそれを引き受けて、それから自民党に頼まれて東京都知事選に挑戦してみたり、いろんな大学とか研究機関で仕事をさせられ現在に至っています。その間日本政府はスリランカ問題に関してスリランカの方から、明石というのがいてカンボジア問題をうまく片付けたはずなんだけど、スリランカのシンハラ系の多数民族とタミール系の少数民族との間の民族紛争があり、テロ行為もありましたし、その問題についてとにかく日本政府を通じて私（明石）に手伝ってもらうわけにはいかないだろうかという手紙がスリランカの外務大臣から日本の当時の川口順子外務大臣に来ました。それでまあいいだろうということでスリランカの和平担当の日本政府代表として任命され、スリランカ問題に取り組んだのは二〇〇二年から二〇〇九年まで、その後も時としてスリランカを訪れて私なりに和平をお手伝いするということをやりました。

近年では公益財団法人である国際文化会館の理事長を九年余り務めて、これは今年いっぱいで終わりまして二〇一九年一月からはまた同じく公益財団法人である国立京都国際会館の理事長を仰せつかることになっています。京都では前から市の学術顧問を仰せつかっております。京セラの稲盛和夫会長が体を壊してどうしても辞めたいというので、私は前から評議員はやっていたんですが京都の門川という市長が私の所までわざわざ来て、稲盛さんがどうしても辞めたいと言うので代わりをやって欲しいというんです。私は稲盛さんより年上ですからこれでは若返りにもならないし適任ではないと固辞したんですが、その門川市長は、京都では九〇歳代の人がピンピンして皆活躍している、哲学者の梅原猛さんもそうだし裏千家大宗匠の千玄室さんもそう、明石さんは九〇代にもなっていないじゃないかと言われました。ずいぶん乱暴なと思ったけれど退路を遮断された気持ちになってね、激務でないことを確認して苦笑いをして引き受けることにしたのです。

首都圏で活躍する同窓の逸材のこと

秋田から外に出た人たちは素晴らしく活躍している人が多いですね。残っているのはどうもイカンという感じです（笑）。家付きの息子たちが多いものですから、周囲の生活レベルに染まって覇気も工夫も足りないということです。秋田県は今本当に人材供給県でして、首都圏に出た人たちは素晴らしく活躍できるのに秋田に戻ると「どこそこの家の何番目」と言われて終わってしまう。これがダメなところです。活躍の場がないために残念です。

やっぱりわれわれは郷里が元気で皆さんが前向きに生きておられるのを見ると嬉しいので、東京のあたりで仕事をしているとなんとなく自責感がありますよね。残念ですねえ。秋田県にも素晴らしい産業とか産物もありますし、そのうちの一つか二つが抜きんでるのは難しいけど皆さんもう少し支え合いながら協力しながら一緒にもっと良くなるという道は、口で言うのはやさしいんですけど、やっていただければありがたいなあと東京に住んでる県人たちが時々話し合っているんです。容易でないのは知ってますけど秋田県の持っているそういう自然の美しさとか温泉の多さとか食べ物のおいしさ、人と人との温かさとか、秋田県の中でも企業人はそれなりにやっておられますが、自分の持っているものをパッケージ化するのがあまりうまくないといいますかねえ。東京のぬくぬくした所で自分の郷里のことを批判するのはあまりフェアじゃないと思うんですけどね。秋田県の小学生の成績を見ると全国の一、二位でしょう。秋田県と福井県あたりが小学中学の教育はトップクラスだと思いますけど、日本全体にも言えますが、大学とか大学院になると国際比較で東大あたりでもやっとのことで二〇何位か三〇何位に入るくらいでね、非常にもどかしいですね。実力と表現力は私は切り離せないものだと思いますけど、表現力の方が日本人全体が遠慮深くて尻込みする人が多いということではないかなあと思ったりするんです。

文化庁も京都に移転しますが文科省の話題から派生して、いま同窓会の会長の銭谷さん、国立博物館の館長も立派におやりになっていましたけど、静かな優しい人ですね。文科省では非常に信望のある立派な事務次官だったと思いますね。ご承知のように文科省というのは次から次へと問題が出て今は大変だと思います。

英語力は真剣勝負で

二〇年くらい前でしたでしょうか、NHKが明石さんの若き日の特集を組んでアメリカの実際の思い出の現場で収録した番組を印象深く記憶しています。あのとき明石さんが「英語を学ぶんだったら皆さん、明るく楽しく会話ができる程度ではなくて、徹底的に話し合って相手に打ち勝つような英語を身につけなさい」とおっしゃった。すごいことだなあと感動しておりました。

いやあこれはねえ日本全体の問題でもあるのですが、私は英語の専門家でも言語の専門家でもないのですが、ICU（国際基督教大学）の理事長や日本IBMの社長・会長も務めた北城恪太郎さんも言ってますが、だらだら語学を勉強しても力にならない。短期間集約的に言葉のなかに自分を漬けてしまうイマージョン immersion（没入法：学習中の言語を使って生活しながらその言語を習得する教育法）という言葉があるんですけど、そのなかに自分がたっぷりと漬かってしまう。一日中、必要だったら一二時間くらい英語だけをやるようなね。それを何週間かつづけていると見違えるように力がつくというんですね。そういう勉強の仕方こそ必要なのではないかと思うんです。あんまり綺麗ごとの覚え方ではなくて、たとえば英字新聞の社説を暗記してしまう。すると今度は文章のパターンが限られたものでしかないことがわかってくる。後はいくつかのパターンの組み合わせなんですね。それさえ会得してしまえば怖いもの知らずだし、表現力の問題というよりは内容の問題、お互いに気合の問題ですね。一遍しゃべって相手がわからなかったら「そんなにバカなのか」といった顔をしてみてもいいと思いますし、自分が悪いから相手がわかってくれないのだと思いこまないことですよね。日本社会でもお互いの対話というのは中々やりにくいと思います。お互いのことを忖度してばかりいてね、余計なことを考えすぎる。で、自分が悪いのじゃないかと思ってね。こう目を伏せてしまって。外国人と話すときはある意味真剣勝負、日本人同士でもそうかもしれません。握手にしてもそうですね。その場合相手の目を見ながらの方がいいですよ。

若い人たちに激励の一言

ある程度将来が現在よりも良くなるということを信じられないなら人生は生きる価値がないんで、徹底的にぶつかってみることが大事だと思います。とにかく突破口があるんだということを探し回ることですね。秋田県人らしい粘り強さでやってみること、それはやっぱり動かないとダメなんですよね。そう思います。

いままでの話の中に、若い人たちへのメッセージがある程度入っていると思います。世界にはいろんな人がいるわけですから、われわれは何も一つの道を歩む必要はないのでそれぞれが試行錯誤しながら、あるいは手探りでこれでもないあれでもないということでやってみると、未来というのは必ず開けるに違いないという信念で当たるべきではないでしょうか。いけないのは止めてしまうこと。さっきの勇気と努力と忍耐で乗り切るという覚悟が大事だと思いますね。究極的には一人一人がやっぱり少しずつ努力して前へ進んでいくということではないでしょうか。

（畠山茂・聞き手）

「どんなときでも、命は輝く」を実践

訪問看護師
秋山正子《あきやままさこ》
一九六九（昭和44）年卒

一九五〇年　秋田市土崎港に生まれる
一九六九年　聖路加国際大学看護学部入学
一九七三年　同大学卒業。産婦人科の看護師となる
二〇〇一年　（有）ケアーズ・白十字訪問看護ステーション設立・代表取締役所長就任
二〇一六年　英国発祥のがん相談施設を「マギーズ東京」として日本初開設、初代センター長
二〇一九年　第四七回フローレンス・ナイチンゲール記章受章
二〇二〇年　第七二回保健文化賞個人部門受賞

秋山正子さんは、看護師に与えられる世界最高の栄誉あるフローレンス・ナイチンゲール記章を受章した。看護の基本は住み慣れた自宅での在宅ケアという考え方のもと訪問看護を推進し、更にその実践の気づきから、がん患者やその家族が第二の我が家のように感じられる相談支援所「マギーズ東京」や地域の高齢者のよろず相談所「暮らしの保健室」などを展開し、寄り添う看護を実践し続けている。

どんなときでも、命は輝く

これは、二〇一〇（平成二二）年三月、ＮＨＫの番組「プロフェッショナル　仕事の流儀」訪問看護師秋山正子として取り上げられたときに、タイトルとして使われたものです。たとえ、死が目の前に迫っていようとも、いのちの輝きを見出し、その人らしく生ききるのを支援するのが、訪問看護の役割と気が付いた話をしたときに出た言葉からです。

いのちの輝きを、どんな時でも見いだせる感性と、科学的な知識を併せ持った看護のプロとして、人々の暮らしのなかに出向くということは、単なる机上の知識だけでは成り立ちません。

また、個性豊かに生き抜いている、生き抜いてきた一人一人を、本当に大切に思い、真摯に向き合い、その結果、その人を囲む多くの方々とつながり、お互いに支えあい、新しい地域の中でのサービスを創り出していく過程を、訪問看護実践を通して学ばせてもらいました。病院の中にとどまっているのではなく、人々が療養生活をしている場所に看護師として出かけたから見えてきたことです。

看護師を目指そうと思ったきっかけ

秋高一年生の七月に父を亡くした経験が、その後の私の人生を医療の世界・看護師に向けることになったのですが、夏の終わり、カラになった高校のプール掃除当番をしながら、友人の富樫（現　皆川陽子）さんに、思いを語ったことがきっかけでした。

一六歳の時に実父が胃のポリープの手術を受けた後、当時で脳軟化症、今でいう脳血管性認知症が発症。明治生まれで無口で厳格な父親の変わりように反発を覚えて、母にたしなめられた思い出があります。ぶつぶつと独り言を言い、不安そうに母の後を追う姿は認知症そのものだったなと、後で気づきました。

自宅で家族介護を受けて痛みもなく皆に囲まれて静かに息を引き取ったのを、まるでセピア色の映画の場面のように今でも思い出します。

この時、一九六六（昭和四一）年、まだまだ亡くなる時は自宅の畳の上が一般的でした。

人の生死を目の当たりにして

いつまでも寝たり起きたりの父親の姿を不思議に思いながら、亡くなる前日が日曜日で、鼻歌交じりにお布団の上に座って、自分で髭を剃っていたのですが、経過を知らされていない私には、翌日帰らぬ人になるなど、思いもよらぬことでした。

月曜日、母は、私と姉に弁当を持たせて送り出すときに「寄り道しないでまっすぐに帰ってきなさい」と、念を押します。高校生になって土崎から汽車通学（ディーゼルになっていましたが）。駅からは市営バスでした。寄り道などする余裕などありませんが、わざわざそういったのには訳があったと、後で気づきます。

夕方家に帰ると母が「夕食の準備ができているから、早く食べなさい。しばらく魚は食べられないから」と。我が家は曹洞宗＝禅宗です。港町の土崎の主菜は毎日、ほとんどが魚でしたから、それが食べられなくなるということは仏事があるということ。その時は何か変だなと思うくらいでピンとも来ずに、素直に自分だけで食事をとり、奥の部屋で寝ている父のもとへ向かいました。

ほどなくして、姉や兄も帰ってきて、近くの病院の医師が呼ばれ、小さな酸素ボンベをもってきて、マスク式の物で酸素をかがせるようにしましたが、そのうち、呼吸の間が長くなり、ゆっくりと吸って吐いての状態がつづき、とうとう息を引き取る場面になりました。

そこでは、ごく自然な流れで、心臓マッサージなどは行われず、医師が「ご臨終です」と死亡診断をして家族に礼をした後帰られたのです。後に看護の勉強をしたときに、亡くなりそうな人の呼吸としてチェーンストークスの呼吸だと、あの時の光景を医学用語で知りました。兄たちは男泣きに泣きましたが、私は何が起こっているかも理解できずにキョトンとした思いの中で、人が死ぬということはこういうことなんだと妙に冷めた目で見ていたように思います。この頃は、人が亡くなることを家族が予測し準備をするのが当たり前だったのだということも、母の行動のなかに時代の流れを感じます。

父の死後、一カ月半たったころに母が「あれは手術の時に、ポリープではなくて胃がんが進行し、長くても半年と言われていたのよ。それが一年半もゆっくりとお世話して見送ったので悔いはない」と教えてくれました。

そんなこととはつゆ知らず反発して、手伝いもしなかったことに後悔を覚え、看護師を目指そうと思ったわけです。そのいきさつを、プール掃除当番の時に友人に話したのを、友人の方がよく覚えてくれていました。しかし男子校の名残が色濃い秋高では、看護師を目指す人は少なく進学先を探すのに苦労しました。東京出身の国語の小出先生に、聖路加という学校があって、そこは歴史があり、看護学校にしては珍しく四年制の大学になっていると教えてもらい、自分で探して受験しました。

近代看護の創始者に学ぶ

二〇二〇年はナイチンゲール生誕二〇〇年の記念の年でした。

ナイチンゲールが活躍した一九世紀、衛生状態が悪い野戦病院で、彼女がまず何をしたかですが、ランプをともしながら、見回りをしている姿が印象的です。

しかし実はとても現実的に有用な対策を実行していたのです。床の掃除をきちんとするように人を雇い、新しいリネンを取り寄せ、寝床の藁をきちんとくるみベッドにし、そしてわざわざ調理人を呼び寄せ病人の食事を作らせ、栄養状態の改善を図りました。身体の清潔を保つようにしながら、適切な薬やケアの提供を、教育訓練を受けた看護師に実践させたのです。当時、看護職は社会的に認められてもおらず、教育も体系づけられてはいませんでした。こんな状況の中で、傷病兵たちの死亡率は改善され、治療効果も上がっていきます。

感染予防に関しても、手洗いの励行を看護師が行った病棟の発熱者の減少は、目を見張るものがあり、医師たちも納得せざるを得なかったそうです。

激務のせいで、クリミアの風土病に侵され、腎機能が落ちたこともあって、イギリスに帰ってからは自らが病床に伏しながら、看護教育や看護管理に手腕を発揮し、多くの人材を育てました。それらのことを成し遂げながら、彼女は遠い未来を見ていました。

家庭の健康を守るのは女性。「この人たちに衛生上の知識や、家族の健康管理ができるように教育して、病気の予防と、早めの手当てができれば人々の健康状態は保たれるでしょう、そして、病人を病院に集めるのではなく、人々の所に医療が届けられるようにして、一番過ごしやすい家で療養ができれば理想ですね」と。

「そうすれば、将来は病院や、施設は必要なくなるのではないか？　それは一〇〇年先の二〇〇〇年の世界のことね」と。看護の原点は、在宅ケアであり、看護を必要としている人に訪問して届けることだとし、そして、何よりも予防が大事だと説いたことに、本当に驚愕します。

コロナ禍のなかで、病院に行くのは怖いと受診控えが起こったり、在宅医療の現場でも外からの訪問者を減らしたいと、サービス控えが起こったりと、様々な影響が出ています。

一方で、面会制限がある入院・入所は避けたいと、在宅医療・看護を受けて最後を家で過ごす方々も見られました。

一九九〇年、二つ上の姉を転移性の肝臓がんで亡くした時に、まだ制度に乗っていない在宅医療・ケアに挑戦した経験を元に、一九九二年から訪問看護の現場で活動し始めましたが、このナイチンゲールの考え方に、共感を覚えます。

訪問看護での気づきから相談支援に

訪問看護ステーション制度は、はじめは高齢者向けの老人保健法の改正で生まれ、その後、医療保険適応にも拡大。その黎明期の平成四年には全国で二〇〇カ所、東京都内九カ所という少なさでした。そのなかの一つ白十字訪問看護ステーションでの活動からスタート。途中で母体医療法人解散の事態に直面し、起業するという経験もしました。

二〇年以上の実践の経験から、訪問看護に繋がってくる時期があまりにギリギリで、在宅での時間が慌ただし過ぎることを憂い、何とかならないかと情報を集めていたところに出会ったのが、英国で始まったマギーズキャンサーケアリングセンターでした。がんに関係した人であれば、当事者のみならず家族、友人、関わる専門スタッフなど、誰でも訪れることができ、相談料が無料で、がんのどの時期であっても受け入れられるという新しい相談支援の形でした。本来ならば、予約なしが原則。病院と家の中間にある第二の我が家というコンセプトでの建築・空間設計。今、全英をはじめとしたヨーロッパに広がりつつあります。

ここの特徴は、予約がないこと、相談料は無料であること、訪れたら必ず専門職が医療的知識を持った友人のように、よく話を聴き、聴くだけではなく対話を重ね、自分自身の考えを整理していくのを支援することを目指していることです。そのためには居心地の良い空間、建物にも気を使って環境を

よろず相談所「暮らしの保健室」

マギーズ東京（英国発祥のがん相談センター）

整えているのも特徴です。

このマギーズセンターのことを二〇〇八年に初めて知り、翌年早くにその実際を見に英国へ出かけ、日本でもぜひ作りたいと夢を抱き、仲間を募っていきました。

マギーズセンターの考え方を参考にトライアルしたのが高齢化の進む団地の商店街の元本屋さんを改修したよろず相談所「暮らしの保健室」。居心地の良い空間の中でいつでも相談に応じることができる環境を整えながら、地域の人々を結び付けるプラットフォームの役割を果たして一〇年。今では似たような取り組みが全国に七〇以上に広がっています。

おわりに

様々なトライアルを重ねて、看護師が新たな役割をもって地域で活躍できる先駆的な活動をしてきたように思います。これからは後輩たちに「どんなときでも、命は輝く」ことを実践のなかから感じられ、そこから仲間づくりや地域づくりへと発展していけるように、前を向く人々の背中を押していきたいと思っています。

（本人・記）

世界の外交要所に特命全権大使として足跡を残す

元外交官

阿部《あべ》信泰《のぶやす》

一九六四（昭和39）年卒

一九四五年　大館市生まれ
一九六四年　秋田高校卒、同年東京大学に入学
一九六六年　東京大学三年在学中に外交官試験に合格
一九六七年　外務省入省。同省研修計画により同年米国アマースト大学に転入
一九六九年　同大学卒
二〇〇三年　軍縮担当国連事務次長（二〇〇六年まで）
二〇〇八年　外務省から退官後、日本国際問題研究所軍縮不拡散促進センター所長
二〇一四年　原子力委員会委員（二〇一七年まで）
二〇一八年　ハーバード大学フェローとして留学（二〇一九年まで）

東京大学三年在学中に外交官試験に合格。大学を中退して外務省に入省し、四一年間、経済問題や安全保障・軍縮問題を担った。在ワシントン大使館を皮切りに、ジュネーブ、イスラエル、ボストン、ニューヨーク、フィリピン、ウィーン、サウジアラビア、スイスなどに勤務。東京では宮澤喜一外務大臣秘書官、軍備管理・科学審議官などを歴任した。二〇〇三年から二〇〇六年まで国連の軍縮担当事務次長。

助けて下さった方々に感謝、感謝

考えてみると私には座右の銘といったものはないが、人生これまでやりたいと思ったことをやらせてもらったことについて、親・妻・兄弟・親類から先生・先輩・同僚仲間・後輩に至るまであらゆる人に助けていただき、ここまで来たとしみじみ感じ、感謝、感謝という思いである。あえてモットーは何かと言えば、仕事などやらなければならないことはできるだけ楽しくというのが職場で常々言ってきたことだ。勉強でも仕事でもいやいややってはうまくいきません。苦しくても何か楽しみを見つけて楽しくやるのが成功の道だと思う。受験勉強なども好きなアメリカのポピュラー・ソングを聴きながらやったのを思い出す。歌詞を聴きとって理解しないといけないので、少しは英語の勉強になったかもしれない（！）。

核軍縮、核軍縮！（外交の内幕）

私が外務省に足かけ四一年勤務したうち、前半は経済問題が多く、後半は安全保障・軍縮問題を中心に働いた。経済問題はいろいろ勉強させてもらったし、よい経験にもなったが、それほど好きにはなれなかった。貿易経済交渉となると主たる使命は日本の経済利益を守ることで、外国から安いものが入ってくるのを防ぐという仕事をしばしばしたが、経済学原論で学んだ「お互いに安くてよいものを輸出・輸入することによってお互いの国民がよりよい生活ができる」という基本原理に反することで、国から給与をもらっているのだからそれが仕事だと割り切ろうとしても釈然としなかった。その点、安全保障・軍縮問題は子供の頃から考えていた国の命運を左右する国の安全、そして日本のような国力が中ぐらいの国にとっては同時に国際的軍縮を進めることが基本的利益にかなうので、そうした問題に取り組めることは人生の願望がかなった感じだった。一九九七年、国連大使を務めていた上司の小和田恆元次官から「君は帰国して軍備管理・科学審議官になる」と言われた時、私は大変よろこんだ。

軍備管理・科学審議官になって最初の仕事は対人地雷禁止条約の問題だった。私が就任して間もなく外務大臣が交替し、小渕恵三元首相が就任した。当時、地雷は純防衛的な兵器であり、国土防衛のためには必要だということで全面禁止の条約には反対というのが政府の方針だったが、小渕大臣はNGOの「難民を助ける会」などが対人地雷の被害に苦しむカンボジアの人を助けているときに対人地雷禁止条約に入らないのはおかしいと言って方針転換を打ち出した。それから防衛庁（当時）とのむずかしい交渉になり、最後は橋本総理大臣のところで、「冷戦が終わってロシアも弱体化した今、誰が日本に上陸して来るのだ？」と言って総理が条約署名の決断を下された。それから厳冬のカナダのオタワの署名式に小渕大臣のお供をして行った。翌年、小渕大臣が総理大臣になり、その下で正式に条約に参加した。その際、国会承認でひと騒動起きたが、これは秘史として後日に譲る。

対人地雷禁止条約の署名式。中央が小渕外務大臣で左が阿部さん

次に起きたのがインドとパキスタンの核実験問題だった。両国は核兵器拡散防止条約に入らず、密かに核兵器の開発を疑われていたが、一九九八年に入ってインドが核実験をしようとしているとのニュースが飛び込んできた。核兵器の開発を完了させるためには最後に実験をする必要があり、それがゆえに北朝鮮の核実験などその都度大騒ぎになる。橋本総理のところへ報告にうかがったところ、思いとどまるよう説得に行ってほしいと指示され、急遽インドとパキスタンに出張した。インドの外

務省担当次官に申し入れたところ、日本の気持ちは分かるが、これは就任早々のバジパイ首相が決めることになる、外務省としていかんともしがたいとの反応だった。その後、パキスタンの説得を試みたが、これも心もとない反応だった。間もなく五月に入ってインドとパキスタンが相次いで核実験をしてしまった。

東京での軍縮担当の後、国際原子力機関のあるウィーンの代表部大使をしていたある日、外務次官から電話が来て次はサウジアラビアに行ってほしいとのことだった。私はアラビア語もできないし、イスラエルにも勤務したし、一晩考えさせてほしいと答えた後、家内に相談したところ、大変らしいけど行きましょうと言ってくれた。サウジアラビアは、酒は禁止、映画館もディスコもなく、女性は自由に外出できないという国で翌日次官にお引き受けしますと電話したら「ありがとう！」と言われた。よほど引き受け手がなくて困っていたのだろう。家内は一生を通じてむずかしい任地も嫌がらずついてきてくれた。これこそ感謝、感謝だ。クーデター直後のフィリピン、イスラエル、サウジアラビアと大変な国にも行ったが、引退した今思えば若い時にそのような国に住み、人々と深く付き合えたのは幸せだったとこれからの若い人に言いたい。サウジ大使を務めていたある日、明石康先輩から「コフィ・アナン事務総長が軍縮担当の事務次長を探しているが、関心があるか」との電話を頂戴した。「是非是非お願いしたい」と即答し、ニューヨークの国連本部に向かうことになった。先輩とは本当にありがたいものだ。国連本部に着くとさっそく軍縮局次長が仕事の説明に来た。「国連では女性の雇用促進が求められています」「知っている。何％を達成すればよいのか。三〇％？　四〇％？」「いいえ、本来、女性と男性は半々ですから五〇％でなければなりません。でも核軍縮と同じでこれには期限がありません」。なるほど。私が事務次長を務めた三年間は国連にとって大変苦しい時代だった。アメリカが決行したイラク戦争にコフィ・アナン事務総長が反対したため米国が徹底的に事務総長に意地悪をし、職権乱用・収賄容疑などが次々指摘され、事務局内も険悪な雰囲気になった。国連事務局というところは世界百何十か国から職員が採用され、様々な国情が反映されていて、ある国から来た人は「私の国ではリベートを受け取ることは犯罪ではない」と言っていた。そういうわけで事務局には何をするにも手引書が山積みになるほどあった。「大変だな」と言うと局次長が「局長、こうしたいと言ってください。そうすればそれに合った規則を探してきます」。さすが事務局のベテラン、どうすれば事務局を泳ぎ渡るか知っていた。

若き日々を回顧して——英語との出会い

私が外交関係に関心を持つようになったのは、今、考えると中学時代に世界史の副読本のつもりで、フランスの作家アンドレ・モーロワの英国史とフランス史を読んだことに始まったと思う。史実を並べた歴史の教科書と違って、「その時、英国はこう考えてこうした」と一人称で物語風に描かれていて面白く読んだ。その点、名前の違う王朝が次々と出てきて勃興しては腐敗して滅亡するという歴史が繰り返される東洋史に比べて、市民革命・民主主義成立・帝国主義と動的な西洋史は面白かった。そこで感じたことは、国の命運そして人々の幸・不幸は往々にして国が戦争に勝つかどうかで大きく変わってきたということだった。若い私は軍人になって日本を強くしようと素朴に考えた。しかし、その後成長するにつれて、国の命運にかかわるもう一つの道は外交だと考えるようになった。

英語は外交の道具として大変重要だ。幸い私は中学校で英語を始めて以来、いくつか幸運に恵まれたと思う。中学校の最初の英語の先生（戸澤先生だったと思う）が、文法や綴りなどむずかしいことを言わないで、「はい。みんなで口を大きく開けて、『ハット』」という具合に楽しく教えてくださった。スタートで英語が嫌いにならなかったのは大変幸運だった。その頃、秋田市にアメリカ大使館の出先のアメリカ文化センターというのがあって英語の課外クラスをやっていたので、のぞきに行った。ストーブで薪を焚いて暖をとっていたころ、センターはスチーム暖房をしていた。これはすごい、ぜひアメリカに行ってみたいと幼心に思ったものだ。学校の英語劇「赤ずきんちゃん」に出演し、英語弁論大会の予選にも出させてもらったが、スピーチ・コンテストは全然ダメだった。それが今、全国中学校英語弁論大会の理事を務めているのだから驚きだ。その後、秋田高校に進んである日の朝の会で先輩の梅津至さんが登壇して「わたーしwaアメーリカから帰ってきました」と上手なアメリカなまりを入れた日本語で帰国挨拶を始めた。すごい人がいるなと感銘した。その頃の私はまだＡＦＳというアメリカの高校へ行く機会があったことも知らず、おそらく応募しても入選はむずかしかっただろう。

その後大学に進んでＥＳＳ（English Speaking Society）に入った。昼休みにみんなで集まって日本人同士で英語で話し合う奇妙な集団だといわれることもあったが、討論会をやったり、英語劇をやったり、それなりに楽しい時代を過ごし、多くの友人もできた。だんだんと辞める人が出てきて部員が減ったが、残った人の多くは少し間違ってもいいから恥ずかしがらずに大いに議論に参加する人々だった。日本人は英語を何年勉強してもなかなか会話ができないといわれるが、文法・発音を間違えてはいけないとあまり神経質にならないことが大事だと思う。国連の仕事をしたお陰で各国代表の演説・発言を数多く聞いた。発音も訛りも様々、しかも少しぐらい文法がおかしくても皆必死に自国の立場を主張する。英語は伝達、そして仕事の大事な道具。とにかく自分の主張を伝える。その後で次第に洗練された英語を話せるようになればいいのではないか。私のライフワークは軍縮と若い人の英語スピーチ・コンテストだ。

（本人・記）

聖書を古典として読み解き、イエスの時代を描く

聖書学者
荒井《あらい》 献《ささぐ》
一九五〇（昭和25）年卒

一九三〇年　大仙市大曲生まれ
一九五四年　東京大学教養学部教養学科ドイツ分科卒
一九五九年　東京大学大学院人文研究科西洋古典学博士課程修了
　　　　　　青山学院大学文学部キリスト教学科講師
一九六一年　西ドイツ・エルランゲン大学神学部留学
一九六三年　青山学院大学文学部神学科助教授
一九六九年　東京大学教養学部教養学科助教授
一九七三年　著書『原始キリスト教とグノーシス主義』で学士院賞
一九七七年　東京大学教養学部教授（九一年定年退官）
二〇〇一年　学士院会員
一九九二年　恵泉女学園大学学長（二〇〇二年退任）

荒井献さんの学者としての原点は、少年時代に抱いたキリスト教への一つの疑問だった。疑問を解くためにキリスト教の成立期に立ち返ってみよう。そう思って新約聖書はもちろん、異端として排除された教典類を文献史学の手法で読み解き、キリスト教の始祖イエスの実像と、彼が生きた時代を描き出した。その格闘は聖書研究の新たな地平を開くことになった。

■主な著書　『イエスとその時代』『新約聖書の女性観』『荒井献著作集』全一〇巻（以上、岩波書店）『イエス・キリスト』『ユダとは誰か』『トマスによる福音書』（以上、講談社）

新約聖書には、イエス・キリストの言行を記録した四つの福音書が収められている。いずれもイエスの死（紀元三〇年ごろ）の後、彼にまつわる伝承や語録に基づいて紀元七〇年から九〇年代にかけて書かれた。四つの書はそれぞれの記者の名を冠してマルコ福音書、マタイ福音書、ルカ福音書、ヨハネ福音書と呼ばれ、キリスト教の正典の中の正典として現代まで読み継がれている。

荒井さんは四福音書を教典であると同時に古典（文学）でもあるととらえ、他の同時代史料と照らし合わせながら厳密に、批判的に読み解いた。一例を挙げれば、キリスト教徒にとって大切な「安息日」についての記述の変遷に注目する。

「四つの福音書のうち最も古いマルコ福音書には、安息日にまつわる物語が次のように書かれています。安息日にイエスの弟子たちが麦畑で麦の穂を摘んでいるのを見たファリサイ人（律法遵守派）が『なぜ彼らは安息日にしてはならないこと（労働）をするのか』と非難したのに対し、イエスは『安息日は人間のためにできたのであって、人間が安息日のためにできたのではない。だから、人の子は安息日の主でもあるのだ』と答えます。つまり、飢えたら安息日の決まり（律法）を破っても人間を養うべきだと語っているのです」

「ところが、マルコ福音書より一〇〜二〇年ほど後に書かれたマタイ福音書やルカ福音書は、同じく麦畑の物語を書きながら、イエスが語った『安息日は人間のためにできたのであって、人間が安息日のためにできたのではない』という言葉が抜け落ちています。マルコ福音書のイエスは徹底して人間中心主義です。人間は、人間を取り締まる法を超える存在だと語っているのですからね。しかしイエスの人間中心主義は教会にとってはラディカルすぎて、安息日という聖日の権威が揺らいでしまいかねない。それでは困る、というのでマタイやルカは削除したのでしょう」

異端から本質を探る

このように福音書の記述に見える微妙な変遷は、書かれた時代や政治状況を反映しているという。

「変遷は、イエスの死後に成立したキリスト教がやがてローマ帝国によって国教化されることと関係しています。イエスの生涯は民衆と共にありました。民衆には身体障害者や病人、女性といった当時の社会から差別されていた人々が含まれます。ところがローマ帝国は彼らを差別することで社会の秩序を維持していましたから、『民衆と共にあるイエス』は帝国の政治的・宗教的指導者層にとって社会の秩序を乱す極めて危険な存在だったのです。だからこそイエスは処刑されたのです。そもそも十字架刑はローマ帝国の処刑方法ですからね」

「キリスト教がローマ帝国で享受した自由は、あくまでも帝国の機構を壊さない限り、という制限付きの自由でした。キリスト教には、一方において自由人も奴隷もないという考え方があり、他方で女は男に従えというローマ帝国の倫理がある。『あなたがたを律法から自由にする』というイエスのメッセージを継承しながらも、帝国の倫理を尊重する部分もなければキリスト教は中流層や上流層には広がらなかった。つまり両方にちょうどいいように教義を形成していったわけです」

キリスト教の最初期の姿を探究したかった荒井さんは、研究の焦点をキリスト教の正統的教会ではなく、正統派から異端視されたマイノリティー（いわゆるグノーシス派）に当てた。

「いまの新約聖書では四つの福音書をはじめとする二七の文書だけが正典とされ、それ以外は外典として排除されました。しかしキリスト教が成立する三世紀から四世紀にかけては正典、外典の区別はなかったのです」

「排除された外典は、正典の中で部分的かつ否定的に取り上げられていましたが、一九四五年にエジプト南部の町ナグ・ハマディで大量の外典文書（「真理の福音」「トマスによる福音書」など）が発見されました。その文書はコプト語というエジプトの一地方で話されている言語で書かれていました。私は文書を読むため大学院博士課程在学中にコプト語を独習し、さらに詳しく研究するためドイツに留学しました。研究によって、最初期のキリスト教には多様なイエス像が存在することが分かりました」

著書『原始キリスト教とグノーシス主義』は、キリスト教成立時の正統と異端の関連をナグ・ハマディ文書の解読と分析によって解明した。その業績は日本におけるグノーシス主義研究の端緒となったと高く評価され、一九七三年に学士院賞を授与される。

秋中４年、肋膜炎で自宅療養中

秋中時代の宗教体験

荒井さんの父・源三郎（宮城県村田町生まれ）は大曲教会（大仙市大曲栄町）の牧師で、荒井さんは一つ下の弟と共に幼児洗礼を受けた。戦時中、キリスト教は「敵性の宗教」だったため兄弟は「スパイの子」といわれ、いじめられたという。父親は国民儀礼（国旗への敬礼や宮城《きゅうじょう》遥拝など）を拒否して戦時体制に一定の抵抗を示したため特高（思想を取り締まる特別高等警察）からにらまれていた。日曜礼拝に来る人もわずか数人だった。ところが敗戦直後の礼拝は打って変わって会堂が信者たちで埋め尽くされた。その人々に向かって父親は、戦争行為に悔い改めを迫ると同時に断固として天皇制護持を訴え、圧倒的な支持を得たという。

秋田中学三年だった荒井さんは父の説教を聞きながら、天皇の名による長年の圧迫から解放されてなお天皇を擁護する理由がどこにあるのか理解できなかった。しかも父は戦時体制に抵抗したのではなかったのか。

「この構図、古代のヨーロッパでキリスト教の名において皇帝を廃止することがなかったことと似ています。天皇制やキリスト教会の戦争責任をめぐる問いは、おやじとの間でたびたび論争となりました」

同じころ、ドストエフスキーの小説『罪と罰』を読んで大きな影響を受けたという。

級長として秋田中学のクラスを率いて大野台（現・北秋田市）で開墾の勤労奉仕をしたのだが、栄養不足がたたって結核性肋膜炎となり、敗戦翌年の中学四年時に一年間の休学を余儀なくされた。外交官を目指し、自宅療養中も枕元に参考書を並べて勉強していると、父はそれを全て片付け、代わりに「これぐらい読んでおけ」とドストエフスキーやジッドの小説を置いたという。「息子のことを了見が狭い奴とみていたのか、もっと視野を広くしろというつもりだったのかもしれません。そこに『罪と罰』があったのです」

「八カ月ほど床に伏していたのですが、この間、死の不安から虚無的になる一方で、青年期ならではの肉欲の問題に苦しみました。牧師の子としてプロテスタントの禁欲的倫理観も持ち合わせていただけに、自分を嫌悪しました。ところが『罪と罰』には『そのような者こそ最初に神のもとに来るように』という聖書のメッセージがありました。そのくだりを読み、私のような自己中心で恥知らずでもキリストの愛の中に生きることが赦《ゆる》されるのではないか。そこで初めて聖書をむさぼり読むことになったのです。病が癒えた後、一八歳で信仰告白（幼児洗礼を受けた者が本人の意思でキリスト教信仰の受け入れを表明すること）しました」

敗戦直後の大曲教会で目の当たりにした戸惑いや疑問。療養中のドストエフスキー体験。さらに、秋田中学で担任だった大石正雄先生が世界史の授業でローマ帝国によるキリスト教迫害史を取り上げたことも影響して、キリスト教と国家の問題をキリスト教の源流にさかのぼって探究してみたいと思うようになったという。

だからといって真面目一辺倒の学生だったわけではない。秋田中学時代は千秋公園で級友たちと勤労動員の松根油掘りをしながら、目の前を通る秋田高女（現・秋田北高）生を冷やかして楽しんでいた。そんないたずらが女学校の知るところとなり、級長の荒井さんは女学校の全校集会に引き出されて頭を下げるはめになったという。女学生の中には大曲小学校時代の同級生もいて、この日の出来事は後々、笑い話のネタにされた。

東大入学時（前列左から２人目）

血の気の多さと反骨と

「父親の性格を受け継いで血の気は多い方だった」らしく、東大に入学した一九五〇年には、駒場キャンパス（教養学部）で持ち上がったレッドパージ（共産党員やその同調者を公職から追放する政治的な動き）反対闘争にリーダー格で参加。当時の教養学部長で、自身が所属する駒場聖書研究会の顧問でもあった矢内原忠雄（経済学者で無教会派のキリスト者）を激しく批判した。だが後に矢内原批判は的外れだったと分かり、荒井さんは「学部長説諭」の処分を受ける。

そのとき矢内原先生に進路を問われ、キリスト教の最初期の歴史を勉強するため文学部の西洋史学科（本郷キャンパス）にいくつもりだと答えたところ、「君のような元気のいい学生を指導できる度量のある教授は本郷にはいない。私は駒場に教養学科をつくる。そこに西洋古典科を置いて文献学としての聖書を研究できるようにするので、そこへ進みたまえ」と進学の相談にまでのってもらったという。先生の言葉に従い、創設二年目の教養学科に進学することになる。

血の気の多さと反骨精神は一貫しており、青山学院大学文学部専任講師（後に助教授）時代はキリスト教概論の必修化に異を唱えた。必修によって講義を「伝道の場」にすることは「福音の自由」というキリスト教の基本とは相いれないと思ったからだ。これが「建学の精神を否定するものだ」と学院長の逆鱗に触れる。

さらに学園紛争当時（一九六八～六九年）、「キリスト教の精神に基づいて学生の政治活動を禁ずる」という学長公示の撤回を求める学生たちを、クビを覚悟で積極的に支持した。歴史を振り返れば「キリスト教の名において」差別や弾圧がたびたび行われてきた。その過ちを繰り返してはならないと思ったからだ。荒井さんは六九年に東大（教養学部教養学科）助教授に転出し、青山学院では非常勤講師として教えつづけたが、七二年にとうとう解任されてしまう。

七〇年には東京神学大学が大学紛争でロックアウトされるなか、全共闘の学生たちが寮で開いた自主講座に講師として招かれる。いつ機動隊が入るかという緊張感のなかで、古代のキリスト教について語った。

一念を貫く姿勢は今も

近年も、昭和から平成、さらに平成から令和への天皇の代替わり儀式（大嘗祭）にキリスト者として異議を唱えるなど、筋の通った発言をしている。

荒井さんの代表的著作で岩波新書のロングセラー『イエスとその時代』（一九七四年刊）は、キリスト教信仰の核心ともいえる「復活信仰」でさえ最初期のイエス伝承には現れていないことを論証し、「正統派」から激しく拒否された。

「私自身、キリスト教徒（プロテスタント）ですから信仰の教典として聖書の言葉に耳を傾けます。ところが聖書の一字一句が神の霊感によって書かれたものであるという原理主義的な、いわゆる正統派の牧師からすれば、聖書の多様性を重視する私の理解は異端となる。まあ異端をつくらなければ正統は成り立たないですけどね」

「私が教会に行くのは、自分を神に引き渡したいからです。そこでいったん自分が否定され、相対化される。この世で生きるためには、自分を相対化して、いつも他者に向けて開いていかなくてはなりません。そのためには絶対の神を信じるしかないのです。だから私にとって信仰と知識（学問）は矛盾するものではないのです。そもそも自説が絶対と思っていては学問の進歩はありませんからね」

（相馬高道・記）

探索した史料と聞き書きで日本近現代史を再構築

中央公論新社提供

歴史学者

伊藤《いとう》 隆《たかし》

一九五一（昭和26）年卒

一九三二年　東京生まれ
一九五八年　東京大学文学部国史学科卒業
一九六一年　東京大学大学院国史専攻修士課程修了
　　　　　　東京大学社会科学研究所助手
一九六八年　東京都立大学助教授
一九七一年　東京大学国史研究室助教授
一九八一年　同教授
一九九三年　東京大学を定年退官（現名誉教授）
　　　　　　亜細亜大学、政策研究大学院大学教授を歴任

日本近現代史の研究者。研究対象とした時代は文献史料に乏しかったため、日記や書簡、メモなどの個人文書を発掘し、当事者や遺族からの聞き取りを参考に歴史を叙述した。学生時代に共産主義思想に共鳴するが、後に決別。「ファシズム期」や「戦後民主主義」などのイデオロギー的な時代区分を批判し、太平洋戦争を挟んだ前後の時代の連続性を実証した。日本におけるオーラルヒストリーの先駆者。

■主な著書　『昭和初期政治史研究』（東京大学出版会）『十五年戦争』（小学館「日本の歴史」第三〇巻）『日本の内と外』（中央公論新社「日本の近代」第一六巻）

歴史的事件や重要な政策決定に関わった人物から直接聞き取りする「オーラル（口述）・ヒストリー」は、文献史料の空白を埋め、真実に迫るために近現代史分野では極めて有効な研究手法とされている。伊藤隆さんはオーラル・ヒストリーという呼び方が日本で定着する以前からこの研究手法を駆使し、同時に日記や書簡など膨大な私文書を発掘・参照しながら実証的な歴史研究に取り組んできた。史料発掘に注ぐ情熱は八五歳（インタビュー当時）の現在も衰えていない。

「いま伊藤博文が渡辺国武（伊藤内閣の大蔵大臣）に宛てた手紙を読んでいます。渡辺は伊藤が政友会をつくるときの創立委員長だったけど、後に伊藤と対立して政界から身を引いた。手紙は百通ぐらいあるかな。遺族に『いつかはください』って頼んでいて少しずつもらっていたんだが、遺品を整理するというので他の文書も含めて段ボール箱で何箱分もどさっと来た」。これらは現在、国立国会図書館憲政資料室に保存・公開されている。

「手紙は二人の間のやりとりだから、『受け取った。緊急だからそうしろ』とだけ書いたものもあって、何のことかさっぱり分からない。でも僕は若いころ伊藤博文関係文書という全九巻の資料集を編さんした際、詳細な人名索引を作っていたから、索引で渡辺の名前をたどれば渡辺が伊藤に出した手紙とか、あるいは井上馨が伊藤に出した手紙に渡辺が登場していることなんかも分かる。それらの史料に帝国議会の議事録や新聞記事を突き合わせていくと、当時の政治情勢や人間関係が立体的に分かっていく」

渡辺家から受け取った手紙は一〇〇人ほどのチームで解読と分析を重ねている最中だという。いずれ解説文を添えて「渡辺国武史料」として活字にすることになる。一連の流れは伊藤さんの仕事のパターンでもある。このようにして史料は次代に引き継がれる。

高校新聞で教師批判

伊藤さんは東京生まれだが、戦時中に父親の故郷・宮城県丸森町に疎開し、地元の小学校から宮城県立角田中学（旧制）に進学した。父・裕《ひろし》は東京で旧制中学の教諭をしながら、秋田生まれの国学者平田篤胤の全集編さんに携わり、その縁で戦後は秋田中学の教諭に転じる。伊藤さんも角田中二年進級時に秋田中学へ転校した。裕は一九四六（昭和二一）年から五八（同三三）年まで秋田高校に勤務、その後は十和田高校校長や秋田県文化財保護協会会長などを歴任した。『大壑《だいがく》平田篤胤傳』（一九七三年刊）の著書がある。

「秋田中学の校舎は陸軍の兵舎跡で冬は寒くてね。ストーブの薪が足りなくて、校舎の羽目板を蹴って外したり、欠席した生徒の机や椅子をぶっ壊したりして燃やしていましたよ。おやじは連隊の馬小屋を住めるように自分で改築し、周りを畑にして野菜をつくっていました」

「当時の学校には僕のような疎開者や引揚者がたくさんいて、もともと秋田に住んでいる者とは（グループが）分かれていた。でも僕は社会科研究会をつくったことで秋田の人たちと付き合いができました。おやじの書棚から古代史の本を持ち出して論文らしきものを機関誌『南暁』に発表し、社会科研究会から派生した『秋南高新聞』に暴力教師を糾弾する論説も書いたな。どちらかといえば反抗的な生徒でしたね」

進学した東大では父親の影響もあって古代史の研究を志すが、高校の先輩の助言で歴史学研究会（歴研）に入ったことでマルクス主義歴史学と近代史への興味が強まった。民青（共産党系の青年組織）の活動家を経て共産党入党という、時代の流れのなかにどっぷりと漬かり、駒場（二年間の教養部）に四年在籍、警察に勾留されたこともある。だが活動しながらも徐々に党のやり方に疑問を持つようになり、本郷キャンパスに進んでから党を離れた。

それからは近代史の勉強に集中するのだが、頭は相変わらずマルクス主義歴史学に凝り固まっていた。ところが勉強するほど、発展段階説や階級闘争史観というマルクス主義の理屈では史料が全く理解できないことが分かってきたという。

やがて、自ら当事者を訪ね歩いて証言を聞き、故人であれば遺族に頼んで日記や手紙類を見せてもらうという研究スタイルに行き着く。そうせざるを得ない事情もあった。

「進歩派」に異議を唱える

明治期を研究対象としていた伊藤さんだが、一九五〇年代半ばから昭和史研究の著作が相次いで出版されるようになり、自分も昭和史を本格的に研究してみようと考えた。先行する研究が発展段階説や階級闘争史観を前提に書かれていることに物足りなさを感じていたからだ。

ところが修士課程を終えて東大社会科学研究所の助手になったころ、指導教官に昭和史をやりたいと伝えると、「そんな史料のない時代をどうやってやるんだ」と反対されてしまう。なるほど憲政資料室にも昭和期の史料は少なかった。

「よし、なければ自分で探す、と決めました。それまでの昭和史研究は、発展段階説の図式（絶対主義国家→近代国家→社会主義国家）に沿う材料で書かれた〝イデオロギーの書〟のようなものでした。ならば自分はデータを積み上げ、昭和期に焦点を合わせて新しい近代日本像を描こうと思いました。当時は人事興信録に個人の住所でも子息の名前でも載っていましたから、インタビューに応じてくれませんか、史料が残っていたら見せてもらえませんか、と片っ端から手紙を出したり直接訪ねたりして説得しました」

一九六三年には岡義武（当時東大法学部教授、日本政治史）に誘われて「木戸日記研究会」に参加する。木戸幸一（昭和天皇の側近で、太平洋戦争前後の政治上のキーマン）日記の分析に加え、昭和一〇年代に活躍した陸海軍の軍人らにインタビューした。並行して辻清明（当時東大法学部教授、行政学）が主宰する「内政史研究会」にも参加し、主に旧内務省地方局関係者からの聞き取りを行った。

当時のインタビューを基にした伊藤さんの著書『昭和初期政治史研究』（一九六九年刊）は、文献や史料が乏しかった陸軍皇道派（昭和維新を目指した派閥）や平沼騏一郎（国粋主義的な政治家、一九三一年一月から八月まで首相）の動きをも検証した。この本で伊藤さんは、昭和前期を理解するにあたって、縦軸に革新（破壊）―漸進（現状維持）、横軸に進歩（欧化）―復古（反動）という独自の座標軸を定めて時代の推移を分析した。これは戦後の歴史学会で主流だった「大正デモクラシー時代」「ファシズム時代」などの時代区分に疑問を呈することでもあり、主流派の進歩的歴史学者（マルクス主義歴史学者）から強い反発を受けた。

著書『十五年戦争』（一九七六年刊）では、十五年戦争（満州事変～太平洋戦争終結）の時代を「ファシズム」という言葉で規定することや、ファシズムを軸にした善玉と悪玉の葛藤という単純でイデオロギー的な歴史観に異議を唱え、戦時中の総動員体制と戦後復興期の経済体制が連続していることを論証した。

これらの著作によって伊藤さんは「大東亜戦争肯定論を擁護する反動歴史家」のレッテルを張られることになるのだが、「相手があっての戦争なのだから、なぜ日本は戦争したのかを問うだけでなく、なぜ米英などの諸国は日本と戦争をしたのかを問うべきだ」と反論した。

「いまアメリカでは、あの戦争（太平洋戦争）はルーズベルトがやった戦争だとも言われています。アメリカとしては生意気な日本人を抑え込まなくてはいけないという考えが底流にあって、やる気満々だったのです。ところが戦後六年間の占領時代にアメリカは日本人の頭を切り替えちゃった。悪いのは日本だ、あれは日本の侵略戦争だったと。しかし歴史は責任追及のためにあるのではない。歴史はもっと綿密に、かつ突き放して検討する必要があります」

元首相竹下登氏（左から２人目）を聞き書きした伊藤隆さん（右から２人目）

歴史研究は人間研究

これまで手がけたインタビューは竹下登、中曽根康弘、後藤田正晴、渡辺恒雄（読売新聞主筆）、山崎貞一（ＴＤＫ二代目社長）ら政官財界から、右翼左翼の領袖まで幅広い。インタビューのだいご味として伊藤さんは岸信介とのやりとりを例に挙げた。岸へのインタビューは一九七八年六月から一〇回、さらに補充が一〇回におよび、その内容は「中央公論」に一〇回連載され、その後、文藝春秋から出版された。

「岸さんは頭が切れるし、こちらの気持ちも汲める。これはちょっと聞きにくいなと話をそらすと、次かその次のインタビューの時に向こうからそれとなくほのめかす。ストレートな返答ではないが、注意深く聞いていると、ああ、そういうことなのか、と分かる。これは心理的な闘いのようなものです。歴史研究は人間研究でもあります。そこが面白い」

「ただ、闘いの相手として面白い人とそうでない人がいる。面白いのは旧制高校出の人や軍隊経験のある人。やはり胆力が違う。明治維新をやり遂げた人たちも胆力があっただろう。その後は官僚国家になったが、昭和の戦争でまた必死になって、いい悪いは別にして胆力が鍛えられた。そこから頑張った人たちが戦後日本をつくってきた。政治家なら吉田茂に始まり三角大福中（三木、角栄、大平、福田、中曽根）までビッグネームだ。いま（注・インタビュー当時）は安倍一強とかいわれているけど安倍（晋三）さんに匹敵するようなリーダーシップを持った人がいない。秋田はどうです。秋田といえばこの人、という人はいますか」

秋田県関係の仕事では、町田忠治（戦前に活躍した政治家、民政党総裁や農相を歴任）伝記研究会の代表として県内も駆け回りながら史料を集め、伝記編と資料編を桜田会から刊行（一九九六年）している。一九九一年から二〇〇五年までは『秋田市史』編さん委員を務めた。その際も史料収集の大切さを説いた。

「市役所（注・建て替え前の旧秋田市役所）地下の倉庫を見せてもらったら、古い時代から今日に至るまでの行政資料がきちんと配架されていて、偉いものだと感心しました。あちこちの役所を見ているけど、あれほど資料がそろっているところはない。（市史を執筆する）編集委員には、あの資料を十分に活用してください、と伝えました」。秋田県秋田公文書館も素晴らしいという。

市史編さん委員就任にあたって書いた「我々は過去にどれだけの努力をし、どれだけの達成をしてきたのかを基礎にすることなしに未来を想定し計画することはできない。その意味で市史の編さんが単に過去を記録するというのではなく、未来をめざす事業であることを銘記する必要があろう」（『秋田市史研究』創刊号、一九九二年）との文章には、伊藤さんの先人への敬意と歴史研究の基本姿勢が表れている。

（相馬高道・記）

参考文献　伊藤隆『歴史と私』（中公新書）

日本における「カウンセリング」の先駆者

教育学者
伊東《いとう》　博《ひろし》
一九三六（昭和11）年卒

一九一九年　男鹿市船越に生まれる
一九四一年　東京高等師範学校卒業
一九四三〜一九四五年　兵役
一九四七年　秋田師範学校に勤務
一九四八年　東京文理科大学（現・筑波大学）卒業
一九四九年　第一回ガリオア（現・フルブライト）留学生として
　ミズーリ大学大学院に留学
一九五一年　秋田大学学芸学部助教授
一九五二年　横浜国立大学学芸学部（後・教育学部）助教授→教授
一九八四年　東京国際大学大学院教授
二〇〇〇年　死去

若くして教育者になることを志し、母校の秋田師範に奉職していたさなか、文部省に命ぜられ、アメリカの大学院に留学することとなった。アメリカで「カウンセリング」学に出会ったことが転機となり、カウンセリング研究を深めた。帰国後は、教育界・産業界からの要請に応えて、講演、著作、翻訳を通し、全国にカウンセリングの思想を広めた。

■主な著書　『カウンセリング』『新訂カウンセリング』（以上、誠信書房）『援助する教育』『人間中心の教育』『自己実現の教育』（以上、明治図書）『カウンセリング第四版』『身心一如のニュー・カウンセリング』（以上、誠信書房）

伊東博は、一九一九（大正八）年三月二日、教育者一家であった伊東晃璋ときみゑの次男として南秋田郡船越町（現男鹿市船越）の浄土真宗善行寺において誕生した。

父晃璋は、大正時代、県下最初の文化運動としての男鹿夏季大学の経営の中心人物であり、寒風山山頂に建立された「誓いの御柱」の主唱者である。晃璋の母方の祖父は、幕末佐竹藩の漢学者・平元謹斉である。

戦後の混乱の中、全国国立大学から五〇人選ばれた中の一人としてアメリカに留学。苦学の末「カウンセリング」の学位を日本人として初めて取得した。日本にはぜひとも「カウンセリング」が必要であるとし、また「人間中心の教育」を唱え、日本の教育に一大改革をもたらした人物である。

野球一筋の青春

伊東の偉業を述べる前に、伊東と野球とのかかわりについて述べておかなければならない。

野球とのかかわりは、秋田中学時代に始まる。船川線（現男鹿線）で通学する秋中生の連中で野球部を結成。全員が船越駅で下車し、終列車まで練習するという毎日であった。小さい町の中で実業団チームや教員チームとリーグ戦を実施。博が投手、弟の糾（秋中昭和一五年卒）が捕手と兄弟でバッテリーを組み野球を楽しんだ。

秋田師範学校第二部に入学、さらに東京高等師範学校（元東京教育大学）文科第三部（英語）、さらに東京文理科大学教育学科教育専攻科（現筑波大学）に入学した。その間、野球部に所属し、東京文理科大学では、時には弟の糾とバッテリーを組み在京の大学野球部と対戦。博は「この野球部の主将が自分から弟の糾へと移り三年間秋田中学出身者がつづいたことは珍しいことであったし、兄弟の誇りでもあった」と語っている。

その後、博、弟の糾ともに戦地から復員し、博は秋田師範学校の教官、糾は秋田中学の教師となった。二人で「船越オリオンズ」の野球チームを結成し、「投手は兄の秋大教官、捕手は弟の秋中教師」ということが暗い世相のなか地域への朗報となった。

また博が監督を務めた秋田大学野球部は、東北・北海道代表として二度全国大会に出場した実績がある。秋田高校野球部への思い入れも強く、母校が甲子園に出場した際は、多忙な研究の時間を割いて、当時芦屋高校野球部長であった弟の糾とともに応援に駆けつけた。生涯、野球を愛した青春だった。

日本人として初めて「カウンセリング」の学士号

一九四九(昭和二四)年、勤務していた秋田大学に一通の電報が届いた。一週間以内にアメリカ留学の試験を実施するので希望者は申し出よ、というものであった。伊東は早速アメリカ留学を希望し、慌ただしく上京。運よく試験に合格し、戦後初の公式留学生、ガリオア一期生(後のフルブライト留学生)としてミズーリ大学院に留学し、「カウンセリングとガイダンス」を専攻する。

ここで伊東は彼の人生を決定づける人物と出会う。カール・ロジャーズとの運命的な出会いである。カール・ロジャーズは来談者中心療法を唱えた臨床心理学者で、彼の理論はアメリカのみならず世界の臨床心理学の主流となった。大学院の後期にカール・ロジャーズの「カウンセリングとサイコセラピー」というテキストに接し、今までにない感銘を受ける。この時の成績が受講生の中で三番となり、「君は帰国して日本のロジャーズになるのか」と揶揄されたと語っている。

悪戦苦闘の末、三二単位をものにし、一九五〇(昭和二五)年六月、トルーマン大統領臨席の卒業式で修士号を授与された。カウンセリングを専攻した日本人では初めてのことであった。

日本で初めて『カウンセリング』という名の本を出版

帰国後、秋田大学助教授を拝命し、日本にカウンセリングは絶対に必要であると考え、アメリカで学んだことをまとめて『カウンセリング』という著書を出版した。当時、カウンセリングという言葉を知っている人は少なく、出版社から「本の題名を漢字にしてくれないか」と依頼されたが、「今は知られていないがいつかは日本中に知らない人がいない時代が必ずくる」と強引に出版してもらった。案の定、全国の書店からどの棚に分類したらいいのか問い合わせが殺到したという。『カウンセリング』と名のついた日本で初の本となった。その後、二版、三版、四版と版を重ね、名著として書店の書棚から消えることはなかった。

また、日本にも本気でカウンセリングを勉強する人が出てほしいという願いで、アメリカの専門誌に載った論文を次々と翻訳し出版した。

カウンセリングの実践

一九五二（昭和二七）年に横浜国立大学に招聘され勤務することになった。

大学内に相談室をつくり、横浜市教育研究所と日本電電公社関東電信局の非常勤カウンセラーとなり、さらに匡済会に横浜カウンセリングセンターを創設するなど活躍の範囲を広げていった。

一九六六（昭和四一）年、日本カウンセリング協会を設立し、理事長として南は沖縄、北は北海道、海外では韓国、アメリカでカウンセリングワークショップを開催し、日本の学校教育、産業界にカウンセリングを通して、教育の改革、産業界での経営のあり方に大きな影響を与えた。

その頃、伊東は秋田県の自殺率が全国一高いことに心を痛めており、カウンセリングが少しでも役立てばと、秋田カウンセリング協会の設立を手助けし、男鹿カウンセリングワークショップを開催すべく、かつての野球仲間で当時の男鹿市長の佐藤俊雄氏に相談したところ快諾してくれた。門前の「洗心館」を会場に、國學院大学教授の友田不二男氏、山梨大学教授の古屋健治氏など日本を代表する指導者の参加を得て、全国から百余名の参加があり、盛大に開催された。その後、年一回ワークショップを開催、伊東は毎回出席し運営に当たった。

ニューカウンセリングの誕生

伊東はカウンセリングが全国に普及するなかで疑念が生じた。これまでの日本カウンセリングがほとんど外国から輸入されたものであり、日本人の生き方や考え方に合わないのに無批判に取り入れたことに気づいた。

実習を中心として新しく体系化し理論を構築した。それを「ニュー・カウンセリング」と命名し、日本人による日本人のためのカウンセリングが誕生したのである。

その後「ニュー・カウンセリングワークショップ」は、北海道から沖縄まで一五〇回も実施された。

「人間中心の教育」による一大教育改革

伊東にはまた新しい問題が待っていた。

昭和五〇年代、国内では中学校で校内暴力が発生し、学校崩壊の状態であった。これを契機に中央や地方に多くの対策委員会がつくられたが、伊東はどの対策委員会の答申を見ても、学校教育の本質に迫ろうとする意欲やそれを見抜く洞察力を感じることができなかった。

根本的に日本の教育を改革しようとする教育の三部作と称される『援助する教育』『人間中心の教育』『自己実現の教育』を出版すると同時に、人間中心の教育を実現する会「人現会」を結成し、会長として全国的に運動を推進した。

この人間中心の教育が秋田にも導入された。

一九六八（昭和四三）年、秋田市立秋田北中学校が生徒指導推進校として文部省から指定された。指導者として伊東が委嘱される。伊東は「生徒指導は学習指導の改革しかない」と従来の教師による一斉授業を厳しく批判し、学習の主体者は生徒で、教師は援助者であるとした。

また「子供側に立った教育」を実践していた秋田市立旭北小学校では、その一環として自己理解ノート「わたし（教材）」を伊東と共同で開発し、その研究成果を伊東と共著で『子どもの自己実現と人間学習』としてまとめ、明治図書から出版した。

伊東は秋田北中学校の「生徒中心の学習」と旭北小学校の「自己実現のためのプロジェクト学習」が世界の教育に大きく貢献するだろうと夢を描いていた。

東洋の「身心一如のカウンセリング」の完成

伊東は横浜国立大学を定年で退職。東京国際大学から人間関係学科の大学院開設のため大学院にぜひ来てほしいという話があり快諾した。

「ニュー・カウンセリング」は人現会の主催で全国各地でワークショップが開かれ、またいくつかの企業、組織が、とくに中間管理職の教育訓練に取り入れた。

しかし、大きな問題にぶつかってしまった。ニュー・カウンセリングは「寄せ集めだ」という批判が聞こえてきたのである。もっともであった。無節操になんでも取り込んでしまっていたからである。

このままではニュー・カウンセリングは何なのか分からなくなってしまう。存在価値がなくなってしまう。それは伊東がやりたいと思っていたものと違うのではないか。根本的な問題にぶつかってしまった。そこで伊東は「ニュー・カウンセリング」の全面改訂を決意する。

しかし、持病の呼吸器疾患が悪化し、深刻な状態になっていた。病床のなかで執筆がつづけられ、一九九九（平成一一）年、世界で初めての大著『身心一如のニュー・カウンセリング』が完成出版された。伊東はこの本が学会でも認められ、心理学辞典にも掲載されるようになったと心から喜んだ。翌年七月、出版記念会と傘寿を祝う会が開催されたが、病のため出席が叶わずテープ参加となった。

二〇〇〇（平成一二）年八月一九日、享年八二で永眠。逝去と同時に「勲三等瑞宝章」を受章従四位に叙せられた。

追悼のことば

産業能率短期大学の伊能徹氏は「日本の教育の極みを経て、大きく転換していくであろう。それがどのような方向に舵がとられるのか、まったく予断を許さない状況はあるとしても、戦後の日本の教育界に、伊東先生が『在《あ》った』という事実を私たちの希望の糧としなければならない」と述べている。

山梨大学名誉教授の古屋氏は「散る枯葉、残る枯葉も散る枯葉、というわけで、こちら側にいる我々もいずれは彼岸（そちら側）に行く身である。先生が行かれたそちら側には、先生が敬愛されたゲーテやロジャーズはもちろん、老子も道元も大勢の先人がおられるでしょうから、どうぞにぎやかにやってください」と追悼の会で語っている。

亡くなった後、自宅に焼香に来られた先生方が遺影を前に「伊東先生に初めてお会いした時に、柔らかく全身が包まれる思いだった。これがカウンセラーというものだと思った」と故人を偲ぶ姿に接し、遺族（俊子夫人と二人の娘）は「皆様の心の中に夫（父）に対する温かい記憶が、今も残されていることは、このうえないうれしさと感謝の気持ちでいっぱいだった」と語った。


（高橋郁夫・記）

文人の香りを放つ秋田の文化の生き字引

文芸評論家
井上隆明《いのうえたかあき》
一九五〇（昭和25）年卒

一九三〇年　鹿角郡毛馬内町生まれ
一九五四年　早稲田大学第一文学部卒
秋田魁新報社入社
学芸記者として江戸戯作の研究を深める
一九五九年　田中房子と結婚
一九六八年　同社文化部長
一九七五年　秋田経済大学（後の秋田経済法科大、現・ノースアジア大学）助教授
一九七七年　同教授
一九七八年　秋田県芸術選奨
一九八一年　秋田県文化功労者
一九九五年　秋田経済法科大学長（二〇〇一年まで）
二〇一一年　死去

「江戸人」の血筋を引き、大学時代に江戸の大衆文芸に親しんだ。地方紙の記者となって秋田の文学から歴史、音楽、風俗にまで興味を広げ、地方からと江戸（東京）からの複眼的思考で記事を書いた。大学教員に転じてからは博覧強記ぶりを発揮して評論活動を展開し、秋田の文化全般の「生き字引」として知られた。文人の雰囲気を漂わせ、晩年まで創作活動も続けた。

■主な著書　『秋田のうたと音楽家』（秋田文化出版社）『秋田書画人伝』（加賀谷書店）『喜三二戯作本の研究』（三樹書房）『東北・北海道俳諧史の研究』（新典社）『秋田明治文芸史』（東洋書院）

井上隆明は、一九三〇（昭和五）年三月一日に秋田県鹿角郡毛馬内町（現・鹿角市）に、父文雄、母マツの長男として誕生した。本籍は群馬県沼田市だが、それは父の本籍である。本人は居住したことがないが、井上は墓地をその地に定めた。父は営林署員であったために転勤が多く、井上は山形県村山市の楯岡小学校に入学したが、半年後には肺疾患にかかり、長期欠席した。当時、山形県では北方教育といわれた綴方教育が盛んであったからか、級友が見舞いの綴方集を届けてくれた。わら半紙の上半分にクレヨン画、下に手紙が書いてある。上段にはひな祭り、兵隊ごっこの絵、下段には「隆明クン、病気ハイカガデスカ。ボクタチハ、元気デアソンデイマス。早クヨクナッテ遊ビマショウ」というような子どもらしい文章がある。彼はこれによって励まされた。井上は完治しないまま、その綴方集を抱えて小学二年の秋には、秋田県北秋田郡鷹巣町の鷹巣小学校に転校した。そこでも病欠が多かったが、その度に楯岡小学校時代の綴方集を取り出して、自らを元気づけたという。

一九九六（平成八）年、その級友たちから同期会の案内状を貰い、当時の綴方集を持参して出席してお礼を述べた。後に井上は、明治、大正、昭和の県内の児童詩を集めて解説した『子供たちの詩史　秋田県』（一九七四年、秋田県国語教育研究会）を刊行するが、こうした背景があった。

鷹巣の小学校でも病床で暮らすことが多く本を読み音楽を聞いての生活が彼のその後の人生を決めた。この時期、彼は、出席することが数少なかったが教室で後に北原白秋の「落葉松《からまつ》」の作曲者になる後藤惣一郎の指導を受けた。

小学校をなんとか卒業はしたが、療養生活が長く、秋田中学に入学したのは、通常より二年遅れた一九四四（昭和一九）年であった。当時は戦時中で、教練が日常化しており、それを見学していた井上は非国民扱いを受けたこともあった。

しかもその年の秋、すでに四四歳になっていた父文雄が軍に召集され、ジャワ島に向うマニラ沖で戦死した。上級生は県内外の軍需工場に勤労奉仕、下級生は開墾、防空壕掘りで授業はほとんどなかった。卒業後の志望調査には軍隊名を記入しなくてはならず、軍楽隊と記入した。彼は音楽部に入部し、顧問であった作曲家小田島樹人の指導を受けた。

音楽教師の影響を受け

小学校時代の後藤惣一郎、高校時代の小田島樹人の指導が、後に『秋田のうたと音楽家・作曲作詩家のアルバム』（一九八七年、秋田文化出版社）として結実した。同書は、「背くらべ」「赤いソリ」「おもちゃのマーチ」の作曲家の小田島樹人、「落葉松」を作曲した後藤惣一郎の恩師をはじめ、成田為三、小松耕輔・平五郎兄弟ら秋田出身の音楽家の小伝とともに譜面まで紹介し、「秋田県音楽史年表」も付されている。

二年生の夏、敗戦。校舎は米軍に接収され、学校も社会も家庭も大混乱であった。学校には、小松元也（一九四七年卒、秋田大学名誉教授）のように秋田中学に一年在学しただけで陸軍幼年学校に進学した生徒が、復学して来た。

陸軍幼年学校は少年時代から軍事上の必要に応じる普通学科を教授し、特に外国語を教育し、かつ軍人精神を養うことを目的とした。ために、中学一年程度の入学試験を行うので、英語教育を行わない高等小学校からの受験は困難であった。英語が得意で、健康で柔道にも優れていた小松は、学校配属将校からの強い推薦があっての幼年学校進学だったのだろう。

混迷の時代であったが、少しずつ平静を取り戻し、井上は歳は同じながら先輩の武田清（一九四六年卒）、小松元也、細田全（一九四七年卒）を誘って、同人誌『赤とんぼ』を創刊した。

一九四七（昭和二二）年の学制改革で戦時中の入学者は四年で卒業できたので先輩の同人誌仲間は

卒業して進学した。その学制改革で旧制中学四年生の井上は新制秋田高校の二年生にスライドした。しかし、その混乱期を乗り越えて山形高校、大阪外国語大学に進学した武田清が、平和な時代を享受することなく、二九歳の若さで夭折した。井上は自分の辛かった闘病生活と重ね合わせて、武田を偲び、詩「雪のかたち」を作詩した。

雪のかたち　　井上狄庵（隆明のペンネーム）

しんしんと　雪が降り　雪が降り
まなこ閉じ　友を悼みて　ふところ手

ばんばんと　雪が降り　雪が降る
まぎれなき　吹雪だまりの　道渡る

ばたばたと　雪が降り　雪が降る
まのあたり　逢うべくありて　手紙書く

さわっさわっと　雪が降り　雪が降る
雪はらい　竜が玉吐く　春隣り

この詩は後藤惣一郎に作曲され、西六郷少年少女合唱団のレパートリーに加えられ、アキタパーク美術館の文学碑にもなった。

秋田高校では、井上が中心となって文芸部が発足、部誌『琢磨』が創刊された。井上隆明は、『琢磨』に毎号作品を寄せた。日本の伝統や国家権力を批判し、軍事支配に抵抗した金子光晴の詩に憧れ、その妻で作家の森三千代に自分の作品を送ることもあった。

進学した早稲田大学文学部では小説作法を学ぶつもりだったが、実際に江戸の地に住んでみると江戸文学に眼を開かせられる。彼の祖父の代までは、井上家は江戸の住民であった。彼には江戸人の血が流れていたのかもしれない。

地元新聞で健筆をふるう

父を失い、生活手のない井上は、四年生の一九五三（昭和二八）年に秋田魁新報社初の公募試験を受験し、一八五人の受験者の中から九人の合格者に選ばれ、卒業と同時に入社、文化部記者となる。

一九五九（昭和三四）年一一月に、文化欄に戯作者朋誠堂喜三二を郷土の文学者として紹介、連載し、喜三二が文学辞典にある秋田生まれの秋田藩士という記述に疑問を持つ。「安永天明期の代表的戯作者が、辺境に近い東北出身とは、本然的に考えられない」。彼は「小説好きの文学青年ならば、ひとりの作家の背に、豊穣な風土と人物を想定するのに難くないはずだ」「自往独歩でこつねんと、作家は現れはしない」（『喜三二戯作本の研究』）と江戸文学への考えを深める。

朋誠堂喜三二は、「干せど気散じ」で、干すは空腹、気散じは吉原言葉で「洒落たもんだね」。支配者（武士）と傍観者（通人）、気品と通俗と矛盾を抱えた武士作家の戯号である。井上はこの生き方に深く魅かれる。

井上は新聞記者として己を鍛え、調べる方法も身に着け、江戸戯作の世界に錨を下ろす。それが、

「朋誠堂喜三二年譜」（『喜三二戯作本の研究』、二〇〇三年六月、新典社）として結実する。

年譜の明和六年の項には次のごとくある。

〈五月二二日、藩主佐竹義敦下国に従って秋田へ。翌年三月二三日久保田城下（秋田市の旧称）発、四月九日江戸着。生涯を通じて秋田行は明和四年と六年、安永七年の三度だけで、明和のいずれも秋田で越冬した。〉

喜三二は秋田にだけ住んだ武士ではなかった。調べれば、喜三二は、秋田藩士に違いはなかったが秋田藩の江戸邸留守居で、諸藩の留守居と情報交換のために江戸に常駐していたのである。

安永三年八月の項には、次のごとくある。

〈角館出身の小田野直武が源内の勧めで、須原屋市兵衛板『解体新書』の扉絵、挿図を担当。跋をも執筆し、年長の杉田玄白を「我友人」と呼び、源内ばりの戯文調である。〉

この年譜からは、『解体新書』と小野田直武まで学べる。これら井上の博学ぶりは、秋田魁新報社刊『秋田人名大事典』（一九七四年）にも生かされる。さらに進んで、書画人にまでも手が伸び、『秋田書画人伝』（一九八一年）を刊行する。

やがて戯作本の読解が、文字を読むことだけなく、挿絵の絵解きでもあるという難問に遭遇する。日本の近代文学の研究は、挿絵はあくまで添えもので、挿絵をはずして小説を理解しようとする。井上は、それでは江戸文学は読めないと気づき、彼は版画の本拠地ドイツまでも出かける。

ドイツ人の日本文学研究家ヴォルフガング・シャモニ（ハイデルベルク大学文学部日本科教授）は、自分の論文で挿絵を「駒絵」という。ドイツ文学では、絵と文章は対等の関係で、挿絵ではない。

文人の原風景を探し求め

さらに井上は戯作を戯文と駒絵で読解していくが、作品とともに生きる男たちの世界を知りたくなる。花のお江戸を後にして旅する俳諧師たちが気になりだして、メモを取り出す。新聞記者の彼は、取材出張も多かったのでついでに年次休暇をとり、東北の各地を回って資料を求め文人の墓までも訪ねる。車の運転をしない彼は自分の足で東北の主な町は全て回った。函館、松前、江差には三度も行った。

「ありていに述べると、北辺において俳人たちが現風景を探り、いかに友をもとめ、いかに句作していたかをたどりたかった。かれらの生と表現が、北という風雪の国を解くキーになればと、顔貌と跫音を集めたく思ったことだ。その作業がいつか俳諧史になっていた」という。その俳諧史が『東北・北海道俳諧史の研究』(二〇〇三年)であり、二〇〇三年一〇月一二日、第五七回芭蕉祭(伊勢市)で文部科学大臣奨励賞を受賞した。

地方の独自性を追求する彼の研究は、近代文学にまで及び、『秋田明治文芸史――〈文人儒者〉の変容と終焉――』(一九九六年)で、秋田県の近代文学の出発を明示した。人は明治からを近代と呼ぶが、その近代は江戸時代から始まっていた――。と秋田という地方を見つめて明言する。

秋田県の文学資料収集にも熱心で、あきた文学資料館の設立に尽力した。人を育てることに熱心で、秋田魁新報社から秋田経済法科大学に転じ、学長職を全うした。

まだやり残したことが多かっただろうが、二〇二一年一月九日に彼岸に旅立った。東北という自然、四季の折り目正しい独自の風土に身を置き、文学の道を歩きつづけた。

(北条常久・記)

草創期の美術館運営を担ったアートの探求者

学芸員
井上《いのうえ》房子《ふさこ》
一九五四（昭和29）年卒

一九三五年　東京生まれ。旧姓田中
一九五八年　國學院大学文学部卒
　　　　　　秋田市職員に採用
　　　　　　市美術館（同年六月開館）配属
一九五九年　井上隆明と結婚
一九八四年　秋田市美術館館長
一九八九年　秋田市立千秋美術館初代館長
一九九一年　秋田市教育委員会社会教育課長
一九九五年　秋田市文化会館館長（九六年まで）
二〇〇二年　秋田県婦人会館館長（〇七年まで）
二〇二一年　死去

教員志望だったものの、大学卒業の時期と、秋田県で最初となる美術館の開館時期がたまたま一致したことを好機ととらえ、学芸員の道を選ぶ。県内外の美術収集家や画壇の大家、全国の学芸員との交流によってネットワークを広げ、企画展を次々に開催。後進たちの道標となった。女性の専門職が珍しい時代、先駆者としてその存在は輝きを放った。

井上房子（旧姓田中）さんは秋田高校の女子一期生（一九五一年四月入学）で、秋田県内における最初の美術館学芸員、さらに秋田市役所では女性管理職のさきがけと、時代のトップバッターとして走り続けた。

東京生まれの井上さんは、戦時中に両親の出身地秋田市に疎開し、秋田高校に入学した。同期生は男子四八五人、女子二八人。初めての女子生徒を迎えるにあたって、学校では女性講師を招いて週二回、女子を対象に礼儀作法の時間を設けた。旧時代の色合いは濃かったが、その中で井上さんはおしゃれで、飛び抜けて目立つ存在だったという。後輩の女子たちは「東京生まれの都会派だった井上さんは堂々とした体格とプロポーションのよさで、まぶしい先輩でした」と回想する。

在学中の一九五三（昭和二八）年には野球部が夏の甲子園大会県予選で優勝、秋田市の手形球場で行われた二次予選の奥羽大会（秋田、青森、岩手）でも優勝して甲子園大会に出場（一回戦不戦勝、二回戦は〇－二で松山商に敗退）している。奥羽大会の開会式では、初めて秋田高校の女子生徒が出場校名のプラカードを持って行進、井上さんがそのリーダー役として活躍したという。

未知の職種が眼前に

卒業後は國學院大学文学部史学科に進学。四年生のとき、秋田市に美術館建設計画があることを新聞で知る。秋田市で教職に就くことを考えていた井上さんだが、資格をできるだけ取っておこうと、教職のほか図書館司書や学芸員の資格を得ていた。大学卒業を間近にしていたその時に、学芸員という未知の職種が、絶好のタイミングで目の前に現れたのである。「新しい人生が開けるような予感がした」と後に回想している。

秋田市美術館は帝国石油の寄付五〇〇〇万円を基に、千秋公園二の丸の一角に県内初の公立美術館として建設され、一九五八年六月の開館が決まっていた。同年春に大学を卒業した井上さんは市役所職員に採用され、念願かなって美術館準備室に配属された。開館は三カ月後に迫っている。だが美術館には自前の所蔵品がなかったため、他の美術館や収集家から作品を借用して展示する方式で出発する。展示室が一室のみというこぢんまりとした美術館だからこそ、それが可能だった。

とはいえ企画立案から調査・研究、所蔵者との交渉、作品の運搬から展示までと仕事は多岐にわたる。開館間もないころ、作品を借用するためトラックに乗り込み、未舗装の凸凹道を助手席の天井に頭をぶつけながら横手まで往復し、汗とホコリにまみれて髪の毛を真っ白にして戻ってきたこともあったという。そんな苦労をしながらも県内の収集家や文化財専門家、本間美術館（山形県酒田市）や致道博物館（同県鶴岡市）など先行の美術館の指導や助言を得ながら仕事を進め、同時に県内外に人的ネットワークを広げていった。ネットワークは、その後の美術館の運営基盤となる。

開館記念展は「秋田蘭画展」だった。いまでこそ秋田蘭画は日本における洋風画の先駆けと評価されているが、当時は武士による素人絵画というのが一般の理解だったという。展示品は美術品収集家の奈良磐松氏（秋田市金足）が所蔵する小田野直武や佐竹曙山の絵画など約四〇点。二五日間の会期中に五四〇〇人余りが訪れ、秋田蘭画の知名度を高めることになった。一九六一年には奈良氏から秋田蘭画を含む大量の美術品が寄贈される。市美術館はこれを機に秋田蘭画の購入に努め、所蔵品の中核を占めることになる。

その後は横山大観展、奥村土牛展など著名作家の展覧会を多数企画し、成功させていった。このうち横山大観展（一九六四年）では一日に二〇〇〇人近くが入館し、井上さんは「一日中立ちっぱなしでお客さんの整理に追われた」と回想している。奥村土牛展（一九七〇年）では土牛本人が、自身の作品を多数所蔵する山種美術館（東京）と交渉して陳列作品の選定にあたった。井上さんの熱意が作家を動かしたとして語り草になっている。

美術品に残る足跡

秋田市美術館は一九八九年六月に閉館（建物は佐竹史料館となる）し、同年一一月に市立千秋美術館（アトリオン内）として生まれ変わる。井上さんは八四年に市美術館の館長となり、引き続き千秋美術館の館長を九一年三月まで務めた。井上さんとともに働いた元学芸員は「正統派の美術だけでなく、土方巽（秋田市生まれの舞踏家）や斎藤佳三（旧矢島町生まれの図案家・舞台美術家）のような革新的・前衛的な作家のことも面白がり、企画展を開催するなど新しい分野も開拓しました」と井上館長の功績を語る。

秋田県立近代美術館（横手市）で学芸課長や副館長を務めた小笠原光氏は、「新たな美術作品を探しながら県内各地を歩くとき、これは、と思った作品に、井上さんが借用のため残した証書を発見することが今もよくある」という。当の井上さんは「小さく貧しかった秋田市美術館だったが、多くの出会いと温かい励ましがそこにはあって、パワーだけはいつも全開していたように思う」と回想している。千秋美術館館長を退任後、秋田市教育委員会社会教育課長や秋田市文化会館館長を歴任。退職後も県立近代美術館の運営協議会会長として後進の指導にあたった。

小笠原さんが「井上さんの背中を追って同じ道を歩くとき、先達がいる頼もしさとともに、少しばかりの奮起を覚えるのもまた事実である」と語るように、後輩の学芸員たちの道しるべとなり、同時に発奮を促すという理想的な存在であった。

（相馬高道・記）

参考文献　井上房子ほか『美を想う女性群像』（大日本絵画）

磁気記録の独創的な発明でビッグデータ時代の扉を開く

工学者
岩崎《いわさき》俊一《しゅんいち》
一九四四（昭和19）年卒

一九二六年　福島県生まれ
一九四九年　東北大学工学部通信工学科を卒業
　　　　　　東京通信工業株式会社（現・ソニー株式会社）に入社
一九五一年　東北大学電気通信研究所助手
一九六四年　同助教授を経て教授就任
一九八六年　東北大学電気通信研究所所長に就任
一九八七年　文化功労者
一九八九年　東北工業大学学長
一九九二年　秋田県高度技術研究所名誉所長
二〇〇四年　東北工業大学理事長
二〇一七年　同名誉理事長
二〇一〇年　日本国際賞
二〇一三年　文化勲章
二〇一四年　ベンジャミン・フランクリン・メダル受賞
二〇二二年　東北大学特別栄誉教授（第1号）

パソコンやビデオレコーダー、カーナビなどに搭載されたHDD（ハードディスクドライブ）は、岩崎俊一さんが発見した「垂直磁気記録」方式により記録容量が飛躍的に向上し、ビッグデータ時代のインフラ（社会基盤）となった。実用化に至る道のりは、従来の記録方式の原理を徹底追究し、その限界を乗り越える発想、産業界を巻き込んだ知の結集という爽快なストーリーとして語り継がれる。

自然の理を読み取った偉大な発明

岩崎俊一先生は、現代の情報社会の基盤となっているデジタルデータを記録する磁気記録技術をつくり上げた科学者です。私たちが社会の中で日常的にインターネットや様々なアプリを使い、ビッグデータを駆使した便益を享受できるのは、これらを可能にする大容量デジタル磁気記録の技術ができたからです。

磁気記録は、デジタルデータを記録媒体のミクロな磁石の向きに変換して記録する技術です。岩崎先生は、コンピュータのデータストレージ（記憶装置）技術で最も重要で革新的な「垂直磁気記録技術」の発明者として世界的に知られています。

東北大学電気通信研究所教授であった岩崎先生は、磁石を水平方向に向ける従来の面内磁気記録の記録密度を高める極限現象の研究の中で、記録磁性層を薄くしなければならないという原理上の制約にぶつかりました。記録媒体内の磁化理論と詳細な状態観察を繰り返した結果、ついに記録媒体内で磁化が閉じてしまう現象「回転磁化モード」を一九七五年に発見します。記録された磁化がエネルギーを小さくするため自ら垂直方向に向いてしまうという磁性の自然を読み取りました。垂直方向に磁化を配置することが理にかなっていることを見出し、垂直磁気記録方式の発明に至りました。一九七七年に国際学会で初めて発表した際には大きな反響があり、垂直磁気記録の研究が世界中に広まるきっかけになりました。

「余計な知識（枝葉）を捨てた時、真にあるべき考え（幹）が真っ直ぐに伸びてつながっているかが分かる」と岩崎先生はよく学生に諭されました。研究の考え方が太い真っ直ぐな幹としてできているかという問いかけで、真理を追究する研究を指導しました。

岩崎先生が面内磁気記録の極限追究から発案した垂直磁気記録、これを古い技術に取って代わる新技術と見るのではなく、両者が互いに相補的関係をなし、合わせて磁気記録が完結すると理解することが重要であると説きます。物理に根ざした俯瞰的な観察眼であり、これが垂直磁気記録という革新的な研究とその実用化開発を導いた指導原理になりました。

「文明を創る」という志

岩崎先生はこうおっしゃっています。工学は社会で広く使われることによって「社会の質（Quality of Society）」を高めることに繋がらないといけないし、その結果として新しい文明を創造させることになると。垂直磁気記録技術がハードディスク装置として二〇一五年に実用化されてからわずか三年ほどで、年間数億台規模で世界中に出荷される全ての磁気ストレージが垂直磁気記録方式となりました。実用化から今までの間に二〇倍を超える総記録容量を世界中に提供し、社会のデータ記録のほぼ全てを担っています。岩崎先生が発明した垂直磁気記録は、ミクロな磁石がデジタルデータを記録する最適な記録技術であり、まさにデジタルデータ社会の基盤を築いたといえます。大規模なデータ活用社会を切り拓いたと同時に、クラウドコンピューティング、ビッグデータ解析、スマートフォンや５Ｇ通信、人工知能など新しい技術が機能するに値する意義ある社会基盤を先立って創造してきたといえるでしょう。垂直磁気記録の発明は、従来の延長線にはない多くの分野で新たな「社会の質（Quality of Society）」を創り出した文明進化の原動力になりました。

学術と社会の相互循環のあり方を示す研究理念として、岩崎先生は「創造、展開、統合」のイノベーション循環モデルを提唱しました。創造とは、仮説の提唱と実証であり、極めて斬新なことを主体的に見つける科学です。展開とは、想像したものを誰もが使える形で標準化し普及させていく技術の分野です。さらに学術の世界を実社会と統合することが非常に大事であるとおっしゃっております。大

世界の優れた科学者・技術者を称えるベンジャミン・フランクリン・メダル授賞式後に立ち寄った米国カリフォルニア州サンノゼ市で（2014年4月撮影）

きなイノベーションほど社会に幅広く貢献します。豊かな文明の礎を築くための学術と社会のイノベーション循環を示す根本的な考え方ではないでしょうか。

世界学術会議議長や日本学術会議会長を務められた元東京大学総長の吉川弘之先生は、豊かな社会を創る岩崎先生の垂直磁気記録の研究について、「美しい研究」と評されました。岩崎先生はその条件について次のように四つの段階にまとめています。

一．研究を始めるときに独創的であること。斬新で主体的であり無競争で研究が進みます。

二．学問として真理の探究が広く行われるべき、つまり純粋理性の追究です。

三．社会に広く普及して文化を作るオープンイノベーションが望ましい。

四．最も重要な社会との統合・融合により研究成果が社会に還元され、多くの分野で進歩に貢献する。

垂直磁気記録は岩崎先生の独創的な研究から始まり、デジタルと親和する磁気記録技術として完結し、オープンイノベーションを経て世界のビッグデータを生み出す大きな流れを創造しました。さらに科学技術の多くの分野に関わってそれぞれを進化させ、優れた「社会の質（Quality of Society）」を実現させています。

豊かな社会を目指す若者たちに

最後に、岩崎先生がライフワークに向かう若い人たちに向けて発したメッセージを紹介します。

1. まず先見性のある確かな構想を立てること。先見性は独自の実験事実と革新技術に対する歴史観から生まれます。
2. 次に勇気を持って第一歩を踏み出すこと。全く初めてのことを実行するには大きな勇気がいります。
3. さらにそれを人々の役に立つまでつづけること。このためには多くの協力者、あるいは組織が必要になりますが、これも研究のうちです。
4. 最終の評価は社会に任せなさい。

（以上、東北大学電気通信研究所 教授　田中陽一郎・記）

米国との技術格差を痛感

岩崎さんは国鉄職員だった父親の勤務地・福島市で生まれ、父親の転勤に伴って仙台市、山形県東根市、山形市、秋田市と転居。旧制山形中学（現・山形東高校）一年時に秋田中学に転校した。四年時に当時の校長が生徒を集め、「進学合格者が仙台一中を抜いたぞ」と激励し、秋田県一番の学校としての誇りを持ったという。

もともとは技術者志望だったが、時代は太平洋戦争の最中。海軍大将山本五十六の戦死やアッツ島

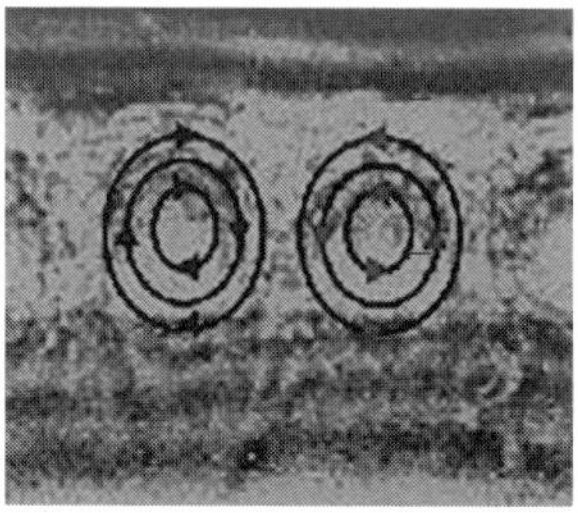

磁気テープ内部で観察された磁化の様子（回転磁化モード）。この発見から独創的な垂直記録方式が生まれた

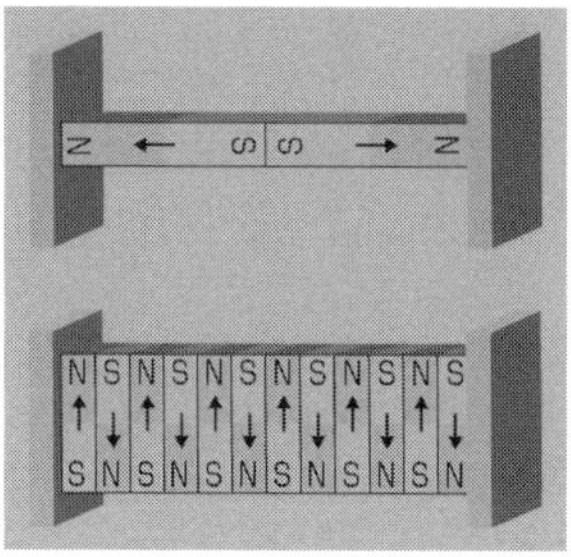

磁気記録の仕組み（イメージ図）。上が磁石を水平方向に並べた長手（面内）方式、下が縦方向に並べた垂直方式

玉砕などの報に接し、「われわれが国を守らねば」との思いで海軍兵学校（七五期生）に進学した。在学中の一九四五（昭和二〇）年七月、帝国海軍の重巡洋艦「利根」が呉港（広島県）に停泊中に米軍機の攻撃を受けて大破。その様子を目の当たりにした岩崎さんは「この時の悔しさは忘れられない」と回想する。間もなく終戦。海軍の電探（レーダー）技術が米国に決定的に劣っていたのが敗戦の最大要因といわれていたことから、通信技術を学んで見返したいと思い、通信技術では最も進んでいると評価されていた東北大学工学部通信工学科に入り直す。以来、研究者人生を歩んできた。

　岩崎さんが提唱した垂直磁気記録方式の原理については教え子の田中陽一郎さんが詳述しているとおりだ。ごく単純化すると、磁気記録とは文字や数字、音声、映像などの情報を電気信号に置き換え、電磁石の作用でディスクやテープ上に極小磁石を並べる形で記録することをいう。その極小磁石を水平に並べるのが従来の長手《ながて》（面内）方式だった。これに対して極小磁石を垂直に並べると記憶容量が飛躍的に増加し、かつ安定する。岩崎さんはまずは長手方式による容量アップを目指し、磁化の微細な動きを観察して回転磁化モードを発見、その動きに沿った方式として垂直方式という全く新しい考えに到達した。

「真理はわれに」と確信

だが実用化までは、岩崎さんが「死の谷」と呼ぶ苦難の時代があった。既存技術（長手方式）の改良・向上によって記憶容量が増加し、「垂直方式は失敗」と評されたのだ。だが岩崎さんは「長手方式の改良はあくまで（データを読み取る磁気ヘッドなど）再生側で記憶容量を伸ばす方式だが、垂直方式は（データを記録するテープやディスクなど）記録側で容量を大幅に伸ばす方式だったので、『真理はわれにあり』という信念は揺るがなかった」と振り返る。さらに、「死の谷」の期間を中心に国際会議を七回にわたり開催したことが技術の進歩に有効であり、「開発リーダーとしての責任は果たせたと思う」と語る。

垂直方式によるハードディスクの製品化は、世界に先駆け東芝によって二〇〇五年に実現する。前項を執筆した田中陽一郎さんは当時、東芝の研究チームのリーダーだった。田中さんは、自身が学生時代の岩崎教授の印象を、「研究室では白衣を着用し、常にきりっとした姿勢と厳しい目で指導していただきました。実験の現場に来ては『どうだね』と進捗や結果を気にして下さいました」と語る。毎日午後三時に研究室全員を集めたお茶の時間があったが、休憩というより岩崎教授の研究指導の時間であり、緊張したという。優れた記録密度のデータが取れた時や、垂直記録を使ったビデオ記録実験が成功したときなどは、真っ先に報告に行くと、「考えていたことが正しかった」と心から喜んだという。

近年では国内でも独創的な開発に研究者が巨額な対価を求める動きもあるが、これに対して岩崎さんは「資本主義社会の大欠陥を示すものと考えている。垂直磁気記録がオープンイノベーション（技術やアイデアを囲い込まず、広く展開し多くの知見を活用して開発を促進すること）を実現したことで、ビッグデータは多くの分野の進歩に貢献している」と確信する。
後輩の秋田高校生に対しては、「校歌に『わが生わが世の天職いかに』とあるように、『それは彼の天職だった』といわれる人材に育ってほしい。私の天職は磁気記録の研究だった。記録を音響や録音の世界からビッグデータ・情報の世界に広げた。振り返ると、すべて天命に従って学んだ結果だと思っている」と振り返る。

（相馬高道・記）

生涯教育を県政の柱にすえた政治家

元秋田県知事
小畑《おばた》勇《ゆう》二郎《じろう》
一九二四（大正13）年卒

一九〇六年　北秋田郡早口村にて出生
一九二五年　早口小学校臨時雇い
一九二七年　早口村書記
一九三四年　秋田県書記（北秋田郡財務出張所）
一九三九年　秋田県総務部庶務課
一九四六年　秋田県内政部庶務課長兼知事官房文書課長
一九五〇年　総務部長兼民生部長
一九五一年　秋田県知事選挙に出馬し落選　秋田市助役
一九五五年　秋田県知事選挙に再出馬し当選
一九七五年　秋田県知事選挙六選
一九七九年　秋田県知事退任　秋田経済大学理事長
一九八二年　秋田大学医学部附属病院にて死去

小畑勇二郎は、一九五五（昭和三〇）年から六期二四年、秋田県知事として、八郎潟干拓、「まごころ国体」の開催、脳血管研究センターの設置、秋田大学医学部の設置、訪ソ青年の船など数々の事業を通して県勢の発展に努めた。

こうした中で、小畑勇二郎は、何故「生涯教育」を県政の柱にすえ、「生涯教育」の推進を図ったのだろうか。

■主な著書　『秋田の生涯教育』（全日本社会教育連合会）『今月のことば』（秋田県広報協会）

生い立ち、秋田中学への道

今、秋田県の高校生で元秋田県知事小畑勇二郎を何人が知っているだろうか。

小畑勇二郎は、一九〇六（明治三九）年、九月一九日、秋田県北秋田郡早口村（現大館市）に生まれた。

生家は村の中心部で雑貨商を営むほか、養蚕業にも携わっていた。家屋敷は大きく広かったが、父勇吉の代に家産が傾いた。勇吉が幾つかの事業に失敗したためである。家屋敷を手放し村はずれに移った。

山っ気の強い勇吉は、一旗揚げるために北海道に渡って炭坑夫になったが、翌年現地で病死した。残された家族は、祖父、祖母、母、兄、姉、勇二郎、生まれたばかりの弟だった。勇二郎一一歳のときで小畑家の貧乏が始まった。

勇二郎は小柄だったが勉強はよくできた。周りからは「神童」と呼ばれた。早口小学校の卒業式で、勇二郎は生徒を代表して答辞を述べた。この卒業式にたまたま来賓として出席していたのが、村きっての資産家で実力者だった吉田季吉である。

吉田は大人顔負けの勇二郎の答辞に感激し、貧しくて進学ができない勇二郎のために、養子となることを条件に小畑家へ援助を申し出た。兄勇三郎は養子に出すことに反対したが、勇二郎の将来を考えて受け入れることにした。

家に近い大館中学の入試は終わっていたので、勇二郎は秋田中学を受験した。特に受験勉強をしていたわけではないが、勇二郎は八番目の成績で合格した。吉田は勇二郎の思いがけないできに驚くばかりだった。

秋田中学時代の勇二郎は学業よりも、友人との交流、スポーツ、読書に関心をもつ生徒だった。義理が厚く、信望があったことから副級長に推された。三年のときにはテニス部の監督兼マネージャーになった。寄宿舎の副室長にも選ばれた。舎監の理不尽な物言いに反発したため、勇二郎は寄宿舎を追い出されてしまった。仕方なく下宿生活を始めた。三年の冬の一二月だった。

この下宿生活で勉学は前よりも疎かになった。しかし、級友やテニス部の仲間たちとの交流は深まった。この友人たちが後に秋田県知事となる小畑勇二郎を支えたのである。

汝、何のためにそこにありや

この時代の同期生に、「秋高中興の名校長」と敬慕される鈴木健次郎がいる。鈴木は、秋田県知事小畑勇二郎の強い要請を受けて一九六三（昭和三八）年四月に秋田高校の校長に着任した。勇二郎は、秋田県教育委員会から秋田高校の校長の推薦を頼まれたとき、鈴木の清秀にして凛乎とした中学時代の姿を思い出したのである。

鈴木は山形高校、東大を経て、戦前は日本青年館において青年運動に情熱を注いだ。戦後は文部省に入り、公民館活動の発展に尽くしたあと、福岡県の社会教育課長となった。勇二郎が東京で四〇年ぶりに再会したとき、鈴木は日本教育テレビで新しいマスメディアに取り組んでいた。鈴木は勇二郎の強い誘いに、「母校の役に立つなら」と、ためらうことなく応じたのだった。

鈴木は新任式において、「汝、何のためにそこにありや」と生徒に問い、一人一人の自主自立を求めた。入学式や卒業式などの節目ごとに、鈴木はこの言葉を発した。生徒はこの言葉を「秋高語」として事あるごとに遣い、いつの間にか同窓生、父兄の間にも広まっていった。

鈴木は「学業とスポーツの両立」を高く掲げ、真の伝統の継承と創造を目指した。その結果、大学進学に成果をあげ、スポーツにおいても硬式野球、剣道、ラグビーなどが全国にその名をとどろかせた。

勇二郎は後に、「生涯教育」を県政の柱にすえたが、その裏側には、青少年教育や社会教育に造詣が深く、人格も高潔であった鈴木の存在があったのである。

兄勇三郎の死、小畑家への復帰

勇二郎が中学四年の九月、小畑家を支えていた兄勇三郎が病死した。養父吉田は勇二郎を医者にと考え、勇二郎自身は行政官がよいと考えていた。

勇二郎は小畑家の将来を案じながら弘前高校を目指して勉学に励んだ。受験前夜に勇二郎に災難が襲った。過労のあまり肺炎になったのである。高熱の中、一日目は何とか受験できたものの二日目の試験中、勇二郎は意識を失い病院に運ばれてしまった。勇二郎の中学四年の受験はこうして失敗に終わった。

期待に応えられなかった自責の念と、母を早く楽にしたいという思いが勇二郎の胸の中で交錯した。行き着くところは小畑家へ戻ることであった。

養父吉田の手前、弘前高校に再び出願した勇二郎だったが、受験を放棄し、弘前を乗り越して叔母ミサのいる樺太へ向かった。勇二郎は、青函連絡船上から吉田に宛ててミサの所へ行くとは書かず、母を助けるために北海道で一旗揚げたいとの手紙を出した。その手紙で吉田も小畑家の者も大騒ぎをしたが、ミサから勇二郎が自分の所にいるとの連絡を得てひと安心したのだった。

心の広い吉田は、勇二郎の母を助けたいという思いを受け入れた。こうして勇二郎はまた小畑家に戻ることになった。

役人の道から秋田県知事へ

叔母ミサの厄介になっていた勇二郎だが、樺太ではたやすく職を見つけることができなかった。徴兵検査の通知が来たことから早口村に帰った。就職先がないままブラブラしていたところ、早口小学校の臨時雇いの口がかかり勤めることになった。勇二郎はここを振り出しに、扇田小学校、山田小学校、綴子小学校と渡り、二〇歳の春にまた早口小学校に戻った。この経験が後に秋田県知事として教育に力を入れる源となった。

一九二七（昭和二）年一〇月、勇二郎はかっての養父吉田の口利きもあって、早口村書記に採用された。衛生係、税務係、学務係などの仕事をしながら、「人の役に立つ役人とは何か」と、自問自答する勇二郎だった。

村長の九島堅之助は、勇二郎の真面目な仕事ぶりを評価し、機会があったら県庁に入ることを勧めていた。一九三四（昭和九）年二月、鷹巣町（現北秋田市）にある北秋田郡財務出張所に空席ができた。勇二郎は秋田県書記となった。

勇二郎は県税の徴収をはじめとして、周囲が驚くほどの行政手腕を発揮した。

その仕事ぶりが本庁に聞こえるようになっていった。一九三九（昭和一四）年六月、本庁の庶務課勤務となり、県有財産の管理と税務を担当した。以後、税務係長を経て、終戦の年の八月には文書課長となった。勇二郎の昇進の勢いは止まることなく、一九四六年に庶務課長、一九四八年に総務部次長、一九四九年に民生部長、一九五〇年には総務部長も兼任するまでになっていった。

勇二郎が初めて知事選に出馬したのは、一九五一（昭和二六）年四月、四四歳のときであった。保守系が推薦した池田徳治土木部長の対抗馬として、革新系からのやむを得ざる出馬であった。結果は三万七千票差の敗北だった。

知事選の一週間前、秋田市長に当選した武塙祐吉は、すぐさま勇二郎に助役の就任を依頼した。秋田魁新報社社長だった新聞人武塙は、勇二郎の優れた行政能力を高く評価したのである。ためらいの

新年度の予算編成に取り組む小畑勇二郎知事　1968（昭和 43）年 2 月

なかで引き受けた勇二郎は、任に就くや建都三五〇年祭の実施、都市計画の策定、町村合併の推進などに積極的に取り組み、武塙の期待に応えた。

一九五五（昭和三〇）年四月、勇二郎は保守、革新の両派から推薦を受けて秋田県知事に再度立候補した。結果は他の二候補に圧倒的な差をつけて当選。小畑県政六期二四年が始まった。

善政は善教に如かず

一九六九（昭和四四）年の暮れ、小畑勇二郎は国に来年度の予算を陳情するため東京へ出張していた。この四四年の一月には秋田大学に医学部が設置されることが決定し、三月には八郎潟干拓工事が完了していた。二年後の春に五期目の知事選を控え、新たな政策を練る時期に当たっていた。

東京に出ると読書好きの勇二郎は必ず神田神保町に足を向け、新本、古本にかかわらず買い求めた。この日勇二郎が買ったのは、子どものころ歌カルタで遊んだ『小倉百人一首詳解』だった。巻頭首は、天智天皇の「秋の田のかりほの庵の苫をあらみわが衣手は露にぬれつつ」である。この歌の勇二郎の印象は、長く秋田県にふさわしい、のどかな歌というものだった。しかし、この歌には天智天皇の「自分のまつりごとのきめが粗いので、人々は困っているのではないか」という厳しい自戒の想いが込められていることを、勇二郎はこの本から初めて知った。

顧みて、「自分の政治はどうだったのか。行政の目が粗くて、県民の皆様に迷惑をかけてこなかったか」と、自らを振り返る勇二郎だった。

帰庁した勇二郎はすぐさま、各部課に「行政としてこれまで十分手が届かなかったものは何か」を指摘させた。そうしたところ、勇二郎の胸に最も響いたのが「生涯教育体系の確立」だった。

憲法第二六条に「すべて国民は、法律の定めるところにより、その能力に応じて、ひとしく教育を受ける権利を有する」とあるが、国や県がこの権利を十分に保障しているだろうか。孟子の言葉に、「善政は善教に如かず」とあるではないか。どんなに善い政治をやっていたとしても、教育に根底を置かない政治や行政は、根なしかずらのようなもので、パッと咲いてもすぐに枯れてしまう。つまるところ、政治も行政も、教育に始まり教育に終わることを勇二郎はしみじみと感じ、生涯教育を県政の柱にすえることを決心した。

生涯教育の推進

一九六五（昭和四〇）年一二月、フランス人ポール・ラングランは、ユネスコの第三回成人教育推進国際委員会において生涯教育を提唱した。小畑勇二郎が生涯教育を県政の柱にすえようと考えた五年前のことである。勇二郎はそのことを知らないまま、生涯教育の推進をとりあげたのであった。

なぜ、勇二郎は生涯教育が必要と考えたのか。第一は、コンピューターの出現に代表される科学技術の進歩。第二は、物の豊かさから心の豊かさを求める人々の価値観の変化。第三は、マスメディアの進展による情報の氾濫と、大量消費時代の到来。第四は、平均寿命の延長と、労働時間の短縮による余暇の増加。勇二郎は、こうした社会の急激な変化に対応するためには、人は生涯にわたって学び続けることが必要であり、行政はその環境づくりに努める必要があると考えたのである。

こうと思ったら勇二郎の行動は素早い。一九七〇（昭和四五）年四月、勇二郎は県庁内に関係一一課、一六名からなる生涯教育研究プロジェクトチームを発足させた。プロジェクトチームは翌年の一月、勇二郎に「生涯教育体系の確立に関する報告書」を提出した。勇二郎はこの報告書に基づいて、四六年四月から始まる「秋田県第三次総合開発計画」の基本方針の一つとして、「生涯教育の推進と人間能力の開発」を県総合開発審議会と県議会に提案し、承認を得た。

一九七一（昭和四六）年一一月、勇二郎は「行動することから道は開ける」の信念のもとに、秋田県生涯教育推進要綱を策定した。翌年の四月には、知事を本部長、副知事、教育長を副本部長とする秋田県生涯教育推進本部を設置した。五月には、県民の意見要望を反映させる機関として秋田県生涯教育推進協議会を設置し、短期間のうちに県の生涯教育推進の骨格づくりを成し遂げた。

一方、勇二郎は「生涯教育の主体は市町村住民にある」と考えていた。そこで、県内三地区にパイロット市町村を指定するとともに、市町村に生涯教育奨励員の設置を求めた。生涯教育奨励員は、勇二郎がフランスの人々の生涯学習を支援する「アニマトール」にヒントを得た制度である。自ら学び、学習者を励まし、支える奨励員の活躍なしに市町村の生涯教育の発展、充実はないと、勇二郎は深く信じた。

勇二郎の生涯教育に対する情熱はさらに広がっていった。放送県民大学の開設や、キャッチフレーズとシンボルマークの募集、「たのしい生涯教育」のテレビ放映、生涯教育推進全県大会の開催などが行われていった。

生涯教育を推進していく上で勇二郎が重視したのは、幼児教育と家庭教育の充実であった。そのため幼稚園・保育所の一体的運営を進めるとともに、「スギの子はがき通信」の配布、「スギの子ひろば」のテレビ放映、「移動スギの子巡回相談」などの事業が手厚く行われたのである。

秋田県生涯教育センターの設置構想は、勇二郎が生涯教育をとりあげた初期のころからあったが、実際、建設庁内検討委員会が発足したのは知事六期目の半ば五二年四月だった。このころ勇二郎の関心は、アメリカの「コミュニティ・カレッジ」にあった。生涯教育センターの学習事業として、「コミュニティ・カレッジ」のようなものができないかと勇二郎は考えた。この考えから短大程度の学習内容で、「いつでも、どこでも、だれでも」学ぶことができる「秋田県コミュニティ・カレッジ」が生まれた。このカレッジは現在、「あきたスマートカレッジ」と名前を変え、つづいている。

秋田県生涯教育センターの完成は、勇二郎が知事を退任しての一年後の五五年四月だった。この完成が生涯教育に懸けた勇二郎の最後の仕事となった。

小畑勇二郎の終焉と国の動向

小畑勇二郎は知事退任後、秋田経済大学（現ノースアジア大学）の常勤理事長に就き、私学経営に専念することになる。勇二郎が目指したのは、法学部の新設と茨島キャンパスの下北手桜への移転であった。さらには附属高校の学業とスポーツの両立であった。附属高校は、昭和五六年、春、夏の甲子園出場を果たし、その年の一〇月には大学の造成起工式が行われた。

一九八二（昭和五七）年に入って勇二郎に病魔が襲った。附属高校の「中国研修の船」の団長や、石川県鹿島町での講演は無事こなしたが、九月半ばの「秋田県壮年の翼訪中団」の団長として中国へ行くころには、微熱やせきが毎日つづくようになっていた。秋田赤十字病院で検査を受けてみたが、特に異常は見られなかった。だが依然として発熱が続き、倦怠感もあるため中国行きは医師に止められた。再度ていねいに検査したところ、S字結腸ガンということが判明した。

手術は秋田赤十字病院で行われ、結果は良好なものであった。しかし、時を経ずして勇二郎は無顆粒球症に感染してしまった。赤十字病院ではうまくいかず、秋田大学医学部附属病院に転院し治療したものの時すでに遅く、昭和五七年一〇月五日、勇二郎は七六歳の生涯を終えた。

東北の一地方で取り上げられた生涯教育が、国ではどう進められたか。

勇二郎死後、文部省（現文部科学省）は、一九八八（昭和六三）年に社会教育局を生涯学習局にかえ筆頭局とした。その後、一九八九（平成元）年に第一回全国生涯学習フェスティバルを千葉県で開催し、一九九〇（平成二）年に「生涯学習振興法」を制定した。

二〇〇六（平成一八）年には教育基本を改正し、第三条において、「生涯学習の理念」を新たに規定した。この条文のもとに、国民一人一人が生涯学習社会の実現に努めることが求められるようになったのである。

勇二郎の死から、二四年の時間が過ぎていた。

（澤井範夫・記）

参考文献　『小畑勇二郎の生涯』（財団法人小畑勇二郎顕彰会発行）、『大いなる秋田を――『小畑勇二郎の生涯』補遺選』（財団法人小畑勇二郎顕彰会発行）

社会を下支えする若者たちを全力で励ます

秋田魁新報社提供

社会運動家
加藤《かとう》日出男《ひでお》
一九四六（昭和21）年卒

一九二九年　秋田市生まれ
一九四六年　秋田鉱山専門学校に入学するも一年で中退
一九五三年　東京農業大学卒、商事会社に就職するも一年で退職
根っこ運動を創始
一九五四年　国際親善を目的とする「世界友の会」事務局長就任
世田谷区経堂青年会を組織、世田谷区青年会連絡協議会会長となる
一九五九年　「若い根っこの会」を全国組織に拡大強化
一九六一年　埼玉県川越市に「根っこの家」を建設
一九七二年　大型客船による「洋上大学」を始める、二〇〇七年まで三九回開催
二〇一九年　死去

自身の住む東京都世田谷区で青年会を組織しリーダーとなる。地方出身の勤労青少年たちが都会で孤立している姿を目の当たりにし、交流組織「若い根っこの会」を立ち上げ、埼玉県川越市に活動拠点「根っこの家」を建設、学生運動にも労働組合運動にも吸収されない層の受け皿となった。大型客船による「洋上大学」を三五年間にわたって継続開催。多くの著作で青年たちを励まし、熱烈な信奉者を得た。

■主な著書　『東京の若い根っこたち』（第二書房）『二十歳の青春に贈る人生論』（根っこ文庫太陽社）『大根踊り人生論』（東京農大出版会）『強く美しく生きるには』（ごま書房）

一九六三（昭和三八）年九月二九日付の秋田魁新報は、「毎年何万人と上京してくる集団就職者。このほとんどは都内の中小企業、または個人経営の商店へと引きとられていく。そして、新しい生活環境と職場になれてきた二、三カ月目に、突然訪れてくるのが決まって〝さびしさ〟だ」との書き出しで、一人の「若い根っこの会」会員を紹介している。

彼女は花輪町（現・鹿角市）出身で一九歳。品川区内の医院にお手伝いさんとして住み込みで働いている。月給は六五〇〇円。午後の往診時間帯は自由に過ごせて日曜は休みなので比較的恵まれているが、話し相手がいなくて、つい家の中に引きこもりがちとなる。そこで、前任のお手伝いさんから聞いていた「若い根っこの会」に入会し、日曜日ごとに「根っこの家」（埼玉県川越市）に通うようになった。品川から池袋まで電車で三〇分。ここからは専用バスが川越まで運んでくれる。根っこの家ではレコードを聴いたり図書室で本を読んだり、運動場でバレーボールを楽しむこともある。自分と同じ秋田県人がいれば親しみと楽しさは一段と強くなる。「いつでも気軽に遊びに行ける所があるということ、これは私たち住み込みで働く者にとって一番ありがたい」と当人のコメントが載っている。

やる気を引き出す講話

「根っこの家」はいまも川越にあり、会員たちの交流の場となっている。会員の一人、山田栄子（一九四九年藤里町生まれ、旧姓石岡、神奈川県在住）は、中学を出ると集団就職で上京し、目黒区のセーター工場に勤めた。中卒が「金の卵」ともてはやされた最後の世代である。将来への展望もないまま三年が過ぎ、たまたま書店で「根っこ」という風変わりな新書版の本を手に取ったら、著者の加藤日出男という人が秋田生まれであることや、地方出身者の交流を目的に「若い根っこの会」をつくり、活動拠点として「根っこの家」を構え、『友情』という月刊誌を出していることを知る。

『友情』には加藤会長の言葉や会員たちの生活体験、「根っこの会」を支援している企業の社長たちの寄稿、北島三郎や水前寺清子、山田太郎など有名歌手のグラビアもあって華やかだった。人生を後ろ向きに考えがちだった山田だが、雑誌を読んで思い直し、二〇歳を機に『友情』にあった地図を頼りに「根っこの家」を訪ねる。一九七〇（昭和四五）年秋のことだった。

外からのぞくと同年代の人たちがホールで卓球を楽しんでいる。思い切って玄関の戸を開けると、いきなり加藤会長と目が合った。法被姿の会長は駆け寄ってきて「やあ、初めての人だね。いらっしゃい。加藤日出男です」と言って握手してくれた。その瞬間、山田は「初めて人間として認めてもらえた」と思ったという。以来、休日のたびに「根っこの家」に通うようになる。加藤は月二回、「根っこの家」で講話し、会員たちと夜中までゲームして楽しみ、応接室に布団を敷いて寝た。講話は人にやる気を起こさせる内容で、「挑戦」という言葉をよく使った。その言葉に励まされた山田は、自分が最も苦手だった勉強に挑戦することを決める。働きながら定時制高校に通い、さらに都内の私大（夜間部）を卒業した。その間も根っこの家に通い、大学在学中は「根っこの家」の職員となり、その後、一般企業に就職した。「私の人生は加藤日出男会長あってのものです」と振り返る。

受け継いだ反骨精神

加藤日出男は一九二九（昭和四）年に秋田市で生まれた。旧制秋田中学在学中は日中戦争から太平洋戦争開戦という戦時下にあり、学徒動員されて国鉄工機部（国鉄土崎工場）で機関車の修理に従事する。父親は洋服仕立業から製材業に転じ、弾薬箱を作る軍需工場を営んでいた。

同級生のなかでも優秀な者は軍人を志し、陸軍士官学校や海軍兵学校に進んだ時代である。加藤にもその気持ちがあり、一五歳のときに親に内緒で陸軍特別幹部候補生に応募し、一次試験に合格する。

ところがそれを知った父親が独断で志願の取り下げを願い出たという。軍隊経験のある父親だったが、この度の戦争は日本が負けると確信しており、息子を無駄死にさせたくなかったのだ。洋服仕立ての店を営んでいた当時、客だった将校の威圧的な態度に一歩も引かなかった父親である。後に加藤は、父に宿る反骨精神は自分にも受け継がれていると回想している。

終戦の一カ月前、加藤は川添村（現・秋田市雄和）の伯母宅に疎開し、そこで土崎空襲の炎を見る。翌一九四六（昭和二一）年、秋田鉱山専門学校（後の秋田大学鉱山学部）に進学する。中学時代に伊藤永之介や鶴田知也の農民文学に親しみ、疎開生活で農村の厳しい現実を目の当たりにした加藤は農村の改善を志し、農業系大学への進学を希望していた。しかし父親は「これからは工業の時代だ。それに東京は食糧事情が悪い」と鉱専を薦めたのだった。だが農業への思いが募り、鉱専を一年で中退。家出するように、親の出身地である種平村左手子《さでこ》（現・秋田市雄和）の農家に住み込み、農業見習いを始める。鶴田知也の影響を受け、根強い農民の封建制を打ち破るには米作農業から酪農に踏み切るしかないと信じていた。だが農作業の現実は想像した以上にきつかった。いつか自分がもっと楽に仕事ができる農業、民主的な農村にしてやろうとの思いで東京農業大学に進学する。

大根踊りの誕生

農大の校舎は千葉県の茂原駅からさらに徒歩三〇分の寂しい場所にあり、学寮は元海軍航空隊の兵舎だった。加藤が入寮した当時は、まだ戦前のバンカラの雰囲気が色濃く残り、ファイアストーム（たき火を囲んで歌ったり踊ったりして騒ぐこと）が度々行われた。そこでやらされたのが、大正期から伝わる応援団のエール「青山ほとり」だった。その踊りを元に加藤は「大根踊り」を生み出す。現在まで農大名物として受け継がれる踊りだ。

一九五一（昭和二六）年、東京農大収穫祭（学園祭）実行委員会の副委員長になった加藤は、客寄せのため大根の無料配布を実行する。実は大根を持って踊ることも考えたのだが、まずは無料配布で話題づくりを狙ったのである。農大なら稲穂だろうという意見も予想されたが、モノクロの新聞で紹介してもらうなら、目立つのは稲穂より純白の大根だろう。大根はどこかユーモラスで、敗戦の痛手から完全には立ち直っていない日本人に笑顔を取り戻させたいという意図もあったという。

無料配布するため、東京・神田の青果市場で要職に就いていた先輩に頼み、五〇〇本を無料で、さらに五〇〇本を二～三割引で売ってもらう。トラックは世田谷区議の先輩から運転手ごと借り、渋谷の盛り場に応援団のリーダーたちと乗り付けた。人気は想像以上で、思惑通り翌日の新聞には農大の収穫祭と大根無料配布の記事が写真入りで載った。そして翌年。収穫祭実行委員長となった加藤は、満を持して大根踊りを敢行したのである。

東京で青年会を結成

一九五三年に東京農大を卒業した加藤は、東京・日本橋の三井ビルにある日産系の商事会社に就職。だが「ヒットを打たなくてもエラーしなければ一生食いっぱぐれないサラリーマン人生」に嫌気がさして一年足らずで辞める。立場の弱い農民に心を寄せて、一時は農民運動を志した加藤である。東京（世田谷区経堂）に住んでみると、地方から出てきた若者たちが牛乳配達や酒屋の丁稚、米屋の御用聞きなど、苦労しながら働いていることを知り、彼らの力になりたいと思うようになる。まずは青年会の結成だった。地元世田谷の寺院に会場を提供してもらい、商店会の主人や町内の有力者に協力を求めた。「根っこ運動」のスタートであった。翌一九五四年一月、一二〇人で「希望青年会」（世田谷区経堂青年会）が発足する。

根っこの家で若者たちと語り合う加藤日出男。
1963（昭和 38）年 9 月撮影、秋田魁新報社提供

その一方で、世田ヶ谷文化新聞社（月刊）を設立。三軒茶屋、下北沢、経堂、千歳船橋、祖師ヶ谷大蔵、成城などの駅前一〇カ所に立って創刊号二〇〇〇部を無料で配った。加藤は取材、記事、広告集め、編集を一人でこなし、砧《きぬた》に電話局ができることをいち早く報じたり、世田谷に住む芸術家たちの探訪記を書いたりした。その間に下宿先の娘で経堂青年会会員の美江と結婚、妻は新聞社の助手を務めることになる。同年五月には世田谷区内の各青年会による連絡協議会をつくり、加藤が初代会長となった。

　さらに、青年会活動を通じて中島久万吉（実業家で政治家。戦前の斎藤実内閣で商工大臣、戦後は国際電信電話会社会長や文化放送会長を務めた）の知遇を得て、中島が会長だった国際親善団体「世界友の会」の事務局長（後に常務理事）に就く。同会が社団法人化するにあたって資金集めのために企業回りに精を出した。忙しい日々を過ごすなかで、青年たちの活動拠点「根っこの家」建設の夢を描いていた。

　一九五七年には、地方から上京して働く青年たちの姿を描いた初の著書『東京の若い根っこたち』を刊行。以来、エッセイストとして旺盛な執筆活動を続け、生涯出版した著書は六四冊に上る。

　青年会活動では「東京は生きている」と題したスライドを作って上映会を開くと、新聞や雑誌で紹介され、地方の農村青年たちとの交流も広がっていく。そして一九五九年一一月、自身が組織した経堂青年会、雑草の会、東京青年の会を「若い根っこの会」に統合し、全国組織として拡大強化した。

温めていた「根っこの家」の構想が全国紙（『サンケイ新聞』夕刊　一九六〇年一月四日）に紹介されると資金提供が相次ぎ、土地の無償提供を受けて一九六一年四月、川越市に根っこの家を建設する。

「根っこの会」という名称の由来について、加藤は「美しい花をみて根っこを思う人は少ない。暗い地の中にある根っこのことを考える人は少ない。根っこたちは、暗い土の中で黙っているばかりでは、すぐにゆがみ、ねじれてしまう。根っこは、自分の身をよじらしては、そのすがたを、われとわが眼で眺めることをよして、暗い中で眼をこらし、そのまわりに自分と同じ、根っこたちのいるのを見るがいい。そしてお互いに話し合い、励まし合い、そしてお互いの姿をみて、そのゆがみやねじれをみつけ合って、すんなりと、すっきりと、きっぱりとしたかたちをとるようにするがいい」と『東京の若い根っこたち』に書いている。後には「美しい花をみて根っこを思う人は少ない。しかし根っこがなければ花も実もならない」という言葉を繰り返し書いたり語ったりしている。

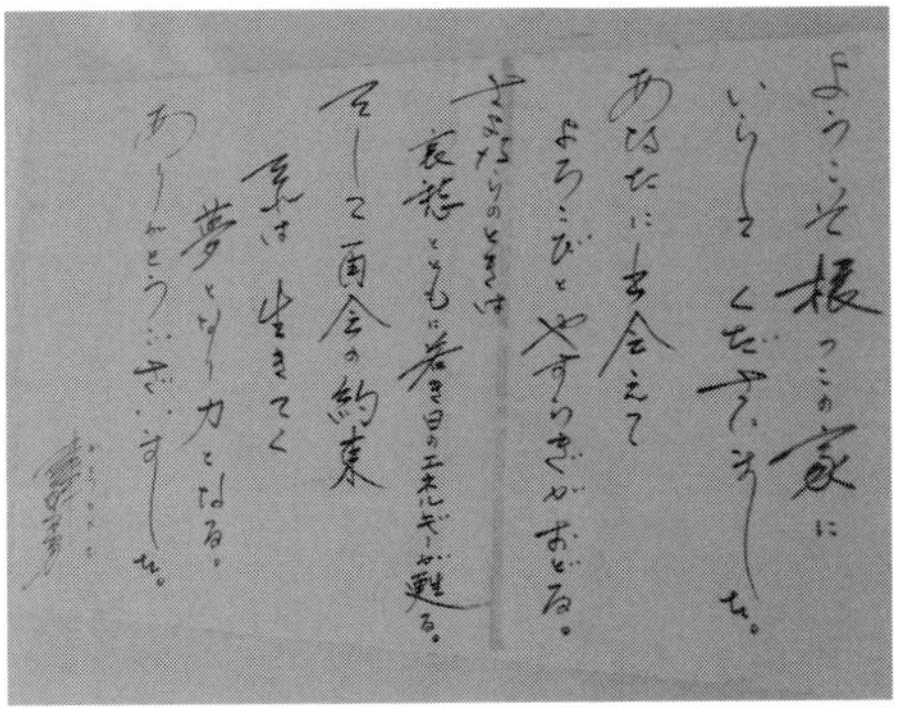

根っこの家の玄関に掲げられた加藤日出男の歓迎メッセージ　2018（平成30）年1月撮影

勤労青少年の駆け込み寺

マスコミに好意的に取り上げられた「若い根っこの会」は、集団就職などで大都市にやってきた勤労青少年の「駆け込み寺」的存在として広く認知されるようになり、出版・文化の収益事業部門（根っこ文庫太陽社）を独立させるなど活動の幅を広げた。

一九七二年からは大型客船をチャーターしてグアム・サイパンを巡る「洋上大学」を開催する。協賛企業から従業員らの参加を募り、団体活動による交流や、文化人や学者ら講師陣の講演を通じて教養を高めるというのが趣旨だった。洋上大学は二〇〇七年までの三五年間で三九回におよび、参加研修生は一万七六九四人にのぼった。

高度成長期、地方から都市に流入した勤労青年たちによって数多くのサークルがつくられたが、そのなかで会員数がピーク時で三万二〇〇〇人を数えた「若い根っこの会」は最大規模のサークルだった。高度成長期は学生運動や労働組合運動が激化した時代でもあったが、それらには吸収されない若者たちをすくい取ったともいえる。その求心力となったのが、加藤日出男という傑出したカリスマの存在だった。

家庭の事情で進学の機会や夢を失った若者たちに思いを寄せ続けた加藤は、「彼らの恵まれない条件を、政治が悪い、資本主義が悪いからだときめつけるのはかんたんです。しかし、じっさいに彼らの悩みに、耳をかしてあげることは困難なことです。彼らは雄弁に弁証してくれるエリートよりは、きいてくれる耳を信じたがります。それを蒙昧だとか保守的だとかと批難するのはあたりません。もっと、肌からつきあってゆくことが必要なのです」と『生きるぞ！　雑草のように』（サンケイ新聞出版部、一九六五年）で書いた。

二〇〇三年二月に放送されたNHKラジオ深夜便「こころの時代～青少年と共に50年」では、自身の活動を振り返って、「学者からはイデオロギーがない、労働者に社会主義教育をして地位向上させるべきだと批判を受けた。階級意識を意識化すべきなのに、友情とか友だちづくりとかに終始していると批判された。私は学生運動をしましたが、イデオロギーは勇ましいけどセクトに分かれがちであると知っていた。排他的で、違いだけを探して裏切りもあった。右と左に分けるのではなく、もっとヒューマンな、人間愛の時代が来なくてはいけないと思っていた」と自身の歩みを振り返っている。

さらに「パートやフリーターといいながら、コンビニ店員は（レジで）収税業務という国家の基幹業務まで果たしている。本人は自覚していなくても、末端の末端の小さな営業所にいる人でも、この人がいなければ成り立たない。二一世紀の根っこたちは、根っこということに気付かぬうちに国の根っことなっている」とも語っている。

（相馬高道・記）

参考文献　加藤日出男『東京の若い根っこたち』（第二書房）、加藤日出男『生きるぞ！　雑草のように』（サンケイ新聞出版局）、加藤日出男『大根踊り人生論』（東京農業大学出版会）

中学でゲーテに開眼、生涯をその研究に捧げる

ドイツ文学者
菊池《きくち》栄一《えいいち》
一九二一（大正10）年卒

一九〇三年　秋田市（旧土崎湊町）生まれ
一九二一年　旧制秋田中学卒、旧制山形高等学校入学
一九二四年　東京帝国大学文学部ドイツ文学科入学
一九三五年　旧制第一高等学校教授
一九四九年　東京大学教養学部（駒場）教授
一九五五年　ハンブルク大学の客員教授となりドイツ人に日本語と日本文学を講ずる
一九六二年　学位論文「イタリアにおけるゲーテとその世界」により文学博士
一九六三年　東大を定年退官。同時に名誉教授
一九八〇年　日本ゲーテ協会会長
一九八六年　享年八四

秋田中学四年生のとき、修身の教科書で初めてゲーテの名を知る。その後通った旧制山形高等学校では、ドイツ語原文で『若きヴェルテルの悩み』を読みこなした。東大に入学すると、土崎小学校、秋田中学の先輩であるドイツ文学者、木村謹治教授との出会いがあり、その生涯をともにゲーテ研究に捧げることとなる。

土崎小学校から旧制秋田中学・旧制山形高校へ

菊池栄一さん（以下敬称略）は、一九一〇（明治四三）年、土崎小学校に入学。一八七四（明治七）年創立の歴史の古い学校である。のちに東京帝大での菊池のゲーテ研究の師となる木村謹治教授（秋中・明治三九退）は、この小学校における著名な卒業生として、羽織袴すがたの写真額で、すでに校内に顕彰されていた。このことは幼い菊池の記憶に明瞭であった。わが国屈指のゲーテ研究者を二人も輩出した土崎小学校と秋田中学は、これを誇るべきであろう。

一九一六（大正五）年、秋田中学に入学。菊池は語る「土崎の町から秋田中学まで六キロの道を徒歩で通学した。初めて洋服を着た。そして中学生たちは、靴をはいたまま出入りできる建物は秋田市では秋田中学だけである、と言ってその西洋風建築に誇りを覚えていた。それでも生まれて初めて触れた英語のＡＢＣは容易になじめる教科ではなかった」。またこの五年間を、「秋田中学で学んだことが、いま私の所有しているささやかな知識の基盤をなしている」と、老年の菊池は回想している。「四年生のとき、修身の教科書に偉人伝の一項としてゲーテのことが出ていた。これがゲーテの名を知った端緒である。「母国語の完成者」という題の章であった。母国語を完成するとはどういうことなのか、怪訝に思ったことからゲーテの名は記憶にとどまった」と想い出をたどる。

一九二一（大正一〇）年、山形高等学校理科乙類に入学（旧制高校では選択外国語により、甲類は英語、乙類はドイツ語、丙類はフランス語に分類：編者注）。ゲーテの『イタリア紀行』や、自伝に相当する『詩と真実』などを講読。籍を置いたのは理科だったが、ゲーテに興味を覚え、ドイツ語原文で『若きヴェルテルの悩み』と『ファウスト』の第一部も読みこなす。山形高校の同期生には、秋中から来た同郷の友で、木村謹治の令弟にあたる後の東大教授・理学博士木村雄吉もいた。

東京帝大文学部独文科に進み、ゲーテの木村謹治に学ぶ

菊池は語る。「関東大震災の翌年（大正一三）、私は廃墟の東大に入学した。（中略）その秋、木村謹治先生が助教授として来任された。木村先生は十八世紀文学史の講義と『ファウスト』第二部の購読であった。文学史のほうは『ロビンソンクルーソーもの』についてたくさん講義されたように記憶している。この講義は未完で私などが評価する資格はないけれども、名講義であったように思う。卒業論文は『ファウスト成立史……ウル（原）・ファウストから断片まで』というのを書いた。その題名のドイツ語を、運動場わきの道で木村先生から教わった日のことを記憶している」（郁文堂『ゲーテと私』菊池栄一教授還暦記念論文集　一九六四年、以下も同）

旧制浪速高校に着任、そののちに旧制第一高等学校教授となる

一九二七（昭和二）年、「大学を出ると浪速高等学校につとめることができた。大阪にきてから間もなく、なにか『エルンテ』（収穫の意・木村が中心となったドイツ文学研究誌：編者注）に書くよう、おすすめがあった。私は『フモール（ユーモアの意）の出発』という小篇を書いた。この一篇はシュトルム・ウント・ドランク（疾風怒濤）の若きゲーテが『コンツェルト・ドラマティコ』とか『ブルンダースヴァイレルンの年の市』のような、一面すこぶる写実的なものを書く冷厳な目を持っていたことは、確かに注目すべきことであると今でも思っている。『詩と真実』のなかに、『リリー来る』というお芝居のことが記されているが、若いものたちがリリーを待ちこがれているお芝居をしているさなかへ、ほんもののリリーがとびこんで来るというように仕組まれていた。リリーとの恋愛の悩ましさをそのままにお芝居に仕組むことができる・・フモールはその時点に発生すると私は考えたが・・・このフモールの精神によって創作されたゲーテの若いころのいくつかの小篇は、いつかひまをかけて、

もう一度考えてみたいと思っている」
「大阪に八年いるあいだに私は、（中略）ゲーテについては、いくつかの私自身の問題とする項目をあげて、その一つ一つについて考えてみようかと思っていたのである。（しかし：編者注）いま考えてみると、「とまった時間」のなかで、ゲーテは、とらえることができない。ゲーテ自身、なかなか時間をふっきることができなかったことは『ファウスト』や『ヴィルヘルム・マイスター』があのように一生もち廻られたのに、なお完成品となりえなかったことと関連する。ゲーテは作品にたいして「止まれ！　お前はとても美しい（Verweile doch! Du bist so schön）」となかなか言うことができなかった。作品と作者との関係は、ゲーテとシラーとでは大いにちがうし、ゲーテという詩人はこの点できわめて特異な存在ではなかったろうか」
一九三五（昭和一〇）年、浪速高等学校から一高へ転任した。このころの菊池を評して絶妙なのは、盟友の竹山道雄（一高教授・ドイツ語・敗戦後の「ビルマの竪琴」の作者）による「尊敬する菊池さん」と題する一文である。「菊池さんが新任として一高に来られた頃には、骨格ががっしりした、無口な、控えめな人だった。蓬髪（ぼうぼうの髪）が四方に立っていささか野暮くさく、すこし東北の土と森の匂いがした。人目にはつこうとせず。自分を見せようともせず、地味で話題も少なかった。それが、世が窮迫して学校が苦境に立ち、勤労作業、食料問題、思想問題…と打ち続く難題にあがくにつれて、黙々として働く菊池さんの存在が大きくなっていった。ついにはあれもこれもと菊池さんに押し付けられるようになった。妙なもので、厄介なことはあれに頼めばいいという気風ができ、それが当たり前となった」（菊池栄一著作集３・挿入手帳　一九八四）
一高教授として東京に移住して間もなく、木村謹治の私宅でゲーテの自然科学論文についての研究会が開催されるようになり、菊池はその最も熱心な会員の一人となった。この研究会はゲーテ没後百年（一九三二（昭和七）年）を記念して改造社は企画した邦訳ゲーテ全集三五巻のうち五巻を自然科学論文にあてることになった。この英断を下したのは横光利一の強い進言によるものだということを、菊池は改造社社長山本実彦から伝聞し、横光の見識を大いに徳としている。この全集にはさらに菊池によるゲーテの「色彩論」「色彩学史のための材料」の翻訳が収録された。「比較解剖学」諸篇の翻訳と並んで日本におけるゲーテ研究史上特筆すべき事績とされる。

一九四九（昭和二四）年、一高は解体されて東京大学教養学部となり、菊池は同学部教授に就任

その前年、大学初年以来、親炙してきた土嵪小・秋中・東大先輩の木村謹治が逝去。「独逸文学」第二輯に追悼文として「木村先生の学風」をささげた。また、菊池は時代の変転をながめつつ、自身の戦前戦後を述懐する。「私は、浪速高等学校から一高へ転任し、一高が東大にかわり、私はそのまいすわり、駒場に二八年すごしてしまった。そのあいだに戦争がはじまり、そして敗戦となった。私はこれまで生きた生涯のほとんど半分を、この駒場の世界ですごしたし、戦争をはさんでこの長い歳月に、私がここから受けたものは測りしれないけれども、なによりもさきに私はこの世界のなかで、学問というもののむずかしさについて少しばかりの予感を得ることができた。それほど駒場には学問の深遠に触れている先生も生徒もたくさんいた。ここで私が洗脳され、そして育てられたことは、いくら感謝しても感謝しきれない気がする。ヴィルヘルム・マイスターでなくても、私は運命に感謝せずにいられない」と語る。

一九五一（昭和二六）年、思い立った菊池は、幼い子供らにもわかるような日本語で『ゲーテ物語』を執筆する。ゲーテの生涯をやさしく、分かりやすく、しかしレベルは落とさずに上梓した。まだ旧仮名遣いも交じえながら、伝えたいことを伝えたと感じさせる上品な書である。さらに子供に読んで

もらうための日本語記述は、大いに自身の日本語の勉強になったと回想している。秋田の土崎湊生まれの誠実さと謙虚さに満ち溢れた読本であった。のちに講談社学術文庫に収録された。

一九五五（昭和三〇）年、旧西ドイツ・ハンブルク大学に客員教授として赴任

五二歳を迎えた菊池は、ハンブルク大学において日本語・日本文学科の授業にあたる。

それに先立ち、南回りの空路を乗り継ぎ、疲れはてながらもゲーテの国・ドイツに降り立った菊池は回想する。「一〇月中旬、私はドイツの土をはじめて、ゲーテの生まれた町フランクフルトで踏んだ。途中、カイロに立ちよって砂漠を踏んできた私には（中略）凍土ではないかと思われるような感触だった。マインの河にそうて広やかな遊歩道をしばらくそぞろ歩きをしてから、第一夜の夕食を、ゲーテ・ハウスの筋向いのレストラン（Zum Ochsenstein　ツム・オクセンシュタイン）でしたためた。（中略）私はこのレストランの窓から、ひっそり静まりかえっているゲーテ・ハウスを眺めて時をすごした」。一人旅の感傷と感激が胸に押し寄せながら、心の抑制を保つ秋田人・東北人の姿である。

五三歳の翌年六月、フランクフルト・アム・マインのヨハン・ヴォルフガング・ゲーテ大学において Goethe in Japan（日本におけるゲーテ）と題する講演を行う。幸い非常な成功で、ドイツ屈指の有力紙フランクフルター・アルゲマイネにも好意的な批評が載った。この講演は好評を博し、ベルリン（九月）、ブレーマーハーフェン（一〇月）、キール（一一月）、ハンブルク（一二月）とくり返された。さらに五四歳のこの冬には、待望のイタリアを巡った。ゲーテが憧れてやまなかった南の国を、フィレンツェ、ローマ、ナポリと巡遊してハンブルクにもどった。菊池の中核的な著作である『イタリアにおけるゲーテの世界』を描く土台はこの旅で築かれた。つぎに四月にはパリに赴いて留学生活を送っていた芳賀徹、平川祐弘（ともに東大大学院比較文化専門課程・フランス科一期生。菊池の有力な弟

子となる）の両学生と合流。ゲーテゆかりのイタリア旅行の思い出話に浸った。帰路はマルセイユに出て日本郵船・会津丸に乗船、日本まで四〇日をかけて余裕ある愉快な船旅を味わう。

一九八二（昭和五七）年、傘寿（八〇歳）を迎えた菊池は「わがゲーテ研究をかえりみて」と題する一文をもって生涯の足跡と存念を回顧した。本稿を終えるにあたり、ここにそれを抜粋し紹介したい。

ドイツ語に ein frömmer Wunsch という言い廻しがある。文字に即して日本語に移せば「敬虔な願い」となって、何か思わせぶりで、いわくありげに聞こえるが、意味のありようは「実現のむずかしい願い」とか「だいそれた望み」「おぼつかない望み」「はかない願い」「たか望み」とかいうほどのことである。このドイツ語の言い廻しにゲーテの自然科学論のなにか一篇を邦訳しているときにめぐりあって、あれこれ字引をくってみたことがある。

話は一足とびにとぶが、司馬遼太郎氏の『空海の風景』を読み進めているうちに、じつはこの私は、これまで長い歳月ゲーテを読んだり、ゲーテについての文献をあちこちに漁ったり、ゲーテの踏んだドイツやイタリアの土を辿ってみたり、ゲーテの見たものや聴いたものをたずね廻ったりして、いくつかの論文や単行本を発表したりしてきたが、せんじつめれば「ゲーテの風景」といった一冊の本を書きたがっていたのであった。そんなことに思い当たった。そんな本の出版が私の一生の「敬虔な願い」であったことを、おくればせながら、はっきりと感じることができた。（中略）

これまで私はゲーテについての次の三冊の単行本を公刊した。『ゲーテの世界・・ヴィルヘルム・マイスター研究』（一九五三年）、『イタリアにおけるゲーテの世界』（一九六一年初版）、『唱和の世界・・・ゲーテ『西東詩集』理解のために』（一九七七年）。このほかに、未完だがナポレオン戦争時代のゲーテを扱った「戦中のゲーテ」というのがある。これらの本のなかで、終始一貫私はゲーテをその時代に立たせ、その社会の中に生かしてみたいと願ってきた。

『ヴィルヘルム・マイスター』研究では、主人公の生まれて育った市民社会、迷い込んだ役者社会、まきこまれた貴族社会、それらの社会がゲーテの時代のドイツではどんな情勢であったのか、そのことを明らかにしようとして勉強した。『イタリア紀行』研究では、ゲーテのとびこんだナポリの貴族社会や貧民社会、ローマの教団社会、ヴェネチアの職人組合のことなどを、私として精いっぱい突きとめようとした。『西東詩集』研究では、ゲーテが精神的逍遥をしたオリエントの専制政治と詩壇、イスラーム教団や酒場のありようなどを、おぼつかないながらも明らかにしようと努めた。未完の「戦中のゲーテ」では、ドイツのぶざまな分裂国家が、戦争の英雄ナポレオンによってゆさぶられる姿を目のあたりにみたかった。

「ゲーテの風景」を知りたいという願いを抱いて、私はヴァイマル（Weimal テューリンゲン地方の小都市、ゲーテはこの小公国に宰相として招かれていた。第一次大戦後のワイマール憲法ゆかりの地：編者注）の秋の深い夜霧に包まれてみたり、キッケルハーン（ワイマールの南西、イルメナウにそびえる山。標高八六一メートル：編者注）の山小屋のほとりに立って、「たたなずく山々の峰 Uber allen Gipfeln」が夜になって「しずまって休ろう Ruhest du auch」の情景を想像したり、一方、ローマで得た恋人マッダレーネ・リジと手をとりあってゲーテが逍遥したにちがいない、アウグストス帝の陵墓のあたりを行きつもどりつしたりした。彼女の住居がこのあたりであったことが考証されているのである。

私は、なま身のゲーテがそのときそのところに生きているのを見とどけたいと思う。ゲーテは三百あまりの大小の封建諸侯に分裂していた時代のドイツ人であって、まだ電燈のともらなかった時代、郵便馬車にゆられてイタリアに旅した人間であったことを、私たちはしばらくも忘れてはならないし、彼がドイツ語で喋り、ドイツ語で書くドイツ人であって、日本人でないことも肝に銘じておかなくてはならない。宇宙人とか世界人という「ゲーテ像」も、その根底を、彼の生きていた時代、彼の活動した社会、彼を包んでいた自然的ならびに精神的雰囲気のなかに置かなくてはなるまいというのが、私のゲーテ研究の基本方針であったし、今もそのことに変わりはないのである。(『理想』理想社 一九八二年)

(畠山茂・記)

この四年後、一九八六(昭和六一)年八月、菊池栄一は永眠する。

鋭い先見性で県政をただし、政策提案した

元秋田県議会議員
北林《きたばやし》照助《しょうすけ》
一九四五（昭和20）年卒

一九二八年　北秋田市（旧森吉町）生まれ
一九四五年　秋田中学卒
　　　　　　海軍兵学校中退（終戦による）
一九四八年　旧制弘前高等学校卒
一九五一年　東京工業大学卒
一九六一年　森吉町議会議員（一九七一年まで）
一九七一年　秋田県議会議員（八期）
一九九〇年　藍綬褒章
二〇〇七年　旭日中綬章
二〇一六年　死去

今から四〇数年前、バラ色の県の発展計画が発表されたとき、将来の人口減少を予測し、ひとり警鐘を鳴らした県会議員がいた。

その人北林照助さんは、以来三〇数年、本県の低迷を憂い、ともすれば後手後手に廻りがちな県政に対し、自らの調査研究を基に正論を訴えつづけた。

その結果、県の重要施策の転換が図られたほか、実現不可能といわれた大館・能代空港が地元県北地域に開港することとなった。

北林家は北秋田市森吉で代々建設業を営み、北林照助さん（以下敬称略）はその家業三代目である。父親の庄作氏は大正一五年卒で、秋田市内に北林道場を開き、県柔道連盟会長を務めた柔道家としても知られた。庄作氏を初めとし、照助氏も含めたその子、孫、曾孫四代七人の本校同窓生が全員柔道部という特筆すべき血脈がつづいている。

数多くの本校出身者の地方議員のなかで、北林氏を取り上げたのは、北林は相手が誰であれ、自分の信念に基づいて闘う政治家であったからである。県議八期でその在職期間のほとんどが知事与党議員でありながら、時には痛烈な執行部批判を繰り広げた。また、ともすればベテラン議員がやらない本会議での質問の回数は、歴代第三位で、委員会ではまた北林が手を挙げたと執行部に嫌がられるほど発言しつづけた。

発言の多くは、本県の未来を問うものであり、著書でこう述べている。「二〇年先、三〇年先を見通すことは難しいことではあるが、政治に一番大切なことは先見性である」

秋田湾開発の中止

昭和三〇年代後半になると、多くの産業が集積した太平洋ベルト地域と、産業の発展から遅れた地域との間の格差の拡大が顕著になった。こうした「地域格差の是正」と四大工業地帯における「過密の是正」を目的とした新産業都市法が制定され、一九六三（昭和三八）年本県を含む全国四四か所の候補地から一三カ所が指定された。これらの地域では、大規模で生産性の高い工場を誘致する計画が立てられ、各地で地元の産業と関係がなく石油化学や鉄鋼などの最新鋭の工場建設がその計画の柱となっていた。

第一次指定に落ちた本県では、知事小畑勇二郎（昭和三〇～五四）を先頭に巻き返しを図り、一九六五（昭和四〇）年に追加指定を実現させた。秋田新産業都市「秋田湾開発計画」である。この計画は、当時北鹿地区で探鉱採掘の隆盛を迎えていた黒鉱の精製の産物である硫化化合物と、本県産出の天然ガスを活用した「化鉱コンビナート」と、主に北洋材を製材する「木材コンビナート」を二本の柱としていた。

この新産業都市指定から一〇数年、本県は全力を挙げて秋田湾開発に取り組み、県民もまた大きな期待を寄せバラ色に輝く秋田県を夢見ており、その実現の可能性について疑う者もなかった。こうしたなか、北林は昭和四六年秋田県議会議員に初当選した。

昭和四七年六月北林は一般質問に立ち「新産都市に指定されて七年、張り付いた工場は東北製紙、秋木、同和の亜鉛精錬所であり、県民はこれがどれだけ県民の所得向上につながるか、大きな疑問を抱いている」と述べた。これには背景がある。黒鉱はほどなく埋蔵量が枯渇し閉山を迎え、天然ガスも期待を大きく裏切る産出となり、木材も北欧、ロシアからの輸入が頓挫した。秋田湾開発計画は見直さざるを得なくなっていたが、県は同計画をメインとする総合発展計画に固執していた。そこを新人議員である北林が指摘したのである。

やがてオイルショックが起き、総需要抑制下大型事業の見直しが相次ぐようになった。秋田湾開発は当初の計画から変貌し、他地区に成功例がある「鉄鋼コンビナート」計画に代わっていた。北林は一九七五（昭和五〇）年の選挙で落選したが一九七九（昭和五四）年返り咲き、秋田湾開発特別委員会の委員となった。

北林は、世界の鉄の需要が頭打ちの状態であり、鉄鋼コンビナートは得策でないとし委員会で秋田湾開発の中止を主張したが、一顧だにされず、所属の自民党内からも県のプロジェクトに反対することを批判された。

県は鉄鋼メーカーとして日本鋼管を対象として進めてきていた。そこで、北林は石田博英代議士に紹介を頼み、同僚議員とともに日本鋼管の本社で会長以下役員と面談した。北林は「秋田への進出はどうか」と質したが、それに対する返答は驚くべきものだった。「世界の鉄鋼の需要は伸び悩み、新しく工場を作る時代ではない。秋田県に進出する約束をした覚えはない」。同年一二月議会、北林は一般質問でこのやり取りを踏まえ鉄鋼メーカー誘致の見直しを迫り、県は急転直下秋田湾開発の中止を発表した。当時この計画に基づく防波堤の工事の着手が予定されており、巨額の無駄な財政支出の恐れがあったが、北林はそれを防いだ。

人口減少問題

一九七九（昭和五四）年小畑知事に代わり就任した佐々木新知事は、秋田県第一次総合発展計画を策定した。この計画の土台となるのは人口である。人口の将来見通しに立って学校や道路などの公共施設を計画し、農林業や商工業の振興策も人口が基となる。地域が発展すれば人口が増えることになるので、計画における人口予測は甘くなる。本県の人口は一九五五（昭和三〇）年をピークに緩やかに減少をつづけてきていたが、計画策定時に当たる一九七五（昭和五〇）年から一九八〇（昭和五五）年までの五年間は若干増加した。これがアダとなった。この増加が永続的なものとして、計画では今後二〇年間増加をつづけ一三八万人に達するという計画を策定したのである。

これに異を唱えたのが北林である。県内トップの人口減少地域である阿仁地域に住んでいる北林は、肌感覚で人口減少の実態に触れていた。「増えるわけはない。人口減少は地域をますます衰退させる」。危機感を抱いた北林は、秋田県の出生率、死亡率、社会移動等のデータを揃え、厚生省人口問題研究所に持ち込んだ。資料を車に積み自ら東京まで運転して行ったという。

この当時都道府県レベルの推計値は公表されていなかったが、厚生省は北林の熱意に応えた。北林の来訪後半年位で調査結果が届いた。県の計算では、一九七五（昭和五〇）年から人口は上り坂を昇るように増加するとしていたが、厚生省の計算では、下り坂を転げるように減っていくことを示していた。

一九七九（昭和五四）年一二月議会、北林は一般質問に立った。「知事は本県の人口は今後増加の方向に向かっていくと申しているが、これは大変甘い観測である。私は人口の専門家の意見を基にいろいろ分析し計算してみた。二五年先は本県の人口は一〇〇万人を割る計算になる。五〇年先には七五万人位になる。人口の減少は地域社会の衰徴をあらわすものであり、教育、文化、産業、経済すべての面でマイナスである。県政は人口を減らさないために最善の努力を払わなければならない」

米内沢高校で人口問題について講演

また、委員会では、人口の推移をグラフにして持ち込み、発展計画の人口推計を見直すことを訴え、県の担当者とやり合った。県の担当者は、自分たちの推計が間違いないと言って譲らず、激高した北林は涙を流し、持参した書類を机にたたきつけた。人口がそんなに減るわけがないというのが大多数であって、北林の闘いは孤立無援であった。

だが、彼は本会議の都度質問に立ち、委員会では必ず人口推計を質した。県の立場は、企業誘致や産業の振興を図ることにより雇用者の増加が見込まれるので、人口は増加するというものであった。しかし、一九八二（昭和五七）年、本県は全国で唯一の人口減少県となり、折からの全国的な不況もあって以後減少をつづけ、県は一九八六（昭和六一）年総合発展計画を見直し、人口推計も下方修正した。

北林は、当初は人口を増やすには農業も含めた地場産業の育成を力説していたが、根本に社会構造の変化があることを見抜いていた。彼は出生率の低下の原因として「子育てについての価値観の変化」「女性の自立と夫婦共稼ぎの増加」「核家族の進行」「一生結婚しない層の増加」を挙げた。これを踏まえ、北林の人口問題についての問題提起はつづいた。議会の場だけではなく、講演を頼まれた際にも、各種大会における来賓あいさつでも機会あるごとに訴えた。地元の米内沢高校の生徒たちに、手作りのグラフを持ち込んで語りかけたことは今でも語り草となっている。

現在、人口減少対策は本県の最重要課題となり、県民の誰もが将来の地域の在り方に不安を持ち、よい方向に向けた取り組みを模索している。北林の警告を真剣に受け止め、早くから有効な対策を行っていれば、長年つづく人口減少率全国一位から逃れていたのではないだろうか。

大館能代空港

昭和五〇年代後半、盛岡・東京間の新幹線が開通し、高速道路も全国各地に張り巡らされつつあったが、本県はこうした高速交通体系から取り残されていた。さらに、北林の出身地である県北部は過疎化が進み、中央との交流の手段がなければ地域の発展は望めない、そういう状況にあった。

北林は飛行機に着目した。飛行機は道路や鉄道と違い、陸上での繋がりは必要でなく、空港さえあればどこからでも人やモノがやってくる。空港は、土地さえあれば作れるし、工事費もそう巨額ではない。そこで、北海道の女満別、沖縄の宮古島など全国の僻地にある空港を視察に回った。その結果、空港により多くの交流人口が生じ、観光や産業が発展していることを目の当たりにし、県北に空港を建設することに政治生命を懸ける決心をした。

一九八二（昭和五七）年一二月県議会の一般質問で初めて取り上げ、以来一般質問で六回、県議会の高速交通体系等整備促進特別委員会では開催の都度、県北空港の実現を訴えた。また、三期目となる一九八三（昭和五八）年の県議選では、選挙公約に県北空港建設のスローガンを掲げた。しかし大半の人からは、空港はできるはずがない、あれはほら吹きだと片づけられ、地元でも理解者はほとんどいなかった。

隣県山形県では、庄内地方で空港建設の気運が高まり、一九八六（昭和六一）年「第五次空港整備五カ年計画」に庄内空港が組み込まれようとしていた。こうしたこともあって、県は北林の要望に対しては一応「空港の可能性を探る」という答弁を繰り返したが、実際はやる気が全くなかった。県は需要予測、つまり利用客が年間何人見込めるかということについて否定的であった。一九八六（昭和六一）年八月、県は新潟県のコンサルタント会社にわずか二〇〇万円の委託料で、航空需要調査を委託した。その結果、いわば期待どおり年間五～六万人という調査結果が報告され、一九八七（昭和六二）年一〇月の特別委員会で、県北空港建設は不可能であるとの県の公式発表がなされた。

北林はあきらめなかった。ようやく同年八月に、県北部の首長、議会議長から成る県北空港建設促進期成同盟会が設立されていたばかりである。北林はコンサルタントの結果を覆すため、自分で航空需要調査の計算の仕方を勉強し、試算をやり直すことにした。北林は秋田中学入学以来東京工業大学卒業まで、猛勉強で難関をくぐり抜けてきた努力家であり、特に数学が得意であった。

航空需要予測は、空港ができればあなたは利用しますかという聞き取り調査で行うものではなく、時間価値モデルという手法で統計数値を使って算出される。需要予測にはいくつかの仮定の条件があるが、所要時間が重要な要素であった。空港への往復の交通手段が、マイカーであるか公共交通機関（バス・鉄道）であるかによって、所要時間が大きく違ってくる。所要時間が短ければ飛行機の利用が有利性を増す。マイカーの普及拡大を基に計算し直すと、一五万人以上の航空需要があることがわかった。

二カ月後、北林は特別委員会で自分の調査結果を発表した。もちろんグラフや図表を用意し、貼り出し、熱弁をふるい訴えた。結果、特別委員会の結論として、コンサルタントの調査結果には疑問があるので執行部に再調査を求めることになり、県当局もこれを認め再調査することとなった。

一九八八（昭和六三）年五月、県が独自に行った再調査の結果が特別委員会に報告され、二五万人の需要があることが発表された。これにより、いったんあきらめかけていた期成同盟会や県北住民の空港建設運動に火をつけることになり、さらに、県、市町村、国会議員を含めた地域の総力を結集した猛運動が始まった。県は国に対し、県北空港を第六次空港整備計画に組み入れることを要望し、一九九一（平成三）年一一月同計画における予定事業に決定され、一九九三（平成五）年一二月設置許可が下り、一九九八（平成一〇）年七月、新たな大館能代空港として開港した。

北林がひとり県議会で訴えてから一六年の歳月を要していた。

大館能代空港は観光立国を目指す我が国にあって、大きな可能性を秘めている。十和田八幡平をはじめとする自然環境、世界文化遺産の縄文遺跡群、日本の原風景とされる農村文化などの北東北の観光資源は、多くの旅行関係者から最も注目されている。この稿は、新型コロナウイルスによるパンデミックの最中に記しているが、終息を迎えたとき、再び観光が我が国の主要産業になることは疑いもない。大館能代空港は、北東北の拠点空港としてその利用価値が高まり、本県の観光産業の発展に大きな役割を果たすことになるだろう。北林が空港建設に抱いた夢の実現は近い。

エピローグ

二〇一六（平成二八）年一一月、北林照助氏死去。享年八八。

死後同年一二月、自治会等地縁による団体功労者として総務大臣表彰を受賞し、北秋田市役所で伝達式が行われた。出席した長男一成氏は「地方自治功労については、これまで叙勲や褒章の受賞がありましたが、今回は地域への貢献ということで、そういうことに一番頑張っていましたので、嬉しく光栄に思っています」と述べた。

北林が生きていれば、数多くの栄誉よりも最もこの受賞を喜んだであろう。誰よりも生まれ育った地域を愛し、そこに住む人々に思いを寄せていた北林の心境を、子息が代弁した。

本稿をまとめるに当たり、一成氏に話を伺った。面談の最後に一成氏に尋ねた。「お父さんはどういう人でした？」

「ともかく負けず嫌いでした。他人に頭を下げるのが大嫌いで、自分がこう思ったらどこまでもやり通す人でした」。そしてやや間をおいて自分に言い聞かせるように言った。「サムライでした」

（武藤冨士雄・記）

頂点を極め、競技力向上と国際親善に尽力

卓球世界王者

木《き》村《むら》興《こう》治《じ》

一九五九（昭和34）年卒

卓球選手として世界選手権の男子ダブルスと、男女ペアで戦うミックスダブルスで計三度優勝した。世界の舞台での体験から行動力や統率力、国際感覚が養われ、全日本テコンドー協会のトップとしてもその手腕を発揮。常に成長と現状打破を目指して情熱を傾け続ける姿勢は、現役時代から今日に至るまで変わっていない。

一九四〇年　秋田市生まれ
一九六三年　早稲田大学第二法学部卒
二〇〇〇年　日本卓球協会専務理事
　　　　　　アジア卓球連合会長代理
二〇〇三年　日本オリンピック委員会（ＪＯＣ）常務理事
二〇〇五年　国際卓球連盟副会長
二〇〇八年　日本卓球協会副会長
二〇一四年　東京オリンピック・パラリンピック組織委員会評議員、国際卓球連盟終身名誉会員
二〇一九年　全日本テコンドー協会会長
二〇二〇年　日本卓球協会顧問・評議員
二〇二二年　日本スポーツマンクラブ財団会長

■現役時代の主な成績　世界選手権では一九六一年北京大会ダブルス優勝、団体準優勝。六三年プラハ大会と六五年リュブリャナ大会でそれぞれミックスダブルス優勝、団体準優勝。六七年ストックホルム大会（監督兼務）でミックスダブルス準優勝、団体優勝。アジア選手権では六四年ソウル大会でシングルス、ダブルス、団体の三冠。全日本選手権六一、六四年シングルス優勝。

木村は一九四〇（昭和一五）年一二月一一日、父金蔵、母三枝の間に、三人兄弟の二男として生まれた。生家は秋田市楢山。幼少期から活発で、築山小学校低学年の時には「ドッコ」と呼ばれる、げたに金属の刃を付けたスケートで道路の真ん中へ滑って行ってトラックとぶつかったことがあるという。木村自身が「とにかく、やんちゃでした」と振り返る子ども時代だった。

卓球を始めたのは五二年、小六の時だ。それまでは野球少年。叔父からもらったグローブが宝物だった。ただ、野球ができる空き地を取り合うことに疲れたほか、己の力で勝負する個人競技への憧れを抱くようになり、遊びとして親しんでいた卓球を選んだ。五二年にインドのボンベイ（現在のムンバイ）で開かれた卓球の世界選手権で、初出場の日本勢が七種目のうち四種目を制したことがきっかけだった。

翌年、木村は秋田南中の入学当日に卓球部の門をたたく。球拾いに飽きた同学年の仲間が一人、また一人と退部するなか、とにかくボールを打ち合いたくて、学校側に直談判して早朝練習の許可をもらい、試験期間中もこっそり練習した。

木村が現役生活を通じて身上としたのは、フォアハンドで強打すること。左利きの木村が自分の左側に来た球をフォアで打つのは当然だ。右側にボールが来たらバックハンドで返してもいいのだが、中学時代の恩師には、素早くボールの右側に動いてフォアで打つよう指導された。「フットワークのよかった僕にはこれが合っていました。他の選手ならバックで返すようなボールでも、さっと回り込んでフォアでひっぱたくことができたからです」と木村は語る。

努力と情熱が実り、中三の時、県中学校総体のシングルスで優勝。その後は秋田高を目指して受験勉強に励みつつ、自宅で素振りを続けた。「大切なものから離れるのが嫌だったし、練習をしないと下手になるのではないかと不安だったんです」

五六年、秋田高に進学。二年時にダブルスで全県総体優勝、インターハイ三位と結果を出し、次なる目標を全県総体の団体優勝に定めた。三年時の団体メンバーは、木村、岩崎雅典（記録映像監督）、小出茂（ハワイアン歌手）の三年生三人と、二年生の新開卓（秋田銀行元頭取、県卓球協会元会長）。この顔触れで宿敵秋田商高との決勝を三－一で制し、団体で初めて頂点に立った。勝って感激することは少ないという木村だが、この時ばかりは仲間と喜び合ったという。

高校卒業後は早稲田大に進み、入学早々の関東学生新人戦シングルスで優勝。だが、春と秋の関東大学リーグでは一勝もできなかった。全日本選手権では審判の手伝いをしていた。頭角を現したのは、ラケットの「ラバー」を変えてからだ。「ゴムを貼っただけの『一枚ラバー』から、ラケット面とゴムの間に薄いスポンジを挟んだ『ソフトラバー』に変えたんです。ソフトラバーは反発力が大きいので、力を入れなくてもスピードが出る。世界に近づくなら今までのやり方にこだわるのはよくないと思ったんです」

ソフトラバーで打つボールは一枚ラバーで鍛えた速いスイングが生き、大学の先輩たちから「木村の球は速く、重い。石みたいに飛んでくる」と言われるようになった。大学二年生に進むと、全国都市対抗大会の東京都代表を決める予選会で優勝。世界選手権金メダリストで「ミスター卓球」と称された荻村伊智朗を倒しての快進撃は話題となった。「ソフトラバーに替えてからは、負ける気がしませんでした。『突き抜けた』という感じですね。練習の積み重ねと挑戦する心、それを実現してくれる用具の三つがうまく作用したのでしょう」

打倒中国の夢かなわず

木村が初めて日本代表に選ばれたのは一九六一年北京世界選手権のこと。この大会で木村はダブルスの栄冠をつかんだ。とはいえダブルスの前に行われた団体で、日本は優勝を確実視されていながら優勝を逃していたため、喜びを表に出すのは、はばかられる感じでした」と、初の世界タイトルを手中にしても、胸中は複雑だった。

早大を卒業した木村は六三年春、ゼネラル石油（現ＥＮＥＯＳ）に入社。実業団チームが盛んになっていたが、国がバックアップする中国に自分一人で挑戦しようと決め、卓球部のない会社を選んだ。日本に追い付き、追い抜いていった中国にライバル心を燃やしながら会社業務終了後、母校で後輩と練習に打ち込み、六三年プラハ（チェコ）、六五年リュブリャナ（ユーゴスラビア）の世界選手権のミックスダブルスで栄冠を手にした。「ダブルスの成績がいいのは、二人が交互に打つルールだから。僕はフォアハンドで打つために動き回るので時折体勢が崩れますが、パートナーが打つ間に体勢を立て直せたので、またフォアで打ち込むことができたのです」と明かす。

競技者として充実期にあった木村が目指したのは中国を破っての団体優勝だったが、その夢がかなうことはなかった。というのも、六六年に中国で毛沢東による文化大革命が始まり、スポーツの国際大会に中国勢が参加することがなくなったからだ。大きな目標を失った木村は六七年の世界選手権と日本選手権を最後に、現役を退いた。

木村にとって中国勢は好敵手だっただけでなく、よき友でもあった。文化人やスポーツ人が弾圧の標的となった文化大革命によって中国の卓球仲間が香港のスパイと決めつけられて自ら命を断ったり、街頭でつるし上げられ、たんやつばを浴びせられたりしていると聞いて心を痛めた。木村は当時、荻村らと共に、「あなたたち中国選手の国際舞台復帰を待っている」とメッセージを発信し続けた。

中国の卓球仲間の中でも生涯の友となったのは荘則棟だ。「荘の前に荘なし、荘の後に荘なし」と言われ世界チャンピオンに三度なった名選手で、いわゆる「ピンポン外交」で米中国交回復の立役者になった人物である。

六三年プラハ世界選手権団体決勝で、木村と荘が対戦した時のこと。木村の打球が相手コートのへりに当たったとして、審判は木村の得点を認め、これに荘が抗議した。木村は「彼がうそをついてまで抗議するわけがない」と審判の判定ミスであることを確信し、次のサーブをあえて失敗。荘にポイントを献上した。

荘はこの場面を長く覚えていたそうだ。七二年、木村が日中国交正常化の直前に中国卓球界の招きで訪中した際、壮は「木村さんは（サーブをミスすることで）『友好第一、試合第二』を行動で示し

1965年リュブリャナ世界選手権のミックスダブルスに出場（右奥が木村）、優勝を飾る

1972年、日中国交正常化直前に日本の卓球OB団の一員として訪中し、中国の周恩来首相（当時）＝右＝と握手する木村

てくれましたね」と親しみを込めて語り掛けたという。荘が訪日した折には木村の自宅に泊まり、荘が病に倒れた時は木村が見舞いに行くなど、友情は荘が二〇一三年に七二歳で死去するまでつづいた。

現役引退後は日本卓球協会の役員を歴任し、国内外で卓球セミナーを開催している。サウジアラビアの要請で一九八三年と八五年に中東地区で指導者セミナーを開いた際、木村の頭の片隅には「日本にとって大切な石油」があった。専務理事時代には、組織改革に奔走したことが独断専行だと批判される一幕もあった。だが、それは日本卓球界発展のためであることが理解され、副会長を経て現在は顧問を務める。この間、国際大会の積極的な招致や協会の赤字体質改善、競技力向上と卓球の普及・啓発に尽力しつづけた。

ピンクの卓球台も試作

普及・啓発を目指した試みの一つに、用具の「カラー化」がある。白だけでなくオレンジ色のボールを使えるようにし、卓球台を深緑から青にしたことだ。きっかけは、タレントのタモリの「卓球は根暗《ねくら》のスポーツ」という発言だった。「この言葉に、協会内部では『そんなことはない』と反発しましたが、外部機関に調査を依頼したところ、明るいイメージはあまり持たれていないと分かったのです。それで、まずはカラフルにしようと、ルール上はダークカラー一色だったユニホームに明るいカラー模様を入れ国際卓球連盟の総会会場に展示して承認を受けました」。

木村の行動力、それに中国をはじめとした世界の「球友」との交流で身についた国際感覚は、国際卓球連盟副会長、アジア卓球連合会長代理などの立場でも発揮された。国際卓球連盟の総会では、しばしばルール改正について議論される。ある年の総会ではサーブに関する規定の変更が議題となり、木村は日本にとって不利になりかねない規定変更を、体を張って阻止した。

サーブは上に一六センチ以上投げ、落ちてきたところを打つのだが、一六センチというのが分かりづらいとの指摘があり、「肩の下から頭上まで投げ上げる」ルールに改めようという提案があった。肩の下から頭の上までなら確実に一六センチ以上あって審判にも観客にも分かりやすいため、この提案を支持する空気が広がったが、木村はこれに反対した。

というのは、女子のエース福原愛が当時駆使していた「王子サーブ」を思い浮かべたからだ。頭の上に掲げた手からボールを高く投げ、しゃがみ込みながら打つ福原の王子サーブは、強烈な回転がかかるため、相手にとって返しづらい。投げ上げる位置が「肩の下から頭上まで」に限定されれば、頭より高い位置で始まる福原のサーブの持ち味が失われてしまうと、木村は危惧した。

そこで木村はステージに上って福原のサーブをまねしてみせて、「こういうサーブをする選手もいるんです」と訴えた。このパフォーマンスが受け、改正案は否決された。世界ではいまも、独創的なサーブが編み出されつづけている。木村は福原だけでなく、選手が創意工夫できる余地を守ろうとしたのだ。

木村は日本オリンピック委員会（ＪＯＣ）常務理事も経験し、二〇二〇年東京五輪の招致活動では卓球のプレゼンテーションを担当。国際オリンピック委員会（ＩＯＣ）の評価委員を東京体育館の卓球コートに案内し、福原とプレーしてもらうサプライズを仕掛けて場を和ませた。東京招致が決まった後は、大会組織委員会の評議員にも名を連ねた。

「現場ファースト」明言

木村には、他の競技団体からも白羽の矢が立った。二〇一九年一二月、全日本テコンドー協会の会長に選出されたのだ。韓国発祥の武道テコンドーはオリンピックにも採用されているが、日本では協会側と有力選手たちが強化方針などを巡って対立し、協会を刷新する必要に迫られていた。その新たなリーダーとして、木村の名前が挙がったのだ。

会長就任に当たって木村は「大切なのはテコンドーを愛する選手、指導者の皆さんを精いっぱいバックアップすること」と、「現場ファースト」を明言。すぐに強化体制の確立に着手し、二〇年一〇月には東大スポーツ先端科学研究拠点と連携協定を締結した。選手の動きを科学的に分析し、けがの予防や競技力向上に結び付けるためだ。選手のプラスになることなら迷わず実践するという姿勢は、日本卓球協会にいたころと変わらなかった。八〇歳になった翌二一年六月、「やるべきことには道筋がつきました」として全日本テコンドー協会の会長を退いた。周囲は東京五輪開幕まで一カ月を切っての勇退を惜しんだが、木村は「(協会理事には)多彩な分野、競技から優秀な人が集まっていて、何も心配ありません」と潔かった。

木村は自らの体験を踏まえ、スポーツの本質についてこう語る。「不思議なもので、こつをつかむと突然向上するんです。階段をぽんと一つ上がったような感じがして、面白いものです」。とはいえ、いつ階段を上がれるかの予測は難しい。だからこそ、その時が訪れるまで、基礎体力を養いながら忍耐強く待つべきだと説く。

「体力トレーニングは砂を毎日一〇粒ずつ落とすようなもの。たとえ一〇粒ずつでも、一年たてば砂山の裾野は広くなります。高い山を築くには広い裾野が必要だし、体力がついて初めてつかめるこつもあるでしょう。培った体力が、ここ一番の勝負どころでコンマ一秒速く、手や足を動かしてくれるはずだと思うんです」

将来ある子どもや若者に対しては「志を高く持ってもらいたい。当たり前のように自分に高い要求を課してほしいのです」と願う。その上で「スポーツに葛藤は付き物。どうすれば弱点を克服できるか、指導を受けるだけでなく、まずは自分で考えてほしい。考え抜けば、たとえ解決できなくても、課題を整理できるようになるでしょう。その課題を的確に伝えることができれば、周囲の理解が得られ、適切なアドバイスが受けられます」と力を込める。

（高野正巳・記）

無心で顕微鏡をのぞきつづけ、白神こだま酵母を発見

酵母菌研究者
小玉健吉《こだまけんきち》
一九三八（昭和13）年卒

一九二〇　南秋田郡飯田川町（現・潟上市）に生まれる
一九四二　大阪帝国大学工学部発酵工学科を卒業
一九四三　陸軍燃料本部技術研究所に配属
一九四五　生家である小玉合名会社に勤務
一九五二　「醸造工業における産膜酵母菌の問題」で工学博士号を取得
一九九二　退職後、自宅に酵母の「小玉研究室」を設置
一九九五　秋田大学大学院の研究生になり、白神山地に限定した研究スタート
一九九八　「白神こだま酵母」発見

日本の酵母菌研究の第一人者で、新種の酵母を発見することで世界的に有名な工学博士。

　超低温で保管されている三千株にものぼる酵母コレクションは、世界的に貴重なジーンバンク（遺伝子銀行）となっている。顕微鏡をのぞき続けて、微生物の世界に人生を捧げ、七八歳でパソ業界に革命を起こす「白神こだま酵母」を発見した。

パン作りに優れた特性を持つ天然酵母として今やすっかりお馴染みになった「白神こだま酵母」。小玉健吉さんは、手つかずの原生林が残る世界遺産「白神山地」に狙いを定め、堆積する腐葉土などのなかから膨大な数の微生物の採取に取り組み、一九九八（平成一〇）年に、この酵母を発見した。言うまでもなく、名称にある「こだま」は、小玉さんのことである。

「白神こだま酵母」が発見されたときは、国内のパン業界に革命が起きたとまでいわれる大ニュースとなった。当時のパン作りは、国産小麦はどんな酵母を使ってもうまく膨らまなかったため、輸入小麦を使うのが常識だった。しかしこの白神こだま酵母を使うと、国産小麦どころか、米粉でもふっくら、ふんわり膨らむ。しかも、卵や牛乳を使わなくても大丈夫。ほんのり甘く、おいしいパンを焼く酵母として、画期的な発見となった。

酵母とともに歩んだ人生

小玉さんは、日本の酵母菌研究の第一人者で、生涯にわたって特に森林微生物の収集と分類に取り組み、新種の酵母を発見することで世界的に有名な工学博士だ。白神こだま酵母の発見には、当時、秋田県総合食品研究所（現・秋田県総合食品研究センター）に研究員として勤務していた本校昭和四九年卒の高橋慶太郎さんも共同で携わった。

小玉さんは南秋田郡飯田川町（現・潟上市）出身。酒造業とみそ醤油醸造を営む小玉合名会社（明治一二年創業　現・小玉醸造株式会社）の二代目の四男として生まれた。そのため自ずと酵母に興味を持つようになり、旧制秋田中学から広島高等工業の醸造学科、さらに大阪帝国大学工学部発酵工学科に進み、酵母についてあらゆることを学んだ。一九四二（昭和一七）年に大学を卒業し、翌年、陸軍燃料本部技術研究所に配属され、終戦に至るまで発酵燃料生産の研究を担当した。

戦後は、生家である「酒は天下の太平山」で有名な小玉合名会社に入社し、社内の研究室で清酒酵母と酒造技術に関する研究をつづけ、一九五九（昭和三四）年には「醸造工業における産膜酵母菌の問題」で工学博士号を取得している。その後小玉醸造株式会社の常務取締役に就任し、一九九二（平成四）年に七二歳で退職してからも、自宅内に個人研究室「小玉研究室」を設け、新種の野生酵母発見のため森林微生物の研究を継続した。自然界から収集した微生物のサンプルは世界でも類を見ない数だという。

飽くなき探究心。七五歳で大学院研究生に

白神こだま酵母を発見する三年前、一九九五（平成七）年には、七五歳で秋田大学大学院の研究生となり、五三年ぶりの大学生活にチャレンジ。「森林微生物遺伝子資源の開発」をテーマに、一九九三（平成五）年に世界自然遺産に登録された白神山地に限定した研究をスタートさせた。

白神山地に生息する微生物を分離収集のうえ、分類検索し、その属種名を明らかにする。新種や珍種、工業的に有効利用できる菌種などをすべて凍結乾燥法で永久保存し、将来いつでも取り出して活用できるようにしようというものだった。白神山地は落ち葉がものすごい厚さに堆積し、微生物にとって暮らしやすい環境にあり、しかも人が足を踏み入れることなく、外界から隔絶されてきたため、思わぬ特性を持つ酵母などがたくさん生息し、人間にとって有益な菌がいる可能性が高いと考えたのだという。飽くなき探究心である。

秋田県総合食品研究所の高橋慶太郎さんとの共同研究を始めたのは、一九九七（平成九）年から。二人はこの年、関係機関の許可を得て、白神山地の千二百カ所にのぼる場所から微生物の採取を行った。小玉さんは自分の足で険しい白神山地に登り、広葉樹の切り口から出た樹液、腐植土、ほ乳類や

鳥類のふん、腐敗しつつあるキノコ類などあらゆる菌を採取し、その選別・分離を進めた。

翌一九九八（平成一〇）年六月、小玉さんは白神山地のサンプルから分離した五百株の酵母のなかから、発酵性のある二四株の酵母を高橋さんに手渡し、発酵食品への活用を委ねた。高橋さんはそのなかから製パンに適した四株を選抜。試験の結果、最も増殖性・保存性が高かった一株を使ってパンを試作したところ、しっとり感があり、フルーティーな香りの非常に高品質なパンができあがった。

自然界から分離したままのこの酵母が、イーストメーカーが長年改良を加えてきたそれまでの酵母と同等以上の製パン特性を持っていることは驚きだった。これが間もなく「白神こだま酵母」と命名され、世に旅立つことになったのである。小玉さんの名字と白神に棲んでいた木霊（こだま）を掛け、さらに広くこだま（山びこ）することを願ったネーミングである。

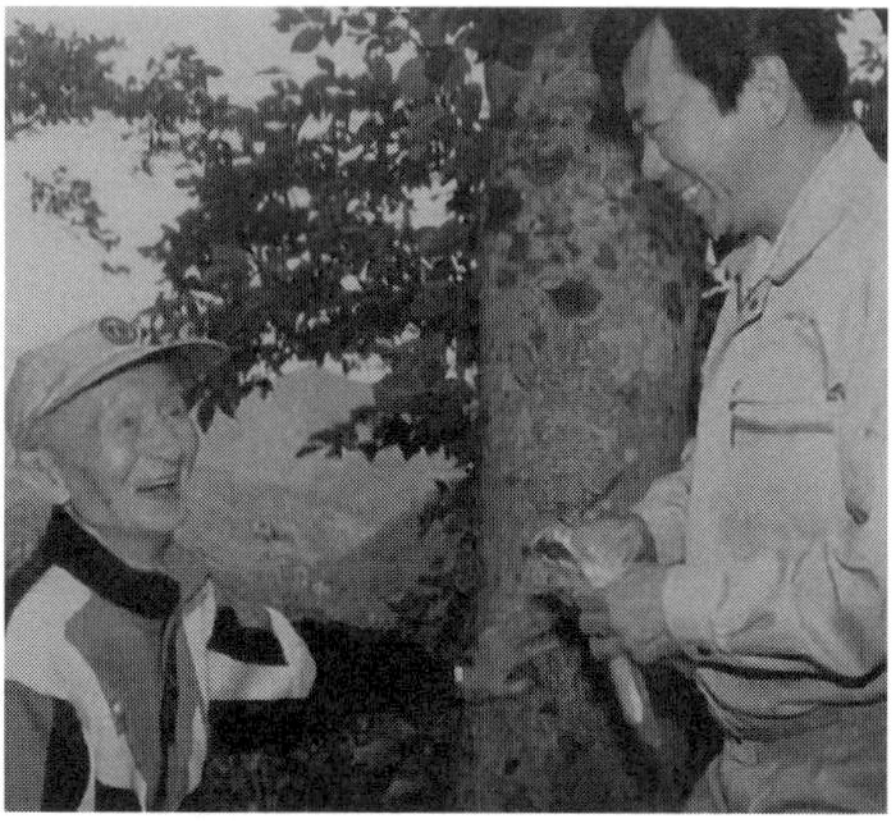
小玉さんと高橋慶太郎さん

白神こだま酵母のここがすごい！

ちなみに、白神こだま酵母のどこがすごいかを、ここでおさらいしてみよう。

①国産小麦と相性が良い　発酵の際、炭酸ガスの発生スピードが比較的緩やかなため、グルテン含有量が少ない国産小麦からできるグルテン膜との相性がよく、ふんわり、もちもちしたパンが焼ける。

②発酵力が強く、短時間で焼き上がる　天然酵母でのパン作りは、生地作りから焼き上げまでに半日ほどかかるが、白神こだま酵母は天然酵母の中でも発酵力が強いので、三時間程度と短時間で焼き上げが可能。

③甘みがあり、しっとりとして日持ちがする　白神こだま酵母は、他の酵母よりトレハロースという糖を多く含んでいるため、少ない砂糖や油脂量でも、ほんのり甘いパンになる。また、しっとりやわらかい食感が長持ちする。

④生地を冷凍保存できる　マイナス三〇度の環境下での白神こだま酵母の生存率は一〇〇％。この特性はパン生地にも適応されるため、冷凍耐性に優れている。白神こだま酵母で作ったパン生地は、一次発酵後の状態で冷凍保存が可能で、二週間ほどなら、好きなときに解凍して焼くことができる。

白神山地の原生林の中に、人間の役に立つ、こんな素晴らしい酵母が生息していたとは、まさに自然の神秘だ。顕微鏡でしか見ることのできないミクロの世界。白神山地という無垢な環境に目を付け、無数に生息する微生物のなかからそれを発見したことは、奇跡ともいえる驚きである。

世界のＫＯＤＡＭＡ

『ザ・イースト』という専門誌がある。これは酵母分類学のバイブルともいわれるものであるが、この中で、酵母の世界四大コレクションとしてアメリカの二つ、オランダの一つと並んで、小玉さんのコレクションが取り上げられている。三千株にも上るという小玉さんのコレクションは、世界的に貴重なジーンバンク（遺伝子銀行）として注目されている。

また、新種を命名する際、酵母学に顕著な業績のあった人の功績をたたえるため、その名に姓名を採用することがあるが、その中に小玉さんの名前も多くみられる。

例えば、南アフリカ共和国の国立科学研究所のファン・デ・ワルト博士は、発見した酵母にピピア・コダマエと命名した。さらに、静岡大学の山田雄三教授は、酵母の細胞核内にあるDNAの塩基配列に基づく新しい分類システムにおいて、コダマイア・サカグチイア（応用微生物学の世界的権威、坂口謹一郎先生にちなむ）と二つの属名を設けている。

このことからも小玉さんの業績の偉大さがうかがえる。「日本の小玉」にとどまらず、まさに「世界のKODAMA」である。

小玉さんは、清酒醸造においても「秋田流生酛づくり」という仕込みの新技術を開発した。この手法は小玉さんが直接指導に赴いた他県の蔵にも伝わり、現在、県内外二〇社を超す酒造会社で採用されている。

無心にして自然の妙に入る

八千年以上にもわたり同じ環境を保ってきた白神山地だが、永遠にこの環境が続くわけではない。温暖化の影響で二一〇〇年には、今のブナ林が消滅するという説もある。少し状況が変わるだけで、微生物の生態系は一変する。だからいま、そこに生息している菌をなるべく多く保管しておく必要がある。マイナス八〇度の超低温で保管すれば菌は活動しないので、老化して死ぬことはない。

白神こだま酵母の研究は秋田高校の後輩である高橋慶太郎さん（前述）が引き継ぎ、パン作り以外にも活用できる新しい性質を研究している。薬品や化粧品に使われるトレハロースというオリゴ糖の含有量が非常に多く、遺伝子組み換えをしてようやく達成できるほどの量を野生の状態で持っていることが分かった。また臭いを消す作用もあり、その性質を生かして「白神塩もろみ」という調味料が開発された。魚や肉を保存する調味料に使用すると、薄味なので、味噌漬けや粕漬けより素材の味を活かせるという。ほかにも化粧品などへの実用化が進んでいる。また、米糠で培養したコンポスト資材は県内の養豚場での臭気改善目的で使用されており、環境保全にも活用されている。

「無心にして自然の妙に入る」。小玉さんの好きだった言葉だ。「頭と心を空っぽにして顕微鏡をのぞき続けていきたい。微生物の世界は無限の可能性を持っているから」。研究者魂を生涯持ちつづけたその人生は、まさに酵母との歩みそのものだった。

（内藤克幸・記）

文化と経済を往還して人間学を唱え、実践した

実業家
小《こ》玉《だま》得《とく》太《た》郎《ろう》
一九四三（昭和18）年卒

一九二五年　秋田県飯田川町生まれ
一九四三年　旧制秋田中学卒
一九五〇年　慈恵会医大予科から本科一年を経て、慶應義塾大学文学部に入学。安部公房、花田清輝、岡本太郎、堤清二らのアバンギャルドな芸術研究集団「夜の会」に参加
一九七〇年　再建を託された本金デパートの社長
結社ヒューマンクラブを立ち上げ機関誌「原点」を発行する
一九八三年　堤清二の西武グループとの連携により本金西武を設立し、社長に
一九九二年　秋田商工会議所副会頭
二〇一九年　享年九四

慶應義塾大学在学中の多彩な芸文活動の後、文藝春秋社に入社する直前、宿痾の喘息発作が再発。健康回復を期して小玉合名に帰郷し、昭和三〇年代には「酒は天下の太平山」のキャッチコピーを首都圏に轟かせる。その後、秋田駅前再開発を主導し、本金西武を創立。経済面での功績に加え、我が国の文化人との幅広い交友のもと、文化・芸術活動に貢献した。福沢諭吉を敬慕し、実学に立脚した独立自尊を貫き、郷土の衆人を先導する。

旧制秋田中学での原体験、慶應義塾大での発展・深化

私の記憶に明瞭なのは、旧制秋田中学のときに科目として修身[1]を教えた町田與太郎先生の熱血授業がありました。一九四二（昭和一七）年のころです。町田先生は先の同窓会長である町田睿さんのお父上で、当時の秋中の生徒からは絶大な人気を博していた。本来は哲学の研究者であって、いつも修身の授業を簡潔に切り上げて残った時間に「人間とは何か、哲学とは、神を追及することとは人間を知ること」など戦争のさなか、軍靴の響きが強まる時代に、愛国教育とは縁もゆかりもない哲学の本質論を一七歳ぐらいの秋中生の柔らかい頭に刷り込んでくれました。何よりも人間の存在に対する思索を中心に据えるという私の基本姿勢はこの頃に焼き付けられたものです。文化と経済の両立もここからスタートします。

もう一人名物授業をやってくれたのが佐藤六蔵さんという柔道指導者の方がおり、秋田中学の歴史的先人の活躍ぶりを息もつかせず講談の名調子のように聞かせてくれました。今でも皆さんに聴かせたいと思う。遠い日の思い出ですね。秋中での原体験は私に揺るぎないアントロポロギー・人間学[2]への萌芽を促してくれました。言葉として示した文化と経済の関係は人間学から見ればほんの一部分に過ぎないのです。

再入学した当時の慶應義塾は、文学部に籍さえあれば、哲学であろうが美学であろうが、経済学であろうが、どこの単位をとっても良い仕組みであった。だから格別何をやりたいからと言わなくても、文学部に入れば何でも学ぶことができた。それで私は当時、慈恵医大の予科を終えて医学部本科の一年まで行っていたが、実を言えば医者になるなどとんでもない話しで、戦況が不利に傾く中で、宿痾の喘息発作を抱えておったので兵役免除のために医大に行った。人間学に最も近いとなれば理系の中では医学よりほかにないだろうと決心し、難をのがれた。やがて敗戦を迎え、兵役の心配もなくなり、

慶應義塾三田キャンパス

私は満を持して慶應義塾に入り直した。

当時の慶應文学部について教授陣を申し上げると、国文学は折口信夫（歌人・釈超空）[3]、仏文は後の塾長・ボオドレール研究の佐藤朔[4]、英文は西脇順三郎[5]という凄さだった。独文は茅野蕭々[6]。それから中国文学というのがちゃんとあって奥野信太郎[7]。音楽概論は村田武雄[8]。そのうえ仏教学があってなんと講師は秋田中学先輩の多田等観[9]でした。このきらびやかな教授陣のもとで、哲学科におれば勝手に講義を選ぶことができた。こういう非常に自由な学風ということが慶應の文学部を選んだ大きな理由だったのです。

（1）**修身**　旧制の小・中学校などの教科の一つ。戦前の道徳教育を授けた。（2）**アントロポロギー**（英 anthropology 独 Anthropologie 仏 anthropologie）人間の本性や、人間と世界との関係などを中心に哲学的に研究する学問の一分野。（3）**折口信夫**（一八八七～一九五三）大阪の生まれ。国文学者・民俗学者・歌人・釈超空。日本文学・古典芸能を民俗学の観点から研究。歌人としても独自の境地をひらく。小説「死者の書」など著す。國學院大、慶應大教授。（4）**佐藤朔**（一九〇五～一九九六）東京の生まれ。仏文学者、ボードレールの研究者。芸術院会員、後年の慶應義塾塾長。（5）**西脇順三郎**（一八九四～一九八二）新潟の生まれ。英文学者。シュルレアリスム研究者。オクスフォード大に学ぶ。慶應大教授。（6）**茅野簫々**（一八八三～一九四六）長野の生まれ。独文学者、詩人。第三高等学校教授、慶應大・日本女子大教授。（7）**奥野信太郎**（一八九九～一九六八）東京の生まれ。中国文学研究者。洒脱なエッセイスト。慶應大教授。（8）**村田武雄**（一九〇八～一九九七）東京の生まれ。音楽評論家。（9）**多田等観**（一八九〇～一九六七）秋田市土崎港の生まれ。ダライラマに認められた真宗大谷派のチベット仏教研究者。旧制秋田中学卒。慶應大講師。先の「先蹤録」に詳細記述あり。

美学美術史専攻では、男鹿・船川出身の澤木四方吉教授（一九三〇（昭和五）年 四三歳で没）[10]の名前がでてきます。澤木の一番弟子の守屋謙二先生に[11]一九四六（昭和二一）年の慶應の入試面接のときに「秋田ですね。澤木四方吉という人を知っていますか」と聞かれて、そのころ残念ながら知らずにおったものです。「そうか。それじゃこれから一緒に勉強しましょう」と言って、入るも入らぬも決まらないうちにそういう会話だったのです。そういう自由度というか伸びやかさというか、終戦直後の解放感に包まれたどさくさでしょうね。

アントロポロギー（人間学）が芽生えて以来、七五年あまりを越えて今日、確信となっているがこれを簡単に言えば、少々キザなフランス語になるけれども、レアリザシオン（仏 réalisation）[12]です。これを私は「実現」と訳しておる。

岡本太郎作「夜」

福沢諭吉[13]が西洋にあって日本に欠けたるものとして明治初頭に痛烈に警鐘を鳴らしたのは「独立心」と「窮理学《サイヤンス》」[14]、即ち実証科学です。更に今日でいえばリベラルアーツ[15]にレベルを上げる文系の教育が求められると思う。美術、歴史、哲学は三位一体ですね、そういう風に解釈してもらえれば私の答になります。

芸術研究集団、アヴァンギャルド（前衛的）な「夜の会」に参加

そうした中で「夜の会」[16]を知り、それを勧めてくれたのは後に慶應塾長を務めた仏文学者の佐藤朔さんでありました。会の名前は岡本太郎[17]の抽象作品「夜」に因んだもの。そこで最初に出会ったのは安部公房[18]ではなく花田清輝[19]だった。それからだんだん広がっていき安部公房だ、岡本太郎だということになった。そうした中で、我々の直接の指導教授であった守屋謙二先生がいっそのこと慶應の中にアヴァンギャルド研究のゼミナールをつくりなさい、ということで母校慶應の先輩岡本太郎（当時、世田谷の上野毛にアトリエがあった）を紹介いただき、これに日参して頼み込み、結果として岡本太郎がドンとゼミに座ることになり、それがそもそもの始まりなわけです。岡本太郎はもともと本業は民族学だったからね。パリの学校に入ったのは民族学からであった。経済も「人間学」の一つだよというような話から始まって、クラブ組織というものも民族学的な人間学の勉強だということから、私が中心になって母校の中に「近代芸術研究会」を立ち上げ、いらい今日まで慶應文学部の中に脈々と続いています。

（10）**澤木四方吉**（一八八六～一九三〇）男鹿・船川港の生まれ。美学・西洋美術史の先駆的研究者。欧州美術を論考して森鷗外から高い評価を受けた「美術の都」の著者。慶應大教授。（11）**守屋謙二**（一八九八～一九七二）岐阜の生まれ。美術史学者。澤木四方吉に師事。澤木の師であるミュンヘン大学ハインリッヒ・ヴェルフリン教授の「美術史の基礎概念」を邦訳し、早世した澤木に献呈。慶應大教授。（12）**レアリザシオン**（仏 réalisation）実現。成就。（13）**福沢諭吉**（一八三五～一九〇一）大阪の生まれ。緒方洪庵の適塾に学ぶ。蘭学者。啓蒙思想家。教育者。新聞人。自伝文学者。「学問のすゝめ」「文明論之概略」「福翁自伝」などの著者。慶應義塾の創設者。（14）**窮理学** 狭義の物理学の意。（15）**リベラルアーツ**（英 liberal arts）古代ギリシアの自由七科（文法、修辞、論理、算術、幾何、天文、音楽）の「人を自由にする学問」の意。今日的にはグローバル人材を育成する基礎的な理念とされる。（16）**夜の会** 終戦まもないころ始まった文学や美術にわたる前衛芸術の研究会。岡本太郎と花田清輝を中心に椎名麟三、埴谷雄高、野間宏などが参加。東京・東中野の喫茶店「モナミ」に集いアヴァンギャルドな討論を重ねた。（17）**岡本太郎**（一九一一～一九九六）神奈川の生まれ。画家。彫刻家。パリ大学で民族学、哲学、抽象美術を学び、日本の新しい芸術運動を常に先導する。（18）**安部公房**（一九二四～一九九三）東京の生まれ。芥川賞作家。劇作家。演出家。「砂の女」「他人の顔」などの著者。（19）**花田清輝**（一九〇九～一九七四）福岡の生まれ。作家・文芸評論家。アヴァンギャルド芸術論の先駆的な存在。「復興期の精神」などの著者。

「酒は天下の太平山」の大看板！

健康理由から文藝春秋への入社をとりやめ、小玉合名会社に帰郷

それと私の大仕事は清酒「太平山」の全国ブランド化。当時はまだ読みが「おおひらやま」と言われていた時代だったから、語呂のいい「酒は天下の太平山」で北は北海道、南は近畿地方と途方もない長旅をした。いまの海外進出とはわけが違う苦労がともなったものです。

　酒を売るのではない文化を売るのが日本酒だ。地酒とはそういう意味なのです。例えば新宿二幸うらの酒場「秋田」をとってみても、俳優の大坂志郎[20]の母親、神成志保（能代出身）さんが大した広さでもないところでやっていた。このままではいけないことで、私が福田豊四郎[21]をもってきて一切のデザインをお願いする。新宿は早稲田の街で、牙城だったものです。そんな風に販売促進の手法をがらりと変えたものでした。渋谷「十和田」といえば和井内（貞行の娘の子）が酒場をやって清酒太平山を置いた。銀座では当時有名だった「毛利」という店（肉まんの毛利で日本酒と魚から、日本酒と肉マンとを合わせて人気を呼んだ）。早慶戦が終われば慶應の連中は銀座毛利へ、早稲田の連中は新宿秋田へ繰り出した。

　広告戦略では、著名な作家と太平山を結んで格調高く「文藝春秋」に載せ、あっと言われる注目と話題を集めた。つまり従来の清酒の広告イメージを品位と文芸の切り口からがらりと変えたものでした。いやでも衆目を集めたものです。

本金デパートの再建と秋田駅前移転

昭和三〇年代事実上倒産した本金デパート[22]。嘉永創業の信用の上にその倒産を倒産に見せなかったのが秋田銀行で「内科療法」と呼んでいた。それで再建の人材を求めながら、誰がやるかというところで私にきた。私に目を付けたのが秋田銀行でした。

本金は二度つぶれたのです。第一回目は放漫経営から倒産間近に至ったとき。私が引っ張られた時です。やっと一息ついて救済を終えたかと思ったら、日本海中部地震（昭五八年）にやられた。あの時は、本金デパートは即刻閉店でしたから。被災死亡者一名を出してしまったあの転落した広告塔はマルに本の商標で、広小路から正面に見えたものです。慙愧に堪えません。だから二度までもつぶれたものを再建して駅前再開発にいった。これはちょっと珍しいことでしょう。

この間の長い苦境の中で「相手に負けたら、こちらで手を替えよ」と覚悟を定めて絞り出した必死の知恵は、デパートの「友の会」を東北で二番目に作り、その満期のお返しに「歌舞伎興行」へご招待して顧客の評判を高める一方、とてつもない「ゴルフ練習場」を屋上に開設したことなどです。

とくに美術特販部を新設して秋田県作家の顕彰ならびに保存に寄与して寺崎廣業[23]や平福百穂[24]の作品の里帰りに貢献できたことを誇りに思います。内部管理でも他に先駆けて従業員の身分保証を導入し、もちろん適材適所に意を用いたものでした。あとで思えば大変な苦労だったのですが、そのころは全

(20) **大坂志郎**（一九二〇〜一九八九）秋田県の能代市生まれ。映画俳優。テレビ大岡越前の名わき役。(21) **福田豊四郎**（一九〇四〜一九七〇）秋田県の小坂町生まれ。日本画家。本名は豊城。京都で土田麦僊に師事、川端龍子の門人となる。「秋田のマリア」などの作品。(22) **本金デパート**　秋田市大町二丁目にあった地方百貨店。(23) **寺崎廣業**（一八六六〜一九一九）秋田市生まれ。日本画家。東京美術学校教授。岡倉天心らと日本美術院を創立。帝室技芸員。(24) **平福百穂**（一八七七〜一九三三）秋田県の角館町生まれ。本名は貞蔵。日本画家。アララギ派歌人。父穂庵から四條派の基礎を学び、川端玉章に師事。東京美術学校卒。帝国美術院会員、東京美術学校教授。

身を敏感なアンテナと化し、頭脳と筋肉をバネにして本金の再建に没頭したものでした。

最も苦労したのは秋田駅前再開発の一〇年間。途中で「西武提携」を解約しようとしたこともあった。一番難儀したのが駅前に張り付いた零細商業者を相手にする権利変換。この権利変換というのは簡単なものではなかった。それもあって西武百貨店とはやらないで西友チェーンと提携をやったわけです。百貨店は手を引いたのです。西友の商品が秋田にちょうどよかった。西武百貨店の高いレベルでやっていたら失敗したかもしれない。実際その後の環境変化で全国の西武店は全部引き上げ撤退した。残っているのは秋田店だけ。戦後闇市の流れの中にあった駅前の零細商店街との権利変換や、大口商業者の説得と巨額の私財投入など、男は生涯に一度は「血の小便を流すほどの苦境」を越えなければならないのです。

これから流通部門は大きく変わるから、あっと言う間に変化する。政府の地方創生も勢いがあるうちでないと地方は間に合わない。商機を逃さぬ「たなおろし」とは毎日の地道な整理整頓です。足元を着実にして先を読めないとみんなダメになると思う。

岡本太郎を秋田・飯田川の自邸に招く。芸術風土記の誕生

一九五七（昭和三二）年、私も三二歳だった。かねての友人である巨匠・岡本太郎を秋田に招き飯田川の自宅に逗留してもらった。岡本太郎さんは四六歳の盛り。東北は初めての人だったから、私は秋田という風土、人間、歴史を熱く語り、それに対して即妙な質問と重層的な理解が瞬時に返ってきた。民族学の耳と脳、芸術家の目と口が重なり動く。緊張の中で瞬く間に夜が更けていった。

ここに珍しい自慢の「写真」がある。わが家の朝にくつろぐ丹前姿の岡本太郎、そして目の前にいる私の顔をたちまち描きあげて「ほら！」と笑顔で手渡してくれた写真があります。若いころの私の

小玉邸での朝、丹前姿の岡本太郎と小玉さんの顔スケッチ

顔はこんな直観として受け止められたのだね。うれしいです。

その日、男鹿船川の芦沢地区で「なまはげ」を見せた。観光用の今のなまはげのお面と違って吐く息が見えるような鬼の面だ。岡本がパリで尊敬してやまなかったパブロ・ピカソ[25]が、初めてプリミティブ[26]なアフリカ美術に触れたような場面と思ってよろしい。それからこだ、作家の口から叫び出た「これぞ縄文！」この一言、隣にいた私の耳に焼き付いた。いまでも、何度でも鮮やかに再現する肉声はこれですよ。

この飯田川、男鹿、秋田、横手の取材を嚆矢として岡本太郎は一九五七（昭和三二）年四月、芸術新潮に名著「日本芸術風土記」の連載を開始したのです。思い起こすたびに血が熱くなる。熱くなるのです。

(25) **パブロ・ピカソ**（西 Pablo Picasso・一八八一～一九七三）スペインのマラガ生まれ。パリで活躍した画家、彫刻家。キュビズム（立体派）の創始者。「アビニヨンの娘たち」「ゲルニカ」などの作品。(26) **プリミティブ**（英 primitive）原始的な、未開の。

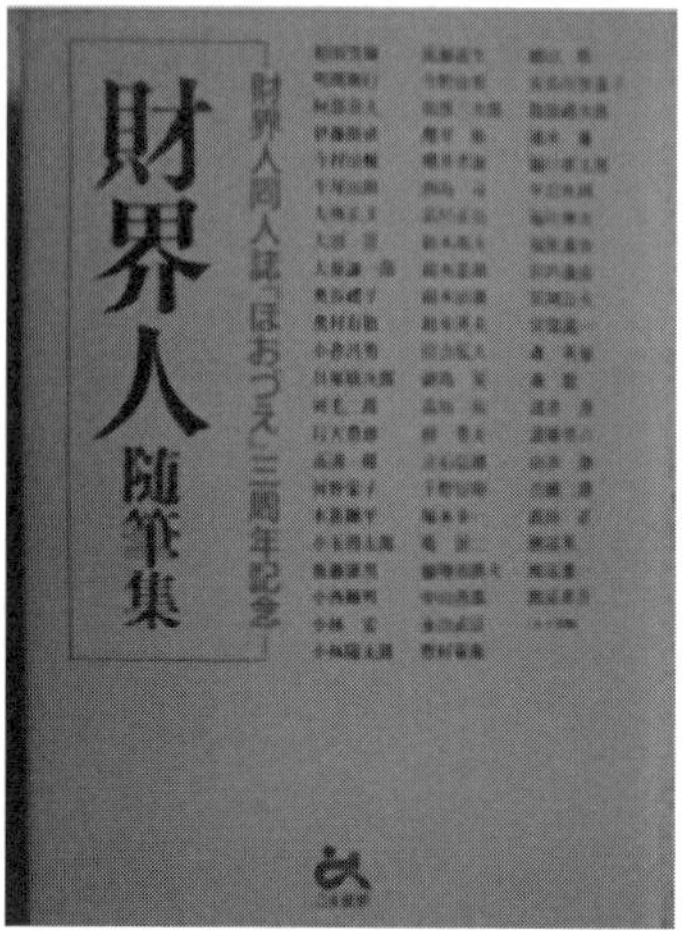

財界人の文芸同人誌「ほおづえ」

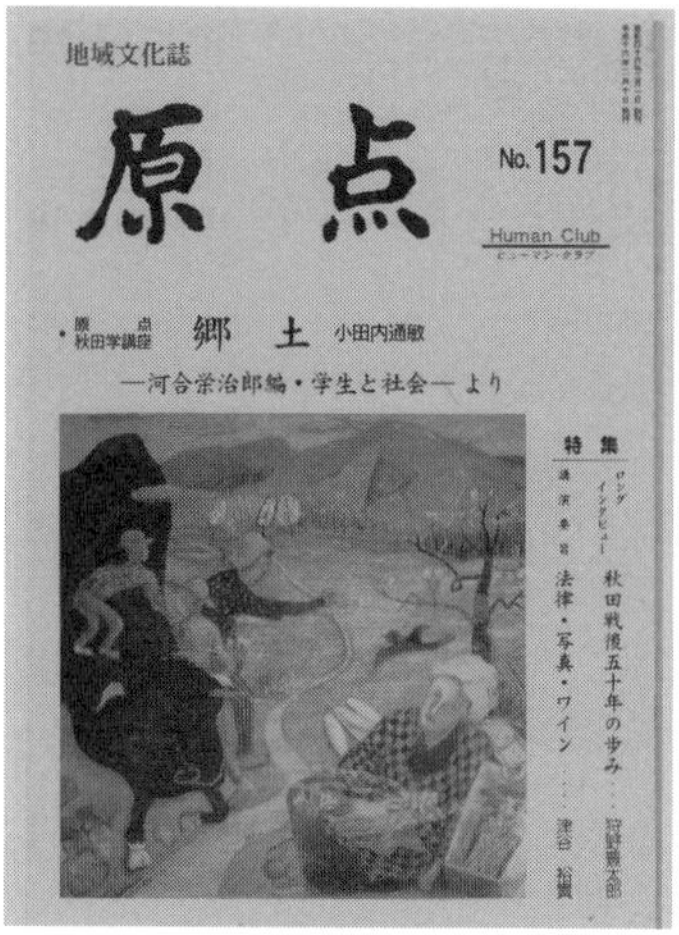

ヒューマンクラブの「原点」

ヒューマンクラブの創立と機関誌の発行。財界同人誌「ほおづえ」寄稿

一九七〇（昭和四五）年のこと、本金デパートの再建が軌道に乗り始めたころだったが、ヒューマンクラブという結社を立ち上げ、機関誌として「原点」[27]と名付けた地域文化誌の発行を始めたのです。両方とも私が名付け親です。さらに掲げた言葉はジャン・ジャック・ルソーの「旗を立てるより木を植えよ！」であった。趣旨に賛同し、設立総会に居並んだ当時の秋田の知識層、経済産業界、ジャーナリスト、行政関係の面々の錚々たる顔ぶれは見事なものだった。戦後復興を担い、秋田を高めようと一歩前に出てくる力あふれる参集者ぶりであった。初代会長は秋大教授の藤島主殿さん、次いで医学部長の九嶋勝司さん、九嶋さんは真剣に長い間、会長をまじめに勤めてくれた。結果として、秋田をどう良くしたか、何を成し遂げたとは簡単に言えないが、おおいに人と人の考えと意識を攪拌し、ややもすれば安住と眠りにつきたがる秋田人をきびしく覚醒させることができたと自負している。創刊以来、半世紀に近い歴史を経てきたが、設立当時の自分の意識の底に福沢諭吉が一八八〇（明治

一三）年に提唱し設立した日本初の実業人社交倶楽部である「交詢社」[28]を潜在的に意識していたと思う。またそれに先立つ「明六社」[29]も頭の中にあった。まさに福沢の「自由の気風はただ多事争論の間にありて存するもの」（文明論之概略）[30]、さらには「活用なき学問は無学に等し」（学問のすゝめ）という言葉は背中を押してくれたものであります。

　同人誌「ほおづえ」[32]の方は、平成六年の創刊です。堤清二（西武）さん、福原義春（資生堂）さんたちから「平成の『白樺』を創ろう」という昭和電工の鈴木治雄さんの志のもとでお誘いを受けて、六〇名をこえる当代一流の上場企業の経営者たちが真摯な姿勢で筆を執り、同人どうしは他の巧拙を問わず、ただ作品文中に横溢する魂の熱い軌跡を受け止めて欣快としたものでした。時間はなくて当たり前、原稿を考える暇もない名だたる経営者たちが、いつ推敲を重ねたものかと思わせる健筆ぶりは圧巻でありました。福沢諭吉は、「学問は米をつきながらでも出来るものなり（学問のすゝめ）」と断言し、多忙を理由とすることを許しませんでした。たくさんの現代の福沢に接するような幸せに緊迫感を覚えたものです。

（27）**原点**　ヒューマンクラブの機関誌、郷土文芸誌。（28）**交詢社**　一八八〇（明治一三）年福沢諭吉が提唱して設立した日本最初の実業家社交倶楽部。東京・銀座六丁目に現存。（29）**明六社**　一八七三（明治六）年、森有礼、福沢諭吉、加藤博之、中村正直、西周、津田真道らよってに結成された近代的啓蒙学術団体。「明六雑誌」を発行し、開化期の啓蒙に指導的役割を果たす。（30）**文明論之概略**（一八七五（明治八）年刊）世界の文明と日本のとるべき文明を比較論考し、祖国の独立を果たすための方策を現実に示した理論的大著。福沢諭吉著。（31）**学問のすゝめ**（一八七二〜一八七六（明治五〜九）年刊）「天は人の上に人を造らず、人の下に人を造らずと云へり」の書き出しは有名。一身独立して一国が独立し、古習（儒学など）の惑溺を脱して窮理学（狭義の物理学、広く実証科学）の道に入るべしと説く。明治初頭の全人口三五〇〇万人の内一六〇人に一人が読んだという空前のベストセラー。（32）**ほおづえ**　日本を代表する経営人による財界同人誌。

秋高生、母校同窓の皆さんへ、祖国日本、故郷秋田へのメッセージ

私の生涯などバルザック(33)の一行にも満たない。いま卆寿（九〇歳）をすぎて振り返れば、年月はまばたき一瞬のこと。だがそれ故に、人にとって何が得がたいことであるか、何が宝か、よく見える思いがする。若き日に確信した何カ条かの真実はいささかも摩耗せずわが身とともにあり、おちいり易い誤謬は過去の路傍に累々と山をなす。私の自己認識をあえて言えば「苦労知らずの苦労人」。その真意は「相談能力と聞く耳」、これこそがガバナンスの条件と信じ、渦中にあってその時は苦労と思わずとも、後世になってふり返れば、よほどの苦労をあのとき乗り越えたと気づくことにある。農聖とうたわれた石川理紀之助(34)の和歌に「わたり来し　浮世の橋の　あと見れば　命にかけて　あやうかりけり」とあるが、私のいう趣旨にこれほど合致する心境はありません。

この後の日本は新たな国際危機とＩＴ、ＡＩ革命のただ中でどう立ちふるまうのか、いかに勇気をもってＩＰＳ細胞などの生命科学を国民の幸せに結びつけるか。望むらくは進歩、発展、向上をかかげ、苦労を苦労とせず、前向きに、晴れ晴れと先に進むべきなのであります。

私から見れば同窓の皆さんは、どの年代であっても若い方々です。どうぞ背筋を伸ばし、歯を食いしばり、ご自身の目でこの世の真実を見極めてほしい。日本のため、秋田のためにそれを日々の行動の底力にしてもらいたい。生きるということはこれに尽きる。よい成果を祈ります。

最後までご覧いただいてありがとう。

（畠山茂・聞き手）

（33）**バルザック**　オノレ・ド・バルザック（仏 Honoré de Balzac 一七九九～一八五〇）一九世紀のフランスを代表する小説家。「ゴリオ爺さん」「谷間の百合」、未完の「人間喜劇」などの作品を著す。（34）**石川理紀之助**（一八四五～一九一五）出羽秋田の小泉（金足）村生まれ。明治・大正期の農村生活指導者。農聖と呼ばれ生涯を農業環境の向上と窮民の救済、農民の自立と農業生産の改善に捧げた。種苗交換会を創始。「寝て居て人を起こす事勿《なか》れ」の言葉を率先躬行する。

伝統の山廃で秋田清酒の評価を高めた酒造家

飛良泉二五代蔵元

齋藤昭一郎《さいとうしょういちろう》

一九四五（昭和20）年卒

自宅で談笑する昭一郎（二〇〇四年一月）

一九二八年　にかほ市（旧仁賀保町）生まれ
一九四五年　旧制秋田中学卒業
一九五〇年　東京農工大学農学部農芸化学科卒業
一九五二年　家業の飛良泉醸造元を継承
一九五三年　東京大学農学部発酵学教室を退室
一九六八年　株式会社飛良泉本舗を創設、代表取締役社長就任
一九八四年　秋田県酒造組合副会長理事
一九九二年　日本酒造組合中央会技術委員会副委員長、黄綬褒章を受章
一九九三年　同中央会技術委員会委員長（一九九八年まで）
一九九八年　秋田県酒造組合相談役
二〇一二年　八四歳で死去

国内屈指の歴史を持つ酒蔵の跡取りに生まれた齋藤昭一郎さんは、震災による廃業の危機を乗り越えて品質本位の酒造りを実践。伝統の山廃仕込みにこだわり抜き、地酒ブームの先陣を切る銘柄を育て上げて秋田県産酒の評価向上に貢献した。

旺盛な研究心を生涯持ち続け、酒造業界の県組織の役員だけでなく中央の技術委員長も歴任。消費者の本物志向に応えるため醸造技術のレベルアップに努めるなど、業界全体の発展にも功績を残した。

日本海に裾野を浸して屹立する霊峰・鳥海山。その秀麗な山容を南に仰ぐ秋田県にかほ市の平沢漁港の近くに、清酒「飛良泉」醸造元の飛良泉本舗がある。創業は室町時代中期の一四八七（長享元）年で、東北で最古、国内でも三番目に古いとされる。

平坦でなかった事業継続の道

現在まで五三〇余年の歴史を刻んできた飛良泉本舗だが、明治維新期の戊辰戦争で酒蔵の一部と家屋を焼失するなど事業継続の道は決して平坦ではなかった。一九六四(昭和三九)年にはマグニチュード七・五の新潟地震によって生産設備が損壊し、廃業寸前まで追い込まれる。

この震災による苦境を背水の陣で乗り越え、伝統の「山廃《やまはい》仕込み」を軸に品質第一主義を貫いて秋田県産酒の評価向上に貢献したのが二五代目蔵元の齋藤昭一郎（一九二八〜二〇一二年）である。常に次代の酒造りの在り方を模索し続け、自身の生活でも日本酒をこよなく愛した昭一郎。そのチャレンジ人生の軌跡は、今でも本県酒造業界はもとより地域づくりにも多くの示唆を与えている。

昭一郎は満州事変が起きる三年前の昭和三年三月に生まれた。六人きょうだいの五番目で、上は兄と姉三人、下は妹。齋藤家にとっては昭和に入って最初に生まれた男子ということで「昭一郎」と名付けられた。長男が生後間もなく亡くなったため、次男の昭一郎は老舗酒蔵の跡取りとして期待を担って育つ。

太平洋戦争の戦況が悪化する中、一九四五（昭和二〇）年三月に旧制秋田中学を卒業。在学中は秋田市内に下宿して学校に通ったが、連日の勤労動員や軍事教練で十分に勉強はできなかった。腰を据えて学びたいという思いは強く、終戦直後の混乱期に東京農工大農学部の農芸化学科で醸造を専攻。さらに東京大農学部発酵学教室で研究に打ち込んだ。

発酵学教室の教授は「酒造りの神様」と呼ばれた坂口謹一郎博士。博士から薫陶を受けながらアルコール発酵に必要な清酒酵母などの研究に没頭したが、一九五二（昭和二七）年に父親の雅雄＝当時六三歳＝が心臓発作で急死する。このため二四歳で蔵元を継承、翌五三年に帰郷して経営に携わった。

秋田に戻ってからも研究意欲は旺盛だった。幼少の頃、父親に連れられて毎朝のように歩いて回った酒蔵には強い愛着があった。よく周囲に話していたのが「蔵で父がなめさせてくれた酒母の味が自分の酒造りの原点」という言葉。「酒造りほど面白いものはない。こんな楽しいことを杜氏だけに任せてはおけない」とも語り、蔵元ながら酵母培養などのため酒蔵に通い詰める日が続いた。

「酒造りの原点」として重視した酒母とは、蒸した米、麹、水を用いて清酒酵母を培養したもので、「酛《もと》」とも言う。品質の良い日本酒を造るには醸造に有害な微生物の繁殖を防ぎ、優良な酵母だけを増殖させた酒母をつくることが大前提となる。この酒母へのこだわりが、後に飛良泉の名を全国に広める「山廃仕込み」へと結実する。ただしその努力が日の目を見るのは、震災からの再建という苦難の時期を経た後だった。

昭一郎が三六歳の時に起きた新潟地震は、新潟県の粟島南方沖を震源とする最大震度5の大地震。被害は新潟、山形、秋田など日本海側を中心に九県に及び、死者二六人、被災した建物は二万三千棟余りに達した。秋田県では震源に近い沿岸南部の由利地域に被害が集中。飛良泉本舗の生産設備は激しく破損し、タンクも傾くなど深刻なダメージを受けた。

半壊した酒蔵の修復費用は当時の金額で一五〇〇万円。現在の貨幣価値に換算すれば二億円近くに上る損害である。しかも国の復興予算は新潟県に重点的に投入され、秋田県で操業している同社の修復費用は補助対象にならなかったという。

このため生産設備を一気に復旧させることはできず、経営の根幹が揺らいだ。昭一郎の脳裏には「廃業やむなし」との思いも一時よぎったが、「代々続いてきた酒蔵を自分の代で終わらせることはできない」と一念発起して再建に臨む。ただし、酒蔵を修復しながら生産量を回復させるのは容易ではなく、経営が軌道に乗るまでは二〇年近くもかかった。

加えて新潟地震が起きたのは東京五輪開幕の四カ月前である。日本は高度経済成長のまっただ中で、大量消費時代が到来していた。日本酒も消費に生産が追いつかない状況だったが、県内の酒蔵で唯一地震の被害を受けた同社はこの好景気の波に乗れなかった。

品質第一を貫き震災から再建

ただし、人生は「塞翁が馬」。この時の被災体験と酒蔵一体となった再建への懸命な取り組みが後に新たな飛躍の土台になる。同業他社の中には品質二の次で大量生産に走ったため味が落ち、高度成長が終わる頃には消費者が離れたところも少なくなかった。だが再建に必死だった飛良泉本舗は増産のための設備投資はたとえ行いたくてもできない状況にあり、そんな過ちとは無縁だった。

それに、何よりも昭一郎には坂口博士の下で学んだ研究者としての自負があった。戦後の物資不足から生まれた安価な三増酒（水で希釈した醸造アルコールや糖類などを加えて約三倍に増量した酒）は昭和三〇年代に入っても売れ筋だったが、「そんなものは酒ではない」と目もくれなかった。経営環境が厳しくても決して妥協せず、純米酒などの高品質な酒造りを再建方針に掲げて突き進んだのである。

時代の流れを見据えた経営理念の柱となったのが「山廃仕込み」だった。今では飛良泉銘柄の代名詞とも言える山廃について、ここで簡単に説明しておきたい。

酒母の製法として江戸時代から伝わる「生酛《きもと》」は、雑菌を死滅させて酵母を育てる酸性の環境をつ

伝統を感じさせる蔵の土間。ウミガメの甲羅には「飛良泉」の文字が光る

くるために、蔵内に自生する乳酸菌を取り込んで乳酸を一から生成するのが特徴。最初の仕込み段階で蒸した米を糖化促進のためにすり潰す作業は「山卸《やまおろし》」と呼ばれ、蔵人にとっては重労働だった。

だが一九〇九（明治四二）年に醸造試験所が、工程に改良を加えれば山卸をしなくても同等の品質の酒を造れることを実証。この山卸を廃止した酒母の製法が「山廃酛」であり、それを使った酒造りが「山廃仕込み」である。

その後も技術開発は続く。翌年には乳酸菌を用いずに人工の乳酸を投入して酵母を培養する「速醸酛」が誕生。この方法だと酒母づくりの期間が生酛や山廃酛に比べて半分の二週間ほどに短縮できる上、管理も楽になるため、たちまち酒造りの主流になって現在に至っている。

山卸の工程が不要とはいえ、乳酸菌を利用して乳酸をじっくり生成する山廃酛の基本は伝統的な生酛と変わらない。乳酸ができるまでは雑菌に対して無防備となるため、酒母やもろみを腐敗させないよう杜氏らは高度な管理技術を求められる。速醸酛に比べれば手間も時間もかかるのに、なぜ昭一郎は山廃仕込みにこだわったのか。

地域の恵み生かし個性前面に

自然の力も借りながら酒母を育成する山廃仕込みの酒は、乳酸発酵や酵母による発酵など複雑な生成過程をたどるため力強い濃醇な味になり、香りにも奥行きが出る。それに飛良泉本舗が使う仕込み水は鳥海山系の伏流水で、灘の宮水と同じミネラル分が豊富な硬水。山廃でこの清冽な水を使えば、自分が追求する品質を実現できると確信したのだろう。

「自然の摂理にかなった山廃仕込みでは酒蔵の個性が出せる。小さい酒蔵として大手ができないことをやるには、手間がかかる山廃でうまい酒を造るしかない」。そんな昭一郎の信念は、現場主義で培った確かな技術の裏付けがあったからこそ説得力を持ち、蔵人たちに浸透していく。

飛良泉本舗が再建への地道な取り組みを続ける中、質より量を優先した高度成長時代のつけは程なく酒造業界で顕在化する。日本酒の国内出荷量は一九七三（昭和四八）年のピーク時には現在の約四倍に当たる一七六万キロリットルに達したが、この年の一〇月に第一次石油ショックが起きると高度成長は終焉を迎え、日本酒の出荷量も急減。酒造業界は抜本的な対応を迫られることになる。

風雪に耐えて良酒を造り続けてきた飛良泉本舗の酒蔵

日本酒の消費が長期低迷期に入る直前の昭和四〇年代半ば、飛良泉本舗に一人の男が訪ねてきた。東京・日本橋にある老舗の酒類卸「岡永」の社長である。良質な日本酒が市場から消えようとしている状況に危機感を抱いた社長は一九七五（昭和五〇）年に「日本名門酒会」という組織を立ち上げることを決め、全国の酒販店などとネットワークを築いて市場に良酒を取り戻そうと動きだしていた。

飛良泉本舗の酒造りは、全国の酒蔵を調べていた社長の目に留まったのだ。

酒蔵で山廃仕込みの酒を口にした社長は深みのある上品な味と香りを称賛し、「一樽買いたい」と申し出た。この訪問を機に「飛良泉」は名門酒会の会報に載って全国に紹介され、昭和五〇年代に始まった地酒ブームの先陣を切る銘柄の一つになる。日々の精進が報われた瞬間だった。

消費者の本物志向が強まる中で、飛良泉本舗のステータスは確立されていく。地方の小さな酒蔵でも品質で勝負すれば活路は開けるという挑戦の軌跡は、県内外の中小の酒蔵にインパクトと自信を与えた。「個性と品質」を重視した高品質な酒造りが、昭和六〇年代からの吟醸酒ブームと相まって全国で活発化していった。

日本の酒造業界発展に力注ぐ

こうした実績を基に昭一郎は秋田県酒造組合副会長などを務めて県内業界の体質改善に努める一方、一九九三（平成五）年には各県酒造組合の上部組織である日本酒造組合中央会の技術委員長に就任し、五年間にわたって業界の技術力向上や啓発に力を注いだ。

技術委員長として日本醸造協会誌第八九巻（一九九四年刊）に寄稿した「酒粕雑感」には、こう記されている。「麹菌は日本人が銘酒良酒を造るため、数百年もかけて選び抜いてきた独自の大いなる遺産である。（中略）とかく先端技術のみ追い続ける現代では、古くから身近にある大事なものを忘れ去ることが得てして多いことを忘れてはなるまい」。自然の力と伝統、技術の調和が要となる「山廃仕込み」に、ひたむきに取り組んだ蔵元ならではの提言と言えよう。

一九九七（平成九）年に長男の雅人に社長を譲り、経営の一線から退いても常に日本酒と向き合った。日々の晩酌では新しい酒と古い酒を混ぜて味の微妙な変化を確かめたり、アルコールの揮発状態が最良となる温度を調べたりして酒の奥深さに感じ入った。

「銚子の上部にアルミホイルを掛けて電子レンジでお燗すれば、おいしい燗酒ができる」というアイデアも、気軽に酒を楽しみたいという工夫から生まれた。この話を聞いた東京農工大の後輩で東京国税局鑑定官室長を務めた斎藤富男が、日本醸造協会誌第一〇一巻（二〇〇六年刊）に図解入りで紹介。これによって正しい「電子レンジお燗法」が広まったというエピソードもある。

七八歳で脳梗塞を患う直前まで酒蔵に足を運び、もろみの発酵状況を確認した昭一郎は、二〇一二（平成二四）年一一月に八四歳で鬼籍に入る。今では特定名称酒を中心に品質本位の酒造りが主流となり、輸出の増加といった明るい材料もあるが、消費の長期低迷から脱し切れないなど日本酒を巡る状況は依然厳しい。そんな中、逆境下でも理想を高く掲げ、人一倍の情熱でピンチをチャンスに変えてきた昭一郎の酒造り人生から学ぶべきことはまだまだある。

（村上昌人・記）

利と理をつなぎ、現実政治の改良に力を尽くす

政治学者
佐々木《ささき》 毅《たけし》
一九六一（昭和36）年卒

一九四二年 秋田県美郷町（旧千畑町・千屋）生まれ
　　　　　中学生の時に秋田市に移転
一九六一年 東京大学法学部へ
一九六五年 東京大学卒業と同時に助手となる
一九六八年 助教授
一九七八年 東京大学法学部教授
一九九八年 東京大学法学部長、同大大学院法学政治学研究科長
二〇〇一年 第二七代東京大学総長
二〇〇五年 退任し同時に東京大学名誉教授
二〇一一年 日本学士院会員
二〇一二年 日本アカデメイアを設立
二〇一五年 文化功労者
二〇一八年 瑞宝大綬章
二〇一九年 文化勲章
二〇二二年 日本学士院院長

マキャベリ研究から出発し、古代ギリシャの哲学者プラトンへ、さらに現代アメリカの保守政治まで研究の幅を広げた。現代日本の政治にも関心を寄せ、金権政治の元凶だとして中選挙区制を批判、民間政治臨調のメンバーとして小選挙区比例代表並立制の導入を推進した。その後も首相公選制を考える懇談会の座長、政策提言組織・日本アカデメイアの常任塾頭を務めるなど現実政治に積極的に発言している。美郷町歴史民俗資料館に蔵書や著書、愛用品などを収めた佐々木毅記念室がある。

■主な著書 『マキアヴェッリの政治思想』（岩波書店）『プラトンの呪縛』『学ぶとはどういうことか』（以上、講談社）『政治学講義』（東京大学出版会）『政治学は何を考えてきたか』（筑摩書房）『政治学の名著30』（ちくま新書）『民主主義という不思議な仕組み』（ちくまプリマー新書）『知の創造を糧として』（さきがけ新書）

「利」を争うは、即ち「理」を争うことなり。（福澤諭吉『文明論之概略』第五章より）

　そうですね、私はこの言葉をあげたいと思います。これは明治の初めに日本人に向けて発せられた印象に残る言葉なのです。政治を考えることを長い間やってますと「利益の利」は必ず付きまとう問題ですが、しかしもう一つの「理屈の理」もまた付きまとわなければならない問題なのです。なかなかこの二つがかみ合わない。結びつくことがない訳ではないですが、その二つの利と理の関係づけにこだわるスタミナというか精神的エネルギーでしょうか、それが十分に育ってこなかったなぁというのが、古い時代はわかりませんけど、昭和においても色濃く残っているので、それを明治八年に福沢さんが言った言葉はやはりもういちど拳拳服膺する意味のある言葉であり、なお課題として残っているんじゃないかという意味で上げさせて頂いたわけです。

「利」と「理」のバランスを申し上げれば　現実を変えていく力学は

「利益の利」を口に出されると、「理屈の理」は別世界でそれ自体が強く存在感をもってしまう。それが日本の政治なんかの根本的な体質としてまだ残っているのではないか。政治部の記者さんなんかと話すとわかるけど、我々は二つの「利と理」のつなぎ目にこだわるんだが、彼らは分断するに躊躇がない。そんなことを念頭に今の言葉をあげたことが分かってもらえるかと思います。

　この利と理が言葉として登場した場面は、私には幼少期から「世の中もう少し何とかならないものか」という思いがありましたので、利益の利ではなく理屈の理の方に対する関心があったから、おそらくこの職業を選んだことに最終的に繋がったのだろうと思います。ただしもう一つの利益の利の方も切り捨てて無視すればよいかと言うものでもなくて、やはりそこの連結をどうするかということをテーマとして「もう少し何とかならんか」という気持ちはあったのだと思いますね。

例えて言えば利益の利は、政治学の用語でいえば「それなりに意味のあるものとして価値を認めつつ、同時にその在り方を見直す」とすべきことなんだろうと思います。権力も大体同じでしてね、我々政治学の人間は権力あるいは権力者を分かっているような顔をしてますが、かならずドロドロしたものを背負っていますから、それを無視するわけにいかない。しかし何か物事を実行し実現するときにはやっぱり権力というものを運用してもらわないと物事は達成できないことがある。一〇〇パーセントの目標は達成できなくても、まあ七〇くらいのところまで権力が役割を果たしてくれれば利と理が近づいて、いま四八だとすればある人は五一までもって行け、あるいは六〇まで行けという引っ張り合いが政治との接点というものになる訳で、一〇〇じゃないからお前の手法は意味がないと言われると始めから話ができない。現実論にはなりませんのでね。ですから私も個人的にかかわったのは、例の「選挙制度と政治と金の問題」の時にいろいろ言われたし、僕自身も言論にぶつかったのですけど、やっぱり「お金のかからない政治」を実現したいという立派な議論がある訳ですが一気になかなかそこまではいかない。とにかくドロドロのところをもう少し見えるように、「見える化」することをまずやって、それから次に結果としてゼロにはならないけど、金が少なくしかかからないものへ持っていくという努力を継続的にやる以外ないとよく議論したけど、なかなかねえ。要するに両方からやられるんですよ。利益は無条件にいいものだと思ってる人と、一〇〇パーセント真っ白でなくては承知しないという両方から責められるので（笑）、政治学者としては体験修行のようなものだと思っておりみます。まあしかし、先ほどの「利と理」の絡み合いという問題はことほど左様に我々の身近なところで起こっているので、なかなか厄介な問題で、抑え込むあるいは話を詰めていくというためには相当習熟し、かつスタミナを要することじゃないかと思い出しているところです。

実際の選挙制度の中で区割りとか一票の重みということに入って行くと

選挙制度改革というのは、少なくともつらさを伴う問題ですからね。国会議員の定数を減らすとか、一票の格差を縮めるというと秋田県のことも思い浮かぶし、議員定数を今回は減らされなくて済んだのですけど、また減るのかという思いでした。しかし一国を統治するというような、少なくとも議論に耐えうるような仕組みを作らなければいかんという意味でいうと、一〇〇パーセントはなくても五一パーセントの人が納得してくれればというあたりを狙って物事を処理する覚悟を決めなければいけない。五一パーセントとか五五パーセントというのは両方の極端からするとみなさん大いに不満でね。やっぱりこいつはケシカラン！ という話をする方が気分もよろしいし（笑）、罪悪感も少なくて済むしね。そんなもんだろうと思っています。そういう選択がよかったかどうかと考えればきりがないんですけど、政治に限らず世の中というものは、そういう場面を皆さん凌がれて、成果を上げるべく努力したから日本の社会も成り立っていると思う訳で、我々も必要があれば応分の働きをしなければならないと思います。はい。

その立場は明治や昭和戦前の日本であれば、暗殺の危険すら伴ったもの

そうだと思いますね。ですから東京大学でもいろんな先生がいて、少し前ですが大正デモクラシーの吉野作造先生の姿と重ねて理解くださる先生もいて、その驥尾に付すというか、すこしは引き継ぐということがままあります。吉野先生なんかもそうだと思いますし、明治以来の日本は偉大な人をたくさん生み出してきたと私は思います。やっぱり今日ただ今あるのは、明治以来のいい伝統というか、これを正当に評価するということがあって初めて可能だろうなと思います。それに比べれば昭和の御代とくに戦後は、皆肩の荷を下ろして勝手なことをやっていてもなんとかなった時代に見えない訳で

もない。そんなことを言うとまた叱られますけど（笑）。

南原繁先生（東大総長）は吉田茂総理から「曲学阿世の徒」といわれ

そうそう、南原先生は僕の同じ講座なんです。僕の先生は福田歓一先生で、福田先生の先生が南原先生。ですから要するに「おじいさん」にあたる訳ですね。六〇年代ですけど私も助手のころ小さくなってお爺さんの南原先生のもとに福田先生から連れていかれた懐かしい記憶がございますね。それから福田先生の兄弟子に丸山眞男さんもいらした時代で、そういう方々の謦咳に接する機会を得たというのは、ものを読むだけではない、ある種のプラスアルファというか、ある種の雰囲気というもの、気持ち気分というものがありがたかった。これは私にとっては最大の幸せだったと思いますね。私は主観的には丸山眞男先生を始めとする父親の世代の先生方の薫陶は本当に骨身に染みてまして、緊張感をもって接することが出来ました。「先生のおっしゃることはその通りです」という接し方とはちょっと違って、ある種大人同士の関係に近いような師弟関係という独特のもので、中学高校のころと違う青年になってからのことで本当にありがたかった。そんな訳で丸山眞男先生のお弟子さんたちより僕の方がいろんなことを手中にしているかもしれない（笑）。いろんなことを勝手に言わせてただいて今も時々教えていただいている関係にありますね。

かけがえのない喜びは　恩師・先人との出会い　マキャベリもプラトンも

最大の喜びはやっぱり、いい先生方に恵まれたというのがそれです。それで自分なりにいろいろ考えて、同じようなことをお考えになっていたというのを見つけた時の喜びというのは、幾ばくかでも追いついたというか、シッポを捕まえたというのかな、解ることができたというのかそれがやっぱり一番うれしいですね。

ある種の精神というか、ある種の見立てというか、そういうものに共感を抱くことを体験するのはこの職業の一番うれしいところです。先生たちとの関係でもそういう体験が一番うれしかったし、それから私は専門が思想史で、古今東西の思想家にこういう思考をするならこういう結論が出てくるはずであるというようなことについてズバッと言い放って断定するというもの、知的共鳴関係とでも言うべきものでしょうか、これがやっぱりこの道に入る一つのきっかけだったんじゃないかなと思います。これがやっぱりやめられない喜びであるということですね。しかしだんだん立派な思想家もどこかのオジサンのように見えてきて「あなたはこう言ってますけどね、こんな話じゃ納まらんでしょう。どうするんですか」というクスグリを入れたくなるのもまた喜びでありましてね。プラトンにしても誰にしても、いやな質問をぶつけてみて、どう言うのかなあというのが楽しみになるような感じ。だから共鳴する段階からさらに対話へというのが、知的な一つのスタイルとして味わうことができるのが非常な喜びですね。

私はヨーロッパ（政治思想史）の専門家ですので最初にやったのがマキャベリだったのです。マキャベリという人はズバリと言うところが、人が言わないようなことを言うために生まれてきたような人で、理屈抜きで権力というようなものを純化したような議論を展開したところがある。ある意味でそれ自体がアクロバットのような思考様式だなんだけど、しかしそれで本当にどこまで行けるものなのかを、生きていたら聞いてみたいようなオジサンなんですね。まあそういうのが段々に共鳴の楽しみから問いかけの楽しみ、問いかけの相手としてこの大思想家というものと雑談をしている感じというもの、これがね、今の喜びですね。はい。

やっぱりプラトンとマキャベリというのは両極端みたいなところがあるので、まあこの二つを押さえておけば、後は中間ぐらいのところでいろんな議論ができるような感じがしています。私の作品の一つに「二〇世紀のプラトン」というのがあるんですけど、これはプラトンをファシストが利用したという物騒な話で「そうだ」という人と「いやそうでない、ヨーロッパの伝統の最初にファシストがいるようじゃ世も末だ」と大いに乱戦をし、議論をヒートアップさせたというのが私の若いころ。で、それがひとつのきっかけになりプラトンもいつかやってみたいなと思ったことでありました。

欧州の哲人たちに語りかける喜び

ある意味でマキャベリもプラトンもヨーロッパ思想でいうと極端な方だから、ロジカルに言うと少し物騒なところを内に含んでいる可能性があります。それで両極を切り落とすと真ん中ほどはそう神経に触らない話のグループができてくるということなのかもしれません。

アジア人としてはそうそう気楽には過ごさせないぞ、あなた方の生み出した伝統の中にはこういう人もいるので、落とし前をちゃんとつけてもらいたいという感じじゃないでしょうか。やっぱり一言ふたこと言ってやりたい気持ちもあって、色んなことで結構面白いんですけど、彼らは自分たちの伝統をやるとどうしても護りに入る。われわれがヨーロッパを見るときはむしろ彼らが見ていない所を見るということがある意味で任務のようなところがあり、別にそれによって貶めるとかそういうことじゃないけど、少なくとも隠蔽はやめてよねというフェアーな関係というものが本来あるべき違った文化圏の関係としてはあるはずじゃないかと妙な天の邪鬼がありまして、だからそういう意味の楽しみも含めてチョッカイをだして、特に立派な人にはチョッカイを出したくなる（笑）。立派過ぎて付け入る隙もない人を見ると特に（笑）。こういう悪い癖がある。やっぱり知識人としての不良根性かもしれないと思いつつも、やめられないことはしょうがないんですけどね。そんなこんなでここはあまり良い答えにはなっていません。

やっぱり彼らプラトンにしても誰にしても気が付いていることは、いい勘をしていますから、ちょっと言わないことを無視しつつも、気が付いていることは言いますから「じゃあ貴方は気が付いていたんじゃないか、気が付いていたものをどこで誤魔化して切り落としたのか」というツッコミをやるわけですね。どう言うんだろう、まあ完璧な絵にかいたような議論を吹っ掛けることもできそうにないんで、神様みたいな人がごろごろいるんじゃ生きにくくてしょうがないから（笑）。だから何とか主義というのはあんまり信用しないことにしている。市場主義もあんまり信用しないね。民主主義というのもあんまりね、まあ民主政治はあるとして主義となると、何であれを主義と訳したのか僕にもわかりませんね。自由主義というのもだんだん主義にすると無理をするものだから綻びが見えてきて、ポピュリズムみたいものに弱みを見透かされてつけ込まれたんでしょうけどね。

幼少期のころ、高校時代、大学時代の思い出

幼年期はとにかく自然の中で生活してどこにも行かなかったし、汽車にも乗らなかった。毎日田んぼの畔を走り回って勉強するにしても本もなく、そういう意味で刺激は特にあったとも思いませんし、ほんとうに自然児ですね。やはり秋田の仙北の田舎から出てくると秋田市は大都会でした。新しい体験というかギャップというかショックを感じたことでした。

我々の秋田高校時代は受験勉強ばっかりで、後は生徒会で三浦正明君（東大から大蔵省）という伝六さんの長男が委員長でね、のちに秋田市長選挙に出た照井清司君、青山君、お医者さんになった坂本哲也君とこの五人組で生徒会というものをやりました。私たちは駅前の校舎の最後の卒業生なんですよ。その次の学年から手形に移ったんです。

思い出しますと三年生の時が六〇年安保だったんですよ。クラスでもデモに行ったというのがいたりして。東京では大変な学生デモがあって、樺美智子さんが亡くなった時でした。だから六一年に大学に入った時は安保の後で虚脱状態のようになっていましたよ。駒場の自治会の委員長が江田五月君でね。で、大学を卒業したのが六五年の春で僕は大学に残ろうと思ったものだから夏休みに論文を書けといわれて、その暑い研究室で英語を読んだりなんかして、エアコンのない時代でした。コピーもほとんど無い、まだそういう時代でした。

六八年ごろからまた学園紛争が起こるようになってきました。私が助教授になったのは六八年の四月なんです。東大が紛争の主たる舞台だったので非常に記憶がはっきりしていて、入試の中止に向かっていくプロセスや教授会の中の議論なんか結構クリアに残っていますね。警察がけっこう大学の内部に入ったり、それをめぐって警察との交渉を先輩の先生たちがやる訳ですよね。当時の中堅クラスはみな軍隊の経験者だから、私に向かってお前は少尉候補生みたいなもんだ、なんて言われて駆けずり回って痩せた記憶があります（笑）。入試が中止になるというとき、その時の東大としての対応について法学部は他の学部に先駆けて検討をやらなきゃいかんといって委員会に入れられたりしました。

碩学のジャンルに限らず　凄かった人々の記憶　日本アカデメイアに通ず

そうですね、私の経験をいうと財界人の亀井正夫さんという人が居ります。住友電工という会社の社長をやっていた人です。あの国鉄改革の時の特別委員会の委員長をやって、あの土光臨調のメンバーだった人です。それが私同様、政治改革に巻き込まれましてね、一九九〇年代の前半一緒に色んな活動をさしていただいて。今の仕組みができたのが九四年の一月ですけど、それまで九一年の冬から九六年ぐらいまで一緒に民間政治臨調という組織の会長を彼はやっていて、僕は主査みたいなことをやっていました。とにかく政治と金の問題とそれに伴った金のかかる選挙の制度を改めなければいかんということに一生懸命でした。亀井さんはもちろん大正生まれですけど、どうしてそんなパブリックなことに関心を持たれるんですかと差しさわりのある質問をすると、自分は原爆が広島に落ちた時に陸軍の青年将校で広島城に居たので原爆の直撃にあった。それで司令部の大量の人間は死んだのだけど自分は生き延びた。それ以来やはりこの命は自分だけの命とも言えない、そういう責任を背負ったんだ。従って今の世の中が自分に「召集令状」を発すると自分としては出てこざるを得ない！　そういう気持ちを亡くなる一か月前の誕生会のときにしみじみと話されまして、私は歳もずいぶん離れているからもっぱら聞き役だったんだけど彼が言うには「赤紙」が来た心地がして、何と思われようとも木や石の気分で言わなければならないことを言うとのことでした。

最近ガダルカナルで発見された戦艦比叡に乗ってた人、この人は旧通産省の局長をやってた人でこの人もこの民間臨調に「召集」されて我々のグループに参加していたし、それから川島さんと言ってプロ野球のコミッショナーをやった人がいてこれも「召集」されたほうでね、その経済界の中の一種の戦前につながる尾骶骨を持った財界人というのがどこかまだ居たんですね。昭和生まれの人にはそれはないと思う。経済界を探しても。自分の会社の業績をどうするという話は興味あるんだけどそれ以上のことについては。もちろん頼まれれば仕事はするんだろうけれど「召集」とか「赤紙」の世代というものがかつてあったということ、生きた実物を拝見したというのは私にとっては新鮮でした。その「赤紙」でパブリックなことについても責任を背負って嫌なことでも引き受けるという人たちの最後の世代を私は見分させてもらったというのはやっぱり印象深かったですね。

その人たちは自分の個人的な意見がどうだとは言わないんですよ。何がいま必要かということについて、まず優先的に考えて自分はそれを実現するために努力をする人たちですね。まあそういう人たちだけの世の中がいい世の中かは僕は分かりませんけど、少なくともそういう人たちがいなくなったこと、そしてそれに比べると今の経済界も人材がどんどん変わってきている、そして土光臨調のようなものが昔あったのだけど、ああいうものをやろうと言ってももうできるものじゃないし、やろうと言って責任を負う人もいるとはとても思えない。一種の何とも言えない品位というか自己断念というようなものを持っている人たちの強さが、私にとっては非常に印象に残っている。まあ学者の世界は色々あるんだけど、経済界というものを見るとちょっと印象に残っている一つの世代です。みんな大正の終わりくらいの戦争が終わった時に二〇歳ぐらいから二二、三歳ですね。生き残った人たち、横手のむたけじのさんの例もあったけど、いろんなスタイルがあったんだろう。うーん、その世代がついにいなくなったというのが今ですね。それで人材育成の声はますます高まる一方で、やはり人材というのは歴史的個性の面を必ず持っているので福沢諭吉にしてもそうだと思うし、歴史的個性は抜きがたいものでやっぱり出てくるときは出てくるものであって欲しいなと思う。皆さんが心配してるのは、やっぱり人がいない、しかも量的に少なくなってきて質の方ははっきりしないということが不安感を与えて、なかなか難しい所ですね。やっぱりねぇ、それなりの根拠があって人材というのは作られてきて、さてこれからどんなコアでもって新たに人材が育つのか、コアがどこかに見えているのかあるいはまだ見えてないのかなぁということですね。民間臨調のメンバーのような方々、その中に旧岩城町亀田に記念館のある最高裁の長官をやった方がいるでしょう、岡原昌男さん。「俺も加えてくれ」といって、朝わざわざ弁当持ってね。その時には最高裁の長官は終わってたんですけどね、腐敗を撲滅するためには何とかしたいから加えてくれと。事務局はこんな大物が来て、どうしたもんかと思ってね。本当にお付き合いいただいていいものか（笑）、大いにひとしきり話題になったこともあったんですけど。まあ恐らく（亀井さんと）同じ世代だと思うんです。そういう意味で我々が見ていて自分の「利」というものにこだわるのは、福沢風に言えば人間として生きる上でそれほど自慢するものでもないので、もう一つの「理」というものに同時にこだわってもらうという人をどういう風にして現代社会が作っているのかどうか分からないけど、先ほどの「赤紙召集」の世代は、利そして理というものについて明確なスタンスを持っていたと思うんですね。そういう人たちが本当にいなくなった。目先の話しはできるんだけどね、そういう思いが平成二四年に設立した政策提言組織「日本アカデメイア」の設立につながった訳でした。

文化勲章については、発表の直前に知らせがあり、私は東大総長を終えたあとに文化勲章の授章選考委員長だった一時期がありましたので、その選考プロセスの大変さをよく承知していました。それ故に短時間で手際よく準備を整えて皇居に参内し、そのあと新聞各社の記者さんの膨大な質問に心労をいとわず丁寧にお答えして一日を終えた記憶があります。

秋田高校生徒に贈る言葉　同窓生へのメッセージ「怨望は捨てよう、卒業しよう」

秋田で若い時代を過ごしたということを大切にするという共通の感覚を卒業生が持つということですね。そして二つめにはそれをより良いものに育てていくことについて、出来るだけ大小を問わず手助けをする、平たく言えば足の引っ張り合いをやめるということです。頑張る人を基本的に応援するというのを同窓生の間でも共有してもらいたいのです。とかく足を引っ張るのが多いのでね。これはもうマイナスの競争です。福沢諭吉が『学問のすゝめ・十三編』で言っているでしょう、どうしても何のプラスも持たないものの代表は「怨望《えんぼう》」で、「ルサンチマン・嫉妬・妬み」というあれですよ。この怨望を捨てること。怨望から卒業せよと最後に申しあげます。皆さんの大きなご発展を願っています。

（畠山茂・聞き手）

私にとっての仕事・会社・家族

「生活と働き方改革」実践提言者
佐《さ》々《さ》木《き》常《つね》夫《お》
一九六三（昭和38）年卒

長男は自閉症、妻は肝臓病とうつ病で入院四三回、自殺未遂も。子育て・家事・看病そしてビジネスを全うするため、段取りと効率を徹底。多忙のため長く苦しい時期もあったが東レ株式会社取締役に。さらなる昇進をめざした佐々木さんに、その後提示されたのは左遷人事。しかしこの人事が家族に幸いをもたらし、数々の著書はベストセラーとなり人生は大きく変わった。自分を諦めなかった佐々木さんには若い人々に伝えたいことがある。

一九四四年　秋田市生まれ
一九六三年　秋田高等学校卒業
一九六九年　東京大学経済学部卒業
東レ㈱入社　プラスチック管理部長、繊維管理部長、経営企画室長
二〇〇一年　東レ取締役
二〇〇三年　東レ経営研究所社長
二〇一〇年　佐々木常夫マネージメント・リサーチ代表
二〇一一年　ビジネス書最優秀著者賞受賞

公職歴：
男女共同参画会議議員
大阪大学法学部客員教授
内閣府・総務省・国土交通省・厚生労働省などの審議会委員
東京都男女平等参画審議会会長
秋田産業サポータークラブ幹事
わらび座支援協議会常任理事

■主な著書　『ビッグツリー　私は仕事も家族も決してあきらめない』『部下を定時に帰す仕事術』『そうか、君は課長になったのか。』『働く君に贈る25の言葉』『働く女性に贈る言葉（ポケット版）』（以上、WAVE出版）『実践　7つの習慣　何を学び、いかに生きるか』（PHP研究所）『40歳を過ぎたら、働き方を変えなさい』（文響社）『60歳からの生き方』（海竜社）『人生は理不尽』（幻冬舎）

母校秋田高校の応援に会社をさぼって甲子園へ

一九八六年、わが愛する母校の秋田高校が春の選抜大会に二度目の出場をすることになった（現在では夏は一九回、春は四回出場という）。

開会式直後の試合となったが、その日は午前中、営業本部長が営業の全部長を集めての定例の部長会が予定されていた。私はその会議の事務局だったが、どうしても甲子園に行きたくて本部長にお願いし会議を午後に変更してもらった。私は勇躍、家族五人全員で甲子園に向かった。

対戦相手は四国の高松西高校。九回まで一対〇でリードされていたが、なんと九回に逆転2ランという劇的な勝利を収めたのである。私は小躍りして飛び上がって喜んだが、その直後テレビのインタビュアーが私のところに飛んできて、「先輩ですか？　何か一言！」というので「いやー、やったやった‼　秋高生は根性があるしなんといっても打撃力がある。次も勝ちますよ！」などと気持ちよく話をしているうち、ハタと気が付きテレビカメラに向かって手でさえぎり、「カメラで撮るな！　会社をサボってきたんだから」と言ったものだ。

その日の夜一〇時「熱闘甲子園」という番組があって、当日の試合のダイジェストを見ていたら、「開会式直後の試合、九回秋田高校の逆転勝利‼」というアナウンサーの解説の後、なんと背広姿の私の顔がクローズアップされ、とっさに出た私のせりふも。「会社をさぼって、甲子園に駆けつけたこんな先輩もおりました」とアナウンサーが言う。

部長会のメンバーのうち三人の部長から翌日「おいテレビ見たぞ、午前の会議が午後に変わったのは君が甲子園に行くからだったのか、けしからん！　しかしいいよな、母校が甲子園に出られるなんて」と怒られたり、うらやましがられたりであった。

それまで私は母校秋田高校の存在をそれほど強く意識してはいなかったが、このとき遠く関西の地で自分にとって相当大きいものなのだということを改めて感じた。

高校まで秋田で過ごす

私は一九四四年秋田市に生まれた。六歳で父を亡くし、一八歳でお嫁に来た母は四人の男の子をもうけ、二八歳で未亡人になった。父の代わりに働きに出て大変苦労して子ども四人を大学まで出した。当時、四人兄弟がすべて国立大学生（兄は北大・私は東大・双子の弟は東北大）というので秋田魁新報に大きく載った。

兄弟四人とも秋田高校に進んだが、私が三年の時、駅前から現在の手形の新校舎へと引越した。高校時代は今考えるとそうとうのんびりした日々を過ごしていた気がする。

東大に進学したものの四年のとき大学紛争に巻き込まれ、卒業の時は機動隊と全共闘学生の安田砦の攻防戦、東大初めての入学試験の中止、六月までの卒業延期を経て会社に就職。最初の二〇年ほどは大阪勤務であったがそこで家内の浩子と知り合い結婚した。

家族と仕事

子どもは年子三人に恵まれたが、一番上の子は、自閉症という障害を持って生まれた。自閉症は、こだわりがあり、コミュニケーション能力に欠陥があるという特徴がある。

学校ではトラブルつづきで私は毎月のように呼び出された。ＩＱは高いので成績はいいのだが相当変わっている。加えて高校三年生のときに、幻聴が聞こえだして勉強どころではなくなった。そのあとも彼に合った仕事を見つけようと努力したが社会性がないため難しく、いまでも施設に通う日々である。

一方、私の妻は三〇代のときに、急性肝炎でほぼ三年間、病院生活をした。一時回復したがそのあと肝臓病とうつ病のため四〇回以上の入退院を繰り返し三度の自殺未遂までした。こうした事態をどうやって乗り切ったかというと、妻の入院期間は、子どもはまだ小さかったので毎朝五時半に起きて、子どもたちの朝食と弁当を作る。その年に私は課長になっていたので、部下より一時間早く出社し皆が出てくる前に、自分の仕事と部下の仕事の段取りを決め、あとは一直線に仕事をやって、六時には会社を出るという生活。会社の仕事は、できるだけ計画的、効率的なやり方を徹底し家族を守り仕事にも集中した。

その後、妻がうつ病で入退院を繰り返していた時期に私は経営企画室長だったこともあり、仕事が多忙でなかなか妻のケアができず、長く苦しい時期だった。

私は、東レという会社に入社し、その会社で定年まで勤めた普通のサラリーマンである。たまたま東レの三代の社長（前田勝之助・平井克彦・榊原定征）に仕え、そのスタッフとしてトップマネジメントを支える経験をしたが、その間しばしば異動を繰り返した。家族の問題はあったが仕事での評価はそこそこで順調に昇進し、二〇〇一年に東レの取締役に昇格したが、自分では当然その上にいけると考えていた。

それが当時のトップとうまくいかなかったせいか、二年で子会社の東レ経営研究所の社長に左遷された。さらに上を目指そうと考えていた私は深い挫折感を味わい、もはや自分のビジネスマン人生は終わったと落胆した。しかし社長になったら時間に余裕ができ、妻をケアする時間も生じ彼女は徐々に快方に向かっていった。人生何が幸いにするかわからない。

こうしたときに私の家族と仕事のことが週刊誌に載ることがあり、それを読んだ出版社の社長に本を書くように勧められて、『ビッグツリー　私は仕事も家族も決してあきらめない』という本を書いた。それが評判になり、テレビに出たり、新聞・雑誌の取材がひっきりなしに来た。

出版記念パーティー

私の友人たちから『ビッグツリー』の出版のお祝いをしようという話が持ち上がり、ホテルオークラで出版記念パーティを開催することになった。私の会社の関係者・同級生・勉強会の仲間など三〇〇人ほどが集まってくれた。友人知人のあいさつを受けた後で私たち家族も挨拶をしたが、そのときの妻の挨拶を以下に紹介する。

「皆さん、こんばんは。私が佐々木のパートナーの浩子です。この人はいつも明るくプラス思考で、私はいつも暗くてマイナス思考で性格はあらゆるところで反対で、よく今まで一緒に暮らしてきたものだと自分を褒めてやりたいと思っているくらいです。今度の本を出版するとき、私はその本の題名を「ごめんなお父さん」としようと言ったのですが、WAVE出版の社長さんから、それは二作目に貴方が書きなさいと言われました。私は主人の話によると四三回も入院したそうです。主人もよく数えたものですね。この人はなんでも記録する癖があるようです。会社の人もこんな上司を持つと大変だと思いますけれど…。今は、しみじみ生きていて良かったと思っています。今日は本当にありがとうございました」

このときのことを私の小中高時代の友人の早坂さんが同期生に報告したレポートの中で以下のように紹介してくれた。

「最初の挨拶は奥さんの浩子さんでしたが、場内にはやや緊張した空気が流れました。その中を浩子さんはことのほかしっかりとした口調で次のように切り出しました。（内容は上記）途中、場内は

佐々木会

割れんばかりの拍手と爆笑の連続でスピーチは何度も中断してしまいました。苦しかったこと辛かったことにユーモアをまぶして笑いで表現することのできるリアル大阪人の真骨頂を見た思いがします。まるで夫婦善哉と吉本新喜劇の原点のようでした。佐々木家の家庭環境を事前に知らされていた我々は、この一言でどれだけ楽になっていやされたか分かりません」と。

学生時代の友人とは本当にありがたいものだ。

次々にベストセラーを出版、人生は大きく変わった

私は『ビッグツリー』は最初で最後の本だと思って書いたし、また出版記念パーティーは自分のビジネスマン人生のお葬式という意味で開いたつもりだったが、その四年後、再度出版の依頼があり次々と本を出すことになり、三年で一〇〇万部、二〇一一年には「ビジネス書最優秀著者賞」までいただくことに。

その後も頼まれるまま書き続けいまは累計二〇〇万部になろうとしている。

私のビジネスマン人生は終わったけれど、そのおかげで（?）また新たな人生が始まった。

（注）主な著書の部数

・『部下を定時に帰す仕事術――「最短距離」で「成果」を出すリーダーの知恵』（15万部）
・『そうか、君は課長になったのか。』（20万部）

・『働く君に贈る25の言葉』　（45万部）

若い人に伝えたいこと

私が出版した本の中で若い人向けの本は『働く君に贈る25の言葉』である。
この本から若い人に伝えたいことを抜粋する。
・「目の前の仕事に真剣になりなさい」いろいろ言わず、ともかく与えられた仕事に全力を挙げること
・「欲を持ちなさい　欲が磨かれて志になる」若いときは多少の欲がエネルギーになる　しかし志が伴わない欲は長続きしない
・「強くなければ仕事はできない　優しくなければ幸せにはなれない」強さだけでは人は付いてこない
・「良い習慣は才能を超える」持って生まれた能力よりも良い習慣が人を育てる
・「プアなイノベーションよりすぐれたイミテーション」模倣は独創の母
・「君は人生の主人公だ　何ものにもその座を譲ってはならない」自分の人生だからしっかり夢をもって主体的に生きなさい
・「自分を偽らず素のままに生きなさい」自分の個性・能力に合わせた生き方をしなさい
・「せっかく失敗したんだ　活かさなきゃ損だよ」失敗には成長の種が隠されている
・「逆風の場こそ君を鍛えてくれる」逆境が己を鍛えてくれるチャンス
・「信頼こそ最大の援軍」信頼・真摯さこそが成功への近道
・「人は自分を磨くために働く」人は自分を成長させるために生きる

・「『それでもなお』という言葉が君を磨き上げてくれる」嫌われても失敗してもあきらめない
・「人を愛しなさい　それが自分を大切にすることです」人を愛することが己に返ってくる
・「運命を引き受けなさい　それが生きるということです」運命は変えられないが努力で幸せになれる

（本人・記）

【私の人生観の軸にあることば】

夢なき者に理想なし、
理想なき者に計画なし、
計画なき者に実行なし、
実行なき者に成功なし、
故に、夢なき者に成功なし

（吉田松陰）

資源小国日本の舵取り役

通産大臣
佐《さ》々《さ》木《き》義武《よしたけ》
一九二七（昭和2）年卒

一九〇九年　河辺町和田（現・秋田市）生まれ
一九二二年　秋田中学入学
一九三三年　東京大学を卒業し、南満州鉄道入社
一九三九年　興亜院に入り調査官
一九四六年　経済安定本部入り
一九五二年　経済審議庁計画部長
一九五六年　科学技術庁の初代原子力局長
一九六〇年　衆議院議員初当選
一九七四年　科学技術庁長官就任
一九七九年　通産大臣就任

各方面の意見対立と利害錯綜のなかを、頭を掻き掻き、根回しに奔走する。大胆にして細心、豪放に見えて緻密な、佐々木でなければ、多士済々、船頭の多い、当時の原子力界、修羅場での巧みな舵取りは務まらなかっただろう。〝日本は必ず核武装する〟との、内外からの誹謗中傷にもかかわらず、平和利用のみに専念邁進した。

国内有数の地下資源の宝庫であり、黒鉱などの非鉄金属、油田からの石油産出に恵まれた秋田県で生まれ育ったことが大きなバックボーンであったのだろうか。佐々木は行政官、政治家として、生涯にわたって資源エネルギー開発と原子力の平和利用の分野を先駆的に切り開き、日本のエネルギーの安定確保に大きく貢献した。

秋田中学（現・秋田高校）から旧制山形高校に進み、東大経済学部に入学。大学卒業後、一九三三（昭和八）年に南満州鉄道会社（満鉄）に入社した。中国・大連にある同社の経済調査会（経済調査部の前身、満鉄経調）に配属され、「満鉄の調査マン」といわれる役割を担った。主に満州経済の理論的分析を手掛け、満州産業開発永年計画の立案などに携わった。当時の満鉄経調には、「満州建国の動力源」としてのびのびと国策を語り合い、自由に中国問題を論じる風潮があった。五・一五事件や国際連盟脱退、関東軍による満州国建国の動きなど、軍事的な緊張が高まるなかで、満鉄経調はエアポケットのように自由な雰囲気を残しており、満鉄の調査マンたちは日本帝国の第一線で働いているという意識を持っていた。

佐々木は「満州評論」「満州経済年報」という雑誌に「秋田　勉」というペンネームで論文を寄稿していた。秋田なまりが抜けず、周囲に強い印象を与えた「秋田弁」にちなんだものだろう。「持ち前の誠実さと巧まない社交性で、なかなかの人気者だった」と当時の同僚が言うほど、周りから慕われていた。

一九三五（昭和一〇）年、北京の調査室に異動。一九三九（昭和一四）年に満鉄を退職した。その後、中国大陸の占領地に関する政務、開発事業を司る国家機関「興亜院」に移り、その調査官として華北連絡部（北京）に配属された。物資動員計画の専門家として、主に中国の石炭を日本に送る業務を担った。

この興亜院で、佐々木は大蔵省出身の大平正芳（後の首相）、農林省出身の伊東正義（後の外相、内閣官房長官）らと出会い、生涯を通しての盟友関係を築いた。

同時に、佐々木が後年、「エネルギーの専門家」と称され、行政官、政治家として活躍する素地がこの北京時代に培われた。

「竹林の七賢」から九賢会の集まりに

戦時中は企画院の調査官、大東亜省の調査官として働き、一貫して中国関係の業務に携わった。一九四三（昭和一八）年の大東亜省勤務時には、机を並べる間柄だった伊東正義とともに、大東亜戦争（太平洋戦争）の見通しや日本の将来についてよく話し合った。大東亜省のある旧満鉄ビルから最寄り駅まで二人で歩き、屋台の飲み屋をはしごする日もあった。大平、伊東らが「竹林の七賢」という会をつくっていたが、佐々木ともう一人が加わって「九賢会」という集まりになり、天下国家を論じ合っていた。

終戦直後の一九四五（昭和二〇）年一〇月、内閣審議室の調査官となり、戦後処理の問題に当たった。

翌年八月、官民で構成された経済安定本部に入った。経済企画庁の前身であり、経済復興計画や経済統制などの主要な権限が集まる組織であった。佐々木は戦後日本経済の復興計画策定に携わり、資源エネルギー政策に手腕を発揮した。戦後統制下にあって石炭課長を務め、石炭の生産配分など石炭政策を担った。日本経済の戦後復興計画づくりを主導した有沢広巳東大教授らの指導を受けつつ、石炭や鉄鋼の生産、配分など主要産業の復興を優先する「傾斜生産方式」に基づき、目標生産量の達成に力を尽くした。

一九四九（昭和二四）年には国の経済復興計画委員会の総裁官房経済復興計画室長に着任。経済復興五ヵ年計画につづく経済自立三ヵ年計画を策定し、戦後日本経済の進路の青写真を描いた。持ち前の行動力と分析力で計画策定作業を推し進め、若手らの議論に対して佐々木の柔らかな人柄で巧みにコントロールした。

一九五二（昭和二七）年に経済審議庁の計画部長に就き、日本経済の自立的な長期発展計画の策定に当たった。生産年齢人口や就業率、生産性の向上率などを想定して計画を作り上げていった。戦後初めて策定された日本の長期経済計画であり、極めて画期的なものであった。この計画は一九五五（昭和三〇）年、鳩山一郎内閣で経済自立五ヵ年計画として閣議決定された。そして、一九六〇（昭和三五）年には、国民総生産を倍増させ、国民の生活水準を西欧諸国並みに豊かにする池田勇人内閣の所得倍増計画へと引き継がれた。

「九賢会」の盟友大平正芳首相（左）と談笑する佐々木義武

一九五四（昭和二九）年ころの国内では、原子力開発研究と行政組織の在り方が大きな関心を集めていた。佐々木は第一次原子力調査団の欧米派遣員の一人に選ばれ、先進地視察を通して原子力の平和利用に関する見識と経験を積んだ。一九五六（昭和三一）年一月に総理府の原子力局が設置されると、新設ポストの人材として佐々木に白羽の矢が立ち、原子力局長に就いた。

当時の総理府原子力局が入居した建物は、バラック風の古い木造であり、「馬小屋」と呼ばれていた。戦後、原子力は広島、長崎の原爆投下を連想させ、ビキニ環礁での第五福竜丸の放射能被ばくなどもあって、逆風下の船出ではあったが、佐々木ら気鋭の若手官僚たちは原子力開発プランを練る作業に着手した。「新参の小所帯で、新エネルギーに取り組み、新技術を育てる、前人未踏、空前絶後、古今未曾有の難事業。金も物も人も、知識も経験も〝ないない尽くし〟。あるのは〝やる気〟だけ。文字通りの常識破り、不可能への挑戦であった。（中略）各方面の意見対立と利害錯綜の中を、頭を掻き掻き、根回しに奔走する。大胆にして細心、豪放に見えて緻密な、佐々木さんでなければ、多士済々、船頭の多い、当時の原子力界、修羅場での巧みな舵取りは務まらなかっただろう。（中略）〝日本は必ず核武装する〟との、内外からの誹謗中傷にもかかわらず、平和利用のみに専念邁進し、世界一安全な原子力発電を実現した」。日本経済新聞の論説委員は当時の様子をそう振り返っている。佐々木らは原子力政策の勉強の場として「馬小屋会」をつくり、原子力の平和利用の研究に熱心に取り組んでいった。

科学技術庁の初代原子力局長に就任

総理府原子力局や、科学技術に関係した省庁の部局を統合して科学技術庁が創設されると、佐々木は一九五六（昭和三一）年五月に科学技術庁の初代原子力局長に就任した。バラック住まいの庁舎で各省庁から集まった官僚を束ね、難問が待ち構える初期の原子力行政を推進した。動力炉の海外からの受け入れ問題に際しては、民営か、特殊会社か、大きな論争を巻き起こしたが、佐々木は民営による弾力的な経営主体が望ましいという立場を貫いて決着させ、英国製原子炉の導入に成功した。

佐々木は一九六〇（昭和三五）年六月まで科学技術庁原子力局長を務めた。まさに原子力行政の礎を築き上げた先覚者であり、パイオニアとしての役割を担ったといえる。原子力発電が石油代替エネルギーとして、日本の電力供給源の最大で三分の一を原子力が担うまでに成長するに至った背景には、

「エネルギーの専門家」としての佐々木の足跡が刻み込まれている。

折りしも、原子力局長を務めていたのは「六〇年安保」（昭和三五年の日米安保闘争）の時代であった。世の中が騒然として混乱するなかで、佐々木は政界への転身を決意する。「役人には限界がある。国会議員として力を尽くしたい」と思い立った。「同じ日本人同士が、毎日毎日、乱闘でけが人が役所に運び込まれるという常態は見るに忍びないし、役人には限界があるので、国会議員として国のために尽くしたい」と、代議士への決意と動機を親族に話している。この時、佐々木家と縁戚関係にある秋田県選出の二田是儀衆議院議員が佐々木と親族の間に入って調整役を担った。

佐々木は一九六〇（昭和三五）六月、科学技術庁原子力局長の職を辞して、政界に転身。同年一一月の衆院選に出馬し、初当選を果たした。

「エネルギー問題がライフワーク」と自認していた佐々木の後半生は、政治家の立場から、資源エネルギーの安定確保と原子力の平和利用に力を尽くすことになる。当時の時代背景を考慮すれば、石油の安定供給と、その代替エネルギーである原子力の研究、開発を軌道に乗せた功績は大きい。

原子力行政に国内外で難問の嵐が吹き荒れていたなかで、一九七四（昭和四九）年、科学技術庁長官に就任した。原子力の平和利用の分野は、原子力発電とともに、再処理問題や、ウラン濃縮、アイソトープ利用、原子力船、核融合、放射線化学、医療用原子炉など幅広い。

科学技術庁長官の佐々木は原子力安全局を新設。原子力安全委員会の設置など一連の新しい安全管理体制の基盤を築くことにつながった。自ら原子力利用の安全性をめぐる対応に奔走し、原子力開発利用長期計画の青写真を描き上げるのに腐心した。日本原子力研究所、動力炉・核燃料開発事業団、放射線医学総合研究所、日本原子力発電株式会社、日本原子力産業会議など開発体制の整備に向けて先頭に立って動いた。米英との原子力協定の締結にも関わった。

原子力委員会には、ノーベル物理学賞受賞の湯川秀樹博士を部会長とする専門部会が設置された。佐々木の何代か後任の科学技術庁原子力局長は「佐々木先生の知識、経験、力量に加えて、その広い人脈がどれほど強く原子力政策を支えたか、まさに計り知れないものがあったといえよう」と回想している。原子力船「むつ」の問題では、青森への帰港や母港探し、佐世保での改修などに当たり、原子力行政への批判や世間の不満にも対処した。

新しいエネルギー政策体系の確立に尽力

資源小国である日本では、第一次石油危機（オイルショック）後の一九七四（昭和四九）年以降、金属鉱業界が戦後最大の苦境に見舞われた。世界的な景気後退に伴い、主力の銅、亜鉛などの国際相場が急速に下落し、円高の影響もあって、国内の鉱山は休山、廃山の危機にさらされた。このため、資源エネルギーの基本問題を研究し、広く学識者や現場の意見を吸い上げる資源エネルギー問題研究所が創設された。一九七八（昭和五三）年、国会で「金属鉱業の安定緊急対策に関する決議」が採択され、補正予算で金属鉱業緊急融資制度が整えられた。長年の懸案であった休・廃止鉱山の坑道廃水問題に対する施策が強化された背景には、行政経験を生かして政治家として佐々木が金属鉱業界の救済に走り回った功績が見逃せない。

佐々木が二つ目の国務大臣ポストである通産大臣を務めたのは、一九七九（昭和五四）年一一月から一九八〇（昭和五五）年七月までの九カ月間である。在任期間はちょうど、一九七八（昭和五三）年末ごろから始まった第二次石油危機の後半期に当たる。日本の石油調達ルートの変革が求められ、イランなど産油国との関係構築を要するなかで、佐々木は新しいエネルギー政策体系の確立に力を注いだ。一九七九（昭和五四）年一一月にイランの米国大使館占拠人質事件が起き、米国とイランの禁輸政策、国交断絶などの関係悪化に伴って、イランと日本の石油取引が困難に見舞われた際には、日米関係をにらんだ日本の立ち位置やエネルギー政策の舵取りに追われた。ＩＪＰＣ（イラン石油化学プロジェクト）が論議されるなかで、佐々木が「イランとの石油取引は量と価格の両面で慎重を期する」という方針を示したことで、事態は沈静化に向かった。

当時の政府内で大平正芳首相、大来佐武郎外務大臣、伊東正義官房長官とともに、石油エネルギー政策の難しい対応に当たった。その顔触れはいずれも佐々木と旧知の間柄であった。「佐々木通産大臣がこれらの方々と親交を結んでおられたことがどんなに有益だったか、表現のしようがない。この種の問題が起きると、政府内で不協和音が生じがちであるが、この時はそんな気配は全くなかった。それが迅速な対応と円滑な事後収拾を可能にした」。当時の資源エネルギー庁石油部計画課長はそう指摘している。

通産大臣時代、国内では、石油代替エネルギー開発を推進する総合エネルギー開発機構（ＮＥＤＯ、新エネルギー・産業技術総合開発機構）の新設や、電力・ガス料金の値上げなどが大きな問題として浮上した。電気料金の値上げや、通産省の機構改革に対して佐々木は持論を展開し、所管の担当大臣と激しくやり合った。当時、石油価格が一バレル一三ドルから一挙に三二ドルまで跳ね上がり、為替レートも一ドル二四二円の円安水準にあって、日本経済はエネルギーコストの急騰に見舞われ、深刻な困難に直面していた。石油、またはこれに代わるエネルギーをいかにして確保するか。エネルギーコストの上昇をどうスムーズに吸収していくか。いずれの難しい問題に対しても、佐々木の陣頭指揮の下で、精力的に外国政府との交渉、国内各方面との調整に当たった。問題解決の糸口を探るための重要な使命を帯びた海外出張でも、佐々木の誠心誠意な態度や情熱的な語り口が相手国政府にも通じ、海外での石油の自主開発プロジェクトや石油に代わる天然ガスの活用計画などが具体化していった。

エネルギー政策に造詣が深い佐々木が通産大臣であったことは、通産省職員が一致団結して難局に立ち向かう大きな推進力となった。

ＮＥＤＯの新設に向けては、その予算獲得のために省庁や大臣との折衝に奔走した。行政改革との調整があって難航し、年末の予算編成作業は最後の自民党の三役折衝までもつれ込んだこともあった。佐々木は風邪を押してマスクをかけたまま会議に臨み、数多くの関係者との折衝を重ねて、長時間の議論の末に、ＮＥＤＯの新設が認められた。

通産大臣の役職は、内外の山積する課題のため多忙極まる立場だが、佐々木にとっては文字通り、分刻みの日程の連続だった。在任期間の九か月のうち、国会開会中が六カ月半、海外出張が五回あり、連日開催される国内財界人との会議、数十人に及ぶ海外要人との会談など、息つく暇もないほどの忙しさであった。「国家百年の大計を画し、あらゆる障害を乗り越える礎を築いていく。その意義が本当に評価されるまでに数年、時には数十年かかろうとも努力を重ねていく。そんな生き方をされた方だった」と、当時の通産大臣秘書官は語っている。

盟友の大平をかついで自民党総裁選に勝利

政治家としての佐々木は、知性派で穏健な「お公家集団」ともいわれた自民党保守本流の宏池会に所属した。若き日に満鉄の調査マン、行政官として資源エネルギー畑を歩むなかで出会った大平正芳、伊東正義との強い絆が原点にあった。盟友の大平を自民党総裁選にかついだのは大一番の勝負であった。一九七八（昭和五三）年秋、大平を自民党総裁選に擁立する同志たちの先頭に立ち、大平政権樹立のために奔走。大平の参謀役として、他派閥への工作や他党への根回しに動いた。宏池会の仲間とともに、不眠不休で陣頭指揮を執り、主に東京都内の議員の票集めに奮闘。大方の予想を覆して、大平が予備選でトップに躍り出て、福田赳夫の本選辞退もあって、大平が勝利した。佐々木は大平政権実現の立役者の一人であり、「大平を総理総裁にするために政治家になったんだ」と周囲に豪語することもあった。一九七八（昭和五三）年一二月から一九八〇（昭和五五）年七月までの短命政権だったが、大平内閣を支えた中心人物の一人であった。

佐々木は三木内閣で科技庁長官（一九七四年一二月〜七六年九月）、第二次大平内閣で通産大臣（一九七九年一一月〜八〇年七月）を歴任。自民党の資源エネルギー問題調査会長、電源立地等推進本部長などを務め、産官学のメンバーを集めて日本の総合エネルギー政策の調査立案に力を尽くした。

一九八〇（昭和五五）年五月、大平内閣の不信任決議案が可決され、衆院解散総選挙に持ち込まれたが、選挙期間中に大平首相が急逝し、弔い選挙となった。佐々木は同年六月、当時の竹下登大蔵大臣、大来佐武郎外務大臣とともにベネチアサミットに出席。サミット期間中の衆参同日選挙ではあったが、盟友である大平の弔い選挙となった事情もあって、佐々木は一〇万票余りを集め、八回目の当選を飾った。

一九八三（昭和五八）年一二月の総選挙では四回連続のトップ当選を飾り、計九回目の当選を果たしたものの、得票数は六万票台にとどまった。ちょうどこのころ、体調を崩しがちで入退院を繰り返すようになり、一九八六（昭和六一）年二月に政界引退を表明した。

佐々木は秋田県政や秋田市政においても数多くの足跡を残した。秋田中学OBの小畑勇二郎県知事と共同歩調で県政の課題に取り組んだ。「小畑知事のよき相談相手となって重要事業の推進と実現を企図し努力された」と、元副知事の松橋藤吉氏は振り返っている。秋田テクノポリス指定や、秋田市の新産業都市の指定、能代火力発電所の建設、男鹿の国家石油備蓄基地建設などの大事業を推進。秋田大医学部設置も後押しした。各方面の利害や意見の対立を調整し、根回しする役割を数多く担った。

茫洋として、仁義と情熱だけは人一倍

佐々木は、旧知の仲間による「九賢会」で終生の友を得て、政界、財界に広く人脈をはぐくみ、活躍のよりどころとした。九賢会について、佐々木は次のように紹介したことがある。「気の合った連中が寄り合って九賢会というものを作っていた。竹林の七賢になぞらえた名称を持っていたが、賢人や君子あるいは隠士などとはほど遠く、ただ何となく名利を求めず、茫洋としていて、仁義と情熱だけは人一倍、といった面々の集まりであった」。

「大平正芳、伊東正義とは『大陸仲間』」と、佐々木は呼んでいた。同じ東北人の伊東は、佐々木の人となりについて「君の人柄は天真爛漫、人を疑うことを知らず、〝人間性善也〟とは君の如き人を言うのでありましょう。九賢会でのあだ名は五百助（いおすけ）。終戦後の新聞小説で有名だった善良な巨漢の主人公の名前でした。まさに言い得て妙なるものがありました」と評した。そして、「大臣としての国会答弁でも、一生抜けなかった秋田弁はむしろ君の武器であり、野党の諸君の追及の矛先も鈍るという愛嬌のあるものであったことは、今でも万人の語り草になっております」と言い添えている。

温厚篤実な人柄で、地道で着実に仕事をこなす能吏型。筋を通す芯の強さを持ち合わせていた。飾り気のない、寛容な人柄、度胸の良さ、一度決めたら持論を通すのが持ち味であった。そして、周囲を和ませる包容力、温容、慈顔……。秋田弁にまつわる逸話も多かった。「立派な体格で、一見穏やかな風貌のなかにも、剛毅な気性を秘め、古武士を思わせる風格を持って、常に物事の神髄を的確にとらえて、いかなる難局に直面しても決して慌てることはなかった。自信に満ちた言動と動作で果断に処理され、全ての人から信頼され衆望を集められていた」という追悼の言葉もあった。

国会議員でただ一人、甲子園の土を踏んだことが自慢の一つだった。旧制秋田中学野球部の三塁手として一九二四（大正一三）年、甲子園で開かれた第十回全国中等学校優勝野球大会（全国高等学校野球選手権大会）に出場。初戦で松山商業に一対一三で敗れたが、「まるで大学のチームとやっている気がした」「甲子園のグラウンドが地震のように揺れて見えて困った」と語っていた。

東大在学中の夏休み、母校の秋田中学野球部の練習にＯＢの一人として加わって、フリーバッティングの打席に立ち、後輩の守備練習になるように打ちつづけた。「暑い盛りの貴重な時間だ。われわれ先輩たちが面白半分に打っているのではない。われわれの打つ球はノックの球とは違って生きている打球だ。君たちに生きている球を確実に捕球してもらいたいために、『生きた守備練習を』と思って打っているつもりだ。だから、一球一打、おろそかにしないで守備練習に励んでほしい」と、終始にこやかに後輩たちに語り掛けた。「均整のとれた堂々たる体格でありながら、目は実に優しく、諄々とした話され方に、私たちは一　様に強く、大きく響く、何かを感じたものだった」と、秋高野球部ＯＢ会の和賀政男矢留倶楽部会長は当時の模様を回顧している。

ゴルフの愛好家でもあった。平均スコアは一ラウンド一〇〇前後。通産大臣を退いた後の連休中、山梨県・山中湖の山小屋に陣取り、一日目富士ゴルフコース、二日目河口湖カントリークラブ、三日目太平洋御殿場コースと、三日間にわたって毎日一ラウンドハーフのプレーをしたことがある。野球観戦が好きで、水泳も楽しんだ。人一倍酒をたしなみ、酒豪として知られた。酔いが回ると、秋田おばこ、秋田音頭などの秋田民謡を口ずさんだ。

晩年の一九八五（昭和六〇）年一一月、東京・虎ノ門のホテルオークラで開かれた祝賀会はちょうど、衆議院議員在職二五年、勲一等旭日大綬章受章、妻の淑恵夫人との金婚式の三つの慶事が重なった。佐々木は「私は三冠王であります」とあいさつした。淑恵夫人は毎日新聞満州総局長の娘で、一九三五（昭和一〇）年大連ヤマトホテルで挙式した。一九六〇（昭和三五）年から一九八三（昭和五八）年まで九回連続当選を果たせたのは、女性支援者の組織・みよし会をつくって運営、支援した淑恵夫人の内助の功も大きかった。このうち、一九八〇（昭和五五）年六月の衆参同日選挙では、佐々木がベネチアサミットに政府代表として出席しており、留守中の選挙戦であったが、淑恵夫人が縁の下の力持ちとなった。

一九八六(昭和六一)年七月、連続九期、二五年間の代議士を務め上げて政界を引退した。一九八六(昭和六一）年一二月に逝去、享年七八。

（田口清洋・記）

参考文献　伊東正義編『佐々木義武追想録』（アサヒビジネス）

「秋田県民歌」復活の立役者、普及にも尽くす

指揮者
佐藤菊夫《さとうきくお》
一九四七（昭和22）年卒

一九二九年　秋田市土崎で生まれる
一九四九年　新潟大学に入学、一年で中退
一九五〇年　国立音楽大学一期生として入学
一九五三年　大学在学中に東京交響楽団（東響）に入団
一九五七年　ウイーン国立音楽大学指揮科に入学
一九六一年　帰国、東響に指揮者として復帰
一九六三年　定期演奏会の自主開催を始める
二〇一二年　定期演奏会が八九回となる

音楽好きの一家に生まれ、家族合奏団の一員として少年時代から舞台やラジオで楽器を演奏した。一度は法律家を目指したが、音楽家への夢を断ち切れず音楽大学に入り直し、ウイーン留学を経てプロの指揮者となる。秋田県が明治百年を記念して制作した吹奏楽曲「大いなる秋田」をオーケストラ用に編曲した際、挿入されていた戦前の秋田県民歌を合唱とし、県民歌復活のきっかけをつくる。

企業人や文化人らが集う年明けの在京秋田県人新春交歓会では、参会者が佐藤菊夫さんの指揮で秋田県民歌を合唱することが恒例となっていた。演壇に立ってタクトを振る佐藤さんは、誰よりも大きな声で気持ちよさそうに県民歌を歌った。

いまでこそ県内外の各種イベントで歌われる県民歌だが、太平洋戦争を境に長らく「封印」されていた。その封印を解いた功績者の一人が佐藤さんである。

慣れ親しんだ曲

「秀麗無比なる鳥海山よ」で始まる県民歌は、教育勅語の発布四〇年を記念して、一九三〇（昭和五）年に県が制定した。詞は公募により仙北郡横沢村（現・大仙市太田町）の元小学校教諭倉田政嗣の作品が選ばれ、曲は北秋田郡米内沢村（現・北秋田市米内沢）生まれの作曲家、成田為三（代表曲は「浜辺の歌」）が書いた。完成した県民歌は県内各学校で校歌とともに歌われ、親しまれた。だが戦後、「錦旗《きんき》を護りし戊辰の栄えは」など復古調の歌詞が災いして、歌われることがなくなった。それが明治百年記念事業で復活する。

明治百年に当たる一九六八（昭和四三）年、県はいくつかの記念事業を実施する。県立博物館（秋田市金足）や青年会館（現在の県青少年交流センター・ユースパル、秋田市寺内）の建設、秋田が生んだ偉人・先人の伝記集『秋田の先覚』刊行などとともに、「合唱とブラス（吹奏楽）のための楽曲・大いなる秋田」の制作もその一つだった。明治百年を機に秋田の魅力を再確認し、県民意識を高めようというのが制作の意図で、合唱、吹奏楽とも県内に全国トップレベルの実力校があったことが大きな理由だった。作曲は桐朋学園大学作曲科主任教授（当時）の石井歓氏（三種町出身の舞踏家、石井漠の長男）に依頼した。秋田のわらべ歌や民謡を盛り込んで秋田らしさを演出することを条件とし、小畑勇二郎知事（当時）のたっての希望で県民歌を挿入することになった。小畑自身、県民歌のメロディーに親しみがあり、後世に残したいという思いがあったという。

知事の意をくんで石井が完成させた「大いなる秋田」（全四楽章）には第三楽章に県民歌のメロディーが挿入され、一九六八年一一月、秋田市の県立体育館で開かれた「明治一〇〇年記念青少年の祭典」で初めて演奏された。ただし、県民歌が合唱ではなく器楽演奏となったのは、「軍国主義の復活ではないか」との批判が出ることを県が恐れたためだった。

それから二年後の一九七〇年六月、秋田市の県民会館で佐藤菊夫さん指揮による東京交響楽団の演奏会が開かれ、オーケストラ版の「大いなる秋田」が初披露された。この時、曲中の県民歌は合唱で歌われた。戦後二五年間つづいた封印が解かれた瞬間だった。

前年に県からオーケストラ演奏会の開催を要請された佐藤さんは、小畑知事に「大いなる秋田」のオーケストラ版を演奏することを伝えていた。作曲者・石井歓さんの了解を得て、佐藤さん自身が吹奏楽曲をオーケストラ用に編曲し、ファンファーレやパイプオルガン、混声合唱、児童合唱、ソプラノ独唱などを加えた壮大な曲に仕立て上げたのである。さらに、オリジナル版の「大いなる秋田」では器楽演奏だった県民歌を、一番男声合唱、二番混声合唱とした。佐藤さんにとっても、小学生のころから行事のたびに歌って親しみのある県民歌である。歌ってこその県民歌という思いが強かった。

この演奏会がきっかけとなり、県民歌は「大いなる秋田」の挿入歌としてだけではなく、さまざまな場で単独で歌われるようになっていく。佐藤さん自身、都内で定期開催していた自主コンサートでは、節目ごとに合唱付きのオーケストラ版「大いなる秋田」を演奏した。聴衆の八割方は秋田県とは縁のない人たちだが、それにもかかわらず県民歌に感動してくれたという。佐藤さんはそこに、県民歌の歌としての力を実感するという。

音楽一家で知られる

佐藤菊夫さんは一九二九（昭和四）年一一月、秋田市土崎港で六人きょうだい（四男二女）の四男として生まれた。父親は一〇代のころから三味線や尺八に興じ、国鉄土崎工場（現・JR東日本秋田総合車両センター）の職場楽団に加わりたい一心で土崎工場に就職したほどの音楽好きだった。自分の子どもたちにもいろいろな楽器をやらせ、まずは父親と二男で「佐藤管楽アンサンブル」を結成、さらに四男の佐藤さんが四歳になると、父親と三人の兄、佐藤さんの総勢五人編成とした。佐藤さんは打楽器の担当だった。練習は毎日の夕方五時から六時半までで、サボると叱られたという。親子五人による合奏団は県内で知られるようになり、県の音楽祭やNHKラジオにたびたび出演し、戦時中は軍隊や職場で慰問演奏して喜ばれた。二番目の兄敏雄は後に秋田大学教育学部音楽科の主任教授となり、秋田市管弦楽団の初代常任指揮者を務めた。

一九四二（昭和一七）年、秋田中学入学、迷うことなくブラスバンド部に入る。部員は一年から五年まで合わせて二五人ほど。佐藤さんは得意とするトロンボーンを希望したが、楽器が余っているからとの理由でユーフォニアムを担当することになった。毎日放課後に上級生が下級生を指導し、最後に小田島樹人《じゅじん》先生が仕上げるという形だった。小田島は「おもちゃのマーチ」で知られる童謡作曲家だったが、東京を離れ、当時は講師として秋田中学に勤めていた。五〇代半ばの小田島は生徒たちから「爺《じ》っこ」と呼ばれて親しまれ、佐藤さんは後に作曲理論や和声学を個人的に教えてもらうことになる。

入学した前年の一二月に太平洋戦争が始まったとあって、練習曲はもっぱら行進曲で、観兵式や分列行進にブラスバンド部は欠かせない存在となっていた。だが二年生になると生徒たちは勤労動員され、部活動は休止状態となる。佐藤さんらは週七日、朝から晩まで国鉄土崎工場で鉄道車両の板バネ再生に従事する。さらに終戦までの二年間、西洋音楽は敵性音楽とされてレコードは没収され、家で楽器を鳴らすこともはばかられた。子どものころから手回し蓄音機でチャイコフスキーやベートーベンを聴くのが大好きだった佐藤さんにとっては、つらい日々だった。

戦後、ようやく学校生活が再開したものの、間もなく手形校舎が進駐軍に接収され、授業の場所は将軍野の石油学校（帝国石油鉱手養成所）や国民学校（小学校）を転々として、秋田駅前にあった旧陸軍の兵舎に落ち着いた。軍歌一色の時代が終わり、抑え込まれていた音楽への情熱が再び湧き上がってきた。そこで佐藤さんが発案したのがレコード鑑賞会だった。音楽室は生徒で満員となり、プログラムは小田島先生の名解説で進行した。鑑賞会は月一回、計四～五回開かれた。

ブラスバンド部の楽器は手形校舎に保管されたままとなっていたが、一九四五年一二月に進駐軍の失火で校舎が全焼、楽器が失われ、部員たちを落胆させた。だが音楽活動への思いは変わらず、窮余の一策として合唱部とハーモニカ部を結成し、顧問に小田島樹人先生、指揮者佐藤菊夫で大曲や花輪へ演奏旅行をした。家族楽団の佐藤管楽アンサンブルも活動を再開し、一九四七年一一月に創立二〇周年記念演奏会を秋田市の県記念館（後の県民会館）で開いた。プログラムは三部構成で、「オペラ序曲集」（ズッペ「軽騎兵」、オッフェンバッハ「天国と地獄」など）、「ベートーベン・ピアノ協奏曲『皇帝』第一楽章」、「スーザ行進曲集」（「美中の美」「ワシントン・ポスト」など）。フィナーレの「星条旗よ永遠なれ」は進駐軍の米兵に喜ばれたという。

留学を経て指揮者に

佐藤さんは新制秋田南高校（後の秋田高校）を卒業後、いったんは新潟大学に入学する。だが音楽家になりたいという思いが募り一年で中退し、それまでの国立音楽学校から新制度に切り変わったば

1961（昭和 36）年 1 月にウイーンから帰国、その後は東京交響楽団を指揮する

かりの国立音楽大学に一期生として入学、トロンボーンのトッププレーヤーを目指すことになる。学生たちでつくる国立音大オーケストラでは一年から三年までインスペクターという団長格を務め、自身で指揮を執る機会も多かった。映画音楽の演奏やオーケストラのエキストラとして演奏機会があり、結構な高給を稼いでいた。四年時には東京交響楽団に正式入団。卒業から二年余り後の一九五七年に大学の同期生でチェンバロ奏者の西川清子と結婚し、その年のうちに義母（妻の母、東京芸大卒の元教員）の勧めで夫婦そろってウィーンに私費留学する。佐藤さん二七歳、妻清子さん二五歳だった。佐藤さんの目的は指揮法と作曲理論を学ぶことで、ウィーン国立音楽大学の指揮科に入った。一方で、夫婦とも日本大使館の現地補助員として大使館業務の手伝いをする。日本から訪れる要人の接待も仕事の一つで、ここで政財界の大物たちと知り合うことになる。

足掛け四年の留学を終えて一九六一年一月に帰国。母校国立音大の教壇に立ちながら、東京交響楽団（東響）に指揮者として復帰する。東響は民放のＴＢＳテレビと専属契約を結んでおり、テレビやラジオへの出演は大きな収入源だった。ところが六四年に専属契約を打ち切られ、東響は経営破綻。財団法人を解散し、団員が管理する新組織として同年三月に再出発する。

佐藤さんは楽団には籍を置かず、六三年から自主公演「佐藤菊夫シンフォニーコンサート」の定期開催を始める。その一方で、六四年に開局した新しいテレビ局「東京12チャンネル」（現テレビ東京）

の音楽番組に東響を起用するよう政治家を通じて働きかけ、実現した。世話になった楽団の再建を助けたいとの思いだった。新番組「題名のない音楽会」は後にＮＥＴ（現テレビ朝日）に移されて現在までつづいている。自主公演や東響のテレビ出演には、ウィーンで培った人脈が生きていた。

自主公演（定期演奏会）は六三年七月から二〇一二年一〇月までの足掛け五〇年間で八九回開催。他に東京管弦楽団、東京合奏団、東京合唱研究会、横浜合唱研究会の指揮者を務めた。住まいのある東京・世田谷区の世田谷音楽連盟（管弦楽団、吹奏楽団、区民合唱団）理事長として区民の音楽振興に努めている。地元秋田からの要請に応え、「たかのす讃歌」「みちのくの春」「港曳山音頭」「小田島樹人童謡連曲」「秋田高校賛歌」（秋田高校創立一〇〇周年記念）などの作曲も数多く手掛けている。

（相馬高道・記）

参考文献　佐藤菊夫『指揮棒はわが最愛の楽器なり』（秋田魁新報社）

作家に愛され、オモシロいことをマジメに追究した

編集者
佐藤嘉尚《さとうよしなお》
一九六二（昭和37）年卒

一九四三年　二ツ井町切石（現・能代市）生まれ
一九六三年　慶應義塾大学文学部入学
一九六七年　大学を中退し、出版社「大光社」入社
美輪明宏の半自叙伝『紫の履歴書』を企画、ベストセラーになる
一九七一年　株式会社「面白半分」設立、月刊雑誌『面白半分』（一二月号）創刊
一九七二年　『面白半分』七月号に「四畳半襖の下張」を掲載し、わいせつ文書頒布罪で摘発される
一九八〇年　「四畳半」裁判で最高裁が上告棄却、有罪確定。『面白半分』終刊、「面白半分」社が倒産
一九八一年　千葉県館山市でペンション開業（八八年閉鎖）
二〇一一年　死去

一九七〇年代の日本のサブカルチャー史に一時代を刻んだ月刊誌『面白半分』の発行人。有名作家が半年交代で編集長を務め、「随舌」と銘打った語り下ろしが売り物となる。掲載した読み物がわいせつ文書だとして摘発され、編集長の野坂昭如とともに有罪確定。裁判は戦後の代表的な文芸裁判となった。世の中が一方向に流れようとする時、それに抗するサブカル精神を持ち続けた。

■主な著書　『「面白半分」の作家たち』（集英社新書）『伊能忠敬を歩いた』（新潮文庫）『ぼくのペンション繁昌記』（集英社文庫）『潜る人』（文藝春秋）

「わいせつ」を問う

一九八〇（昭和五五）年一一月二八日、最高裁第二小法廷（栗本一夫裁判長）は、わいせつ文書頒布罪に問われた野坂昭如、佐藤嘉尚両被告の上告を棄却、二人の有罪が確定した。野坂被告が罰金一〇万円、佐藤被告が罰金一五万円。足かけ九年に及んだ「四畳半襖《ふすま》の下張《したばり》」裁判は、ここに終わった。

判決言い渡しの後、最高裁記者室で会見した野坂は「文章を裁こうという裁判でありながら、判決文が文章としてろくなものではない。こういう文章を書く人たちが日本の伝統に支えられた文章を裁くことができるのか」と裁判官を批判した。佐藤は「裁判がはじまったとき、丸谷（才一）さんがこっけいなものとなるだろう、と意見を述べたが、今日の儀式はその幕を閉じるにふさわしい。ワッハッハッ、と笑いたい気分です」「今日が最後なので『四畳半襖の下張』の書き出し部分を読んでみます」と、低い声で数分間朗読してみせた。特別弁護人をつとめた丸谷才一は「一審から最高裁まで見ると、結論は同じだったものの各判決の表現はだんだんゆるやかになっている。この結論も間もなく変わろうが、そのときには今日、最高裁が犯した過失が重大であったことがわかるだろう」と語った（一九八〇年一一月二八日付朝日新聞夕刊）。

「四畳半襖の下張」は永井荷風の作と伝わる読み物。待合（客が芸者を呼んで遊ぶ所）だった空き家を買った男が、四畳半の襖を剥がしたところ下張りに男女の交情が書き連ねられているのを見つける。話はそれを引用する形で進む。「さるところに久しく売家の札斜に張りたる待合。固《もと》より横町なれども…」と、全編が江戸期の戯作を装った文体で綴られている。

この小説が月刊誌『面白半分』一九七二（昭和四七）年七月号に載ると、警視庁がわいせつ文書頒布の容疑で摘発、発行した三万部のうち全国の書店に残っていた約三五〇七部を押収した。翌七三年二月、東京地検は七月号編集長で作家の野坂、『面白半分』発行人の佐藤を起訴した。

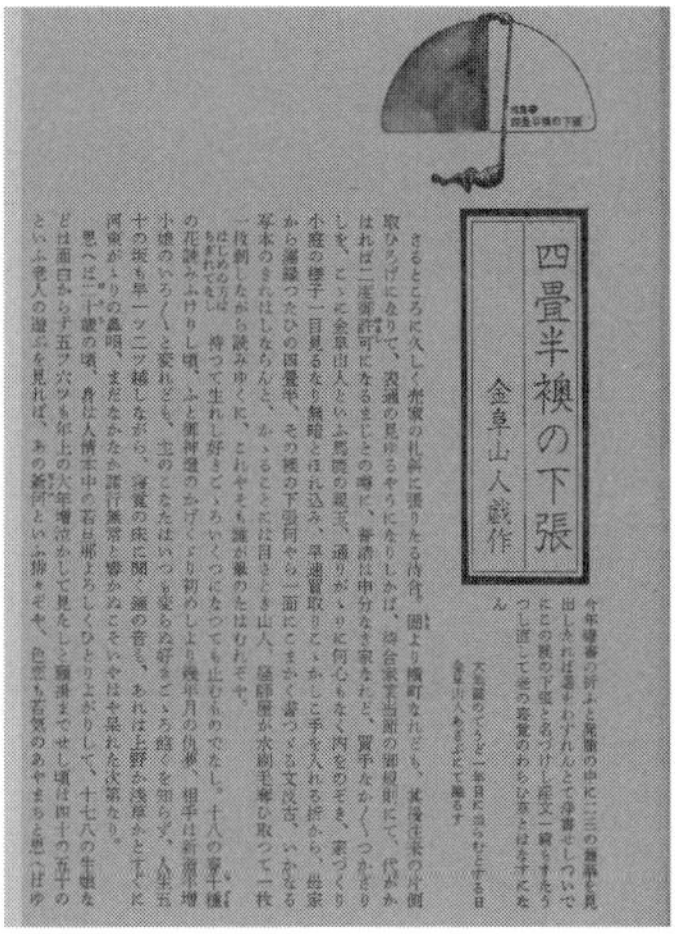
四畳半襖の下張
金阜山人戯作

『面白半分』1972年7月号に載った「四畳半襖の下張」の冒頭部分

「四畳半襖の下張」が掲載された雑誌『面白半分』1972年7月号

文芸作品がわいせつかどうか問われた裁判にはチャタレイ事件（一九五七年、最高裁で翻訳者、出版社社長とも有罪）、『悪徳の栄え』事件（一九六九年、最高裁で翻訳者、出版社社長とも有罪）がある。これに「四畳半襖の下張」を加えて三大わいせつ裁判と呼ばれる。

四畳半事件の最高裁判決は、従来の「わいせつ三原則」（①性欲を興奮、刺激する、②性的羞恥心を害する、③性的道義観念に反する）を踏襲しつつ、わいせつであるか否かを判断する際に考慮すべき要素として、「性に関する露骨で詳細な表現の程度と手法」「その表現が文書全体に占める比重」「主として読者の好色的興味にうったえるものと認められるか否か」など六項目を挙げ、これらを総合的に検討し、その時代の健全な社会通念に照らして判断すべきであるとした。結論として、わいせつ文書にあたるとした二審判決は正当だと判断した。

裁判では被告側が、証人として五木寛之、井上ひさし、吉行淳之介、開高健、中村光夫、金井美恵子、石川淳、田村隆一、有吉佐和子ら当代一流の作家たちを立て、わいせつと文学について多彩な主張を展開した。

「四畳半襖の下張」事件初公判後、記者会見する被告の（左から）野坂昭如、佐藤嘉尚両氏。奥は特別弁護人の丸谷才一氏（1973 年 9 月）＝朝日新聞社刊「四畳半襖の下張裁判・全記録」より

特別弁護人の丸谷は、小説とは行為それ自体ではなくて言葉の組み合わせによる行為の模倣である、行為にわいせつということはあっても、言葉の組み合わせにわいせつということはない――と主張し、芸術表現に国家（権力）が口出しすることの矛盾と限界を鋭く突いた。

だが原告の国側は一人の証人も立てず、議論を交わすこともなく終わった。一審の最終意見陳述で野坂は「われわれがもっと、いろんなことを喋りたいというチャンスを、検察官は黙っていることによって取り上げているのです。つまり、お上が厳然としてそこに存在していて、世間はとにかく言われた通りにしていろ、という考え方のあらわれだと思う」と語った。

社会通念は時代とともに変化する。かつてわいせつ文書とされた『チャタレイ夫人の恋人』も『悪徳の栄え』も「四畳半襖の下張」も、現在では完全版が合法的に入手できる。敗訴確定後に丸谷氏が語った通りとなったのである。

月刊誌『面白半分』は一九七一年一二月に創刊、一九八〇年一二月に「臨終号」を出して終刊となった。わいせつ裁判で現在まで雑誌名を知られるが、それだけでなく、七〇年代を象徴するサブカルチャー・マガジンとして評価は高い。最大の売りは、人気作家たちが半年交代で編集長を務めたことだった。顔ぶれは、吉行淳之介、野坂昭如、開高健、五木寛之、藤本義一、金子光晴、井上ひさし、遠藤周作、田辺聖子、筒井康隆、半村良、田村隆一という豪華さ。野坂は「四畳半襖の下張」を掲載した号の編集長で、野坂と発行人佐藤は、若い人たちに古い日本語の美しさを知ってもらおう、ならば濡れ場を描いたものがいいだろうということで、その筋では知る人ぞ知る「四畳半」を選んだのだった。

美輪明宏で大当たり

佐藤嘉尚は小学校教員だった両親が八竜町（現三種町）浜口小学校芦崎分校に赴任中、分校の一角にあった教員宿舎で生まれた。父親は嘉尚が響《ひびき》中学校（後に二ツ井中と統合）に入学した記念に岩波の漱石全集を買ってくれた。背伸びしながら「坊っちゃん」や「猫」を読むうち、活字を読む楽しみが体にしみこみ、いつの間にか活字中毒になった。ただし、これと決まった読書傾向があるわけでなく、面白ければ何でもよく、結果としてみんな中途半端だったと回想している。

秋田高校時代は秋田市南通に下宿し、駅前の旧校舎に通った。校舎が手形に移転する前の、旧校舎最後の卒業生だ。新聞部に所属し、休み時間や放課後は階段の下にあった部屋にたむろする日々。たばこを吸っているところを教師に見つかってどやされたが、新聞に載るのが大好きだった教師に、先生のことを来月号のトップ記事にするから、と持ちかけて停学を免れたこともあったという。

慶大文学部に進学後、学内のシャンソン研究会（シャン研）に入ったことが、その後の人生を決定づけることになる。そもそもなぜシャンソンかというと、「当時シャンソンが最も都会的な音楽であると思っていたからである。シャンソンを「研究」することによって都会的センスを身に付け田舎者のコンプレックスを解消しようというわけだ」と、自著『「面白半分」の作家たち』で回想している。シャン研で銀座のシャンソン喫茶「銀巴里《ぎんぱり》」に出入りし、歌手の美輪明宏（当時は丸山明宏）と顔見知りになった。

大学時代は試験そっちのけで読書にふけるような学生で、落第して結局は中退、新宿御苑の近くにあった出版社「大光社」に入社する。最初の編集会議で提案した美輪明宏の半自叙伝『紫の履歴書』がいきなり二〇万部のベストセラーとなる。勢いにのって『現代文学の実験室』シリーズを企画し、安部公房、吉行淳之介、開高健、安岡章太郎、三浦朱門、曾野綾子、井上光晴、遠藤周作らの本を出版。多くの作家たちの知遇を得る。入社一年半後、二四歳にして編集長に抜擢されると、就任祝いとして開高から「書き下ろし」ならぬ「語り下ろし」シリーズの企画をプレゼントされる。作家に負担をかけず、かつ語りの面白さをそのまま再現するという、現在の「聞き書き」のようなものだ。金子光晴を皮切りに吉行淳之介、大岡昇平、大島渚、水上勉らの語り下ろしを出版した。

その一方で、二ツ井町にルーツをもつ自民党衆院議員、石田博英（労働大臣のほか、石橋湛山内閣と第一次岸信介内閣で官房長官を務めた）の回顧録『明後日への道標　バクさんの随想集』を出版している。石田を通じて政治家たちとの付き合いも広げた。太めの体型に愛嬌のある風貌、名前を音読みした「カショー」の愛称で親しまれ、気むずかしい作家であれ政治家であれ、つい気を許してしまう人徳があった。

大光社時代、次に企画したのが雑誌の発行だった。以前、吉行淳之介が雑誌刊行をもくろんだものの実現しなかったことを知っていたので、まずは吉行に相談に行く。タイトルは戦前にジャーナリストの宮武外骨が発行していた『面白半分』を踏襲しようと決め、吉行から内容についてアイデアをもらった。ところが大光社がオーナーの都合で突然閉鎖。雑誌発刊計画も自身の行き場も失う。やむなく父親や友人らから出資を募り、一九七一年夏に株式会社「面白半分」を設立。吉行と相談して、文学者が半年交代で編集長を務めるという方式を編み出した。

初代編集長は吉行が引き受け、創刊号のラインナップは、大光社時代の「語り下ろし」を引き継いだ「随筆」ならぬ「随舌」に大岡昇平、金子光晴、岡本太郎ら。藤本義一と吉行の対談「奇人外伝」。

他に田中小実昌、野坂昭如、池田満寿夫の随筆や連載、福地泡介の漫画、「名著発掘」として「野獣の性生活」（翻訳もの）の紹介など豪華、多彩だった。吉行と佐藤は「編集後談」で、佐藤「この雑誌は、結局、『オモシロ』と『マジメ』の間を綱渡りすることになるでしょうね…」、吉行「うん。これはなかなかむつかしいねえ、もうくたびれてきた」と語り合っている。

世の中の大勢に「待った」

五木寛之が編集長を務めた時（一九七三年七月号～一二月号）に創設したのが「日本腰巻文学大賞」。新刊本の「帯」（俗称「腰巻」）の中から内容の優れたものを歴代編集長の選考により毎月三点選んで誌上で紹介、さらに半年ごとに大賞一点を決め、著者と担当編集者を顕彰するという趣向で、一回目の大賞は山口瞳『酒呑みの自己弁護』（新潮社）に贈られた。

一九七七年一一月号には「全日本の肥満者諸氏!! われわれが耐え忍ぶ時代は、今まさに終わろうとしている」と、肥満体型の佐藤が大ピ連（大日本肥満者連盟）の結成を呼び掛け、作曲家の小林亜星を会長に、翌七八年三月三日に「ひまん祭り」と称して発足パーティーを開いた。佐藤自身が歌手となってテーマソング「でぶは美しい」（みなみらんぼう作詞、小林亜星作曲）、「でぶのあなた」（佐藤嘉尚作詞、高岡良樹作曲）をレコーディングして発売している。大ピ連はダイエットブームやスリムが好まれる世の中に一矢報いようという発想が元になっている。「マジメなことを面白く、面白いことをマジメに」、世の中が一定方向に突っ走ろうとするのに対して、「おいおい、ちょっと待てよ」と水を差すことをモットーとする『面白半分』の精神を反映している。

雑誌『面白半分』は歴代編集長の名前に加え、タモリ、山下洋輔、谷川俊太郎ら多彩な執筆陣で人気があったが、売れ行きは徐々に鈍り、借金が増え、四畳半裁判が終結した一九八〇年七月に発行元の面白半分社（佐藤社長）は倒産する。創刊から足掛け一〇年、軽チャー時代の到来で、活字主体の雑誌は取り残されてしまったのかもしれない。このとき佐藤はまだ三六歳。「世の中に対して『ちょっと待ってくれよ』と言い続けたつもりだが、時代が突っ走るスピードはすさまじくて、とても追いつけないばかりでなく、こちらが息切れしてダウンしてしまったというわけである」（自著『伊能忠敬を歩いた』はじめに）。

スローライフを先取り

倒産後、佐藤は房総半島の南端、千葉県館山市にペンション「かくれんぼ」を開業する。スローライフの先取りとも言える。その一方で週刊誌にエッセーを書き、雑誌や本の編集を手掛ける。自民党の大物議員に頼まれて党総裁選の広報を担ったこともある。

編集者、イベントプランナーとしての才能も発揮した。地元二ツ井町から相談を受け、一九九四年に始まる「きみまち恋文全国コンテスト」に企画段階から参加。自ら審査員となり、優秀作品集を大手出版社から継続的に出版することに尽力した。

全国レベルでは、江戸時代に日本全図を作り上げた伊能忠敬にちなんだ「伊能ウオーク」を発案した。忠敬が測量で歩いたルートを歩こうという企画で、佐藤は大手新聞社や国土地理院、日本ウオーキング協会を巻き込み、一九九九年一月から二〇〇一年一月までの二年間をかけ、東京を発着点に四七都道府県、一万キロを歩き通すというイベントを実現した。各地で住民らの参加を募って部分的な伊能ウオークも行い、ウオークのドキュメントを出版する。自身を実験台に「歩いてやせる」を実践して、一〇三キロの体重を八八キロに減らし、その過程も本にするという編集者魂を発揮した。もちろん、一つの方向にこぞって走る現代の風潮に、歩くという行為で異議を唱えたのである。「おいおい、ちょっと待てよ」の精神に貫かれていた。

（相馬高道・記）

参考文献　佐藤嘉尚『「面白半分」の作家たち』（集英社新書）、佐藤嘉尚『「面白半分」快人列伝』（平凡社新書）、「面白半分ララバイ」秋田魁新報連載（一九九七年二月〜九八年一月）

反権力の心情を貫き通した自由人

フランス文化研究者
椎名《しいな》其二《そのじ》
一九〇三（明治36）年中退

一八八七　仙北郡角館町に生まれる
一八九九　秋田中学入学
一九〇三　秋田中学を退学処分となり、慶應義塾普通部に転入学
一九〇八　早稲田大学を中退しアメリカへ。コロンビア市のミズーリ州立大学新聞科に入学
一九一三　セントルイスの新聞社に勤務
一九一六　第一次世界大戦下のフランスへ渡り、農場で働く
一九二二　日本へ一時帰国し、翌年、早稲田大学高等学院講師に
一九二六　ファーブルの『昆虫記』二〜四巻を翻訳
一九三九　第二次世界大戦下のパリで対独レジスタンス活動に協力
一九五七　再度帰国するが六〇年に再びフランスへ
一九六二　パリ市内の病院で死去

秋田中学では先生を殴ってしまい退学処分。早稲田大学へ進むも中退しアメリカへ留学、ソローやホイットマンに傾倒する。その後二九歳で、農業研究とロマン・ロランに憧れフランスへ渡り、孤高の生涯を過ごした。フランスでは画家佐伯祐三や作家森有正、画家野見山暁治らとの交流も知られ、多くの作家や画家が反骨の自由人・椎名の人柄を慕い訪れたという。

■翻訳　ファーブル『昆虫記』二〜四巻（叢文閣）
ジャン・ポール・ラクロワ『出世をしない秘訣』（理論社）

其二が秋田中学時代からの親友、渡辺顕吉（ワタナ）に送った昆虫記の翻訳。ダオは其二のニックネーム

「明治から大正にかけてアメリカ、フランスに渡り、第二次大戦占領下のパリで、レジスタンスに協力。信念を貫いてパリに生きた、最後の自由人、初の伝記」

これは『パリに死す　評伝・椎名其二』（蜷川譲著　藤原書店　一九九六）の表紙帯にあるキャッチコピーだ。椎名はフランス文化研究者とされることが多いが、ファーブルの『昆虫記』を日本で最初に翻訳（一巻〜四巻）、出版しているものの、学者という範疇には収まらない、肩書きを付けがたいタイプの人物であり、生涯である。

明治、大正、昭和と、まだ世界が遠かった時代、秋田から日本を飛び出し、アメリカ、そしてフランスへと渡った椎名の興味深い足跡をたどってみる。

ストライキを起こし退学、上京、アメリカへ

椎名は一八八七（明治二〇）年、角館生まれ。一八九九（明治三二）年、秋田中学に入学するが、一九〇三（明治三六）年、一六歳の時に先生を殴る事件を起こし、五人とともに退学処分を受けた。そこで椎名は全校生を引きつれ学校に抗議するストライキを始め、騒ぎはさらに大きくなり、校長は辞職し、生徒の三分の二がほかの中学に転校したり、東京へ出て行ったりする大事件となった。

椎名は東京に出て慶應普通部に転入学し、一九〇五（明治三八）年、早稲田大学文科に入学。知識欲にもえ大学の講義には熱心に通ったが、期待するものは乏しく、アメリカ帰りの社会主義教授、安部磯雄に日頃の不満を打ち明けた。「学校の講義なんぞ、どれも空理空論。ぼくには少しも得るところがありません。いったいどうしたらいいのですか」と尋ねると、教授は「おまえのような男は今の日本にいる必要はない。アメリカにでも行って勉強したほうが将来のためにいいだろう」

これをきっかけに一九〇八（明治四一）年、椎名は二一歳で早大を中退して、アメリカに渡り、カ

ンザス市とセントルイス市の間にあるコロンビア市のミズーリ州立大学新聞科に入学した。

アメリカでの在学中、椎名は一九世紀アメリカの自然文学者ソローや詩人ホイットマンに心を動かされ、虚栄のない単純な人間の高貴さが身にしみ、生涯にわたる思想的影響を受けた。また、卒業を目前にした頃、秋田中学時代からの親友堀井金太郎（梁歩）が椎名を頼って農業の研究のためこの大学に現れ農科に入学した。しかし堀井はアメリカの教育が体裁のよい小市民づくりに過ぎないように見え失望し、大学を中退し、カリフォルニアの農園におもむき実践的な農業を体験する一方、椎名と同様、ソローやホイットマンへの傾倒を深めた。堀井について詳しくは、秋高創立一三〇周年に発行された初代『先蹤録』に「ルバイヤットの詩人」として掲載されているので、そちらをご覧いただきたい。

一九一三（大正二）年、椎名は大学新聞科を卒業し、セントルイスやボストンの新聞社に勤務するが、記者生活に満たされず苦しんだすえ、一九一五（大正四）年、セントルイス近郊の農村に三エーカーの土地を借り、農業を始めた。しかし収穫にはみるべきものがなく、近隣の農学校の農業実習聴講生となり勉強したものの、結果は思わしくなく、生活は貧窮のどん底に落ちた。『昆虫記』の著者アンリ・ファーブルの死去に大きなショックを受けたのもこの頃で、後に『昆虫記』の一部を、日本で初めて翻訳し出版することとなる。

農業研究とロマン・ロランに憧れフランスへ

アメリカでの苦しい生活の中、椎名はある日、新聞で、フランスの農村では人手が不足しているという記事を目にした。フランス農法には独特のものがあると聞いていた上に、ロマン・ロランへの憧れもあり、椎名はこの記事を見て矢も盾もたまらずフランスに渡る。一九一六（大正五）年、二九歳の春、ヨーロッパが第一次世界大戦のまっただなかにあった時代のことである。椎名は後に「十分の金を持たず、フランス語ひとことも知らないのにもかかわらず、若さが私をフランスに渡したのであった」（『中央公論』誌、一九五八年一月号）と語っている。

ボルドー経由でパリに着き、安ホテルに泊まり、フランスでの生活が始まったものの、仕事を得るために新聞広告をたよって英文の手紙を日に五、六本も出したが、ただの一つも返事は来なかった。

しかし、ホイットマンやソローとともに愛読していたロンドン在住の詩人エドワード・カーペンターに宛てた手紙から幸運が開かれた。フランスの片田舎ドンムに住むカーペンターの親友ポール・ルクリュの家で、野菜畑や葡萄畑の仕事を手伝うことになったのである。椎名はこのルクリュ家で、同じく縁あってここで働いていた日本人、石川三四郎に出会って一緒に畑仕事をしている。石川は、日本政府が社会主義者やアナキストを弾圧した大逆事件（一九一〇年）のあとヨーロッパに渡っていた社会運動家である。

ルクリュ家で数カ月間働いた椎名は、より本格的にフランスの農業を知りたいと思い、トゥルーズ市に近いオンドという農学校で五週間の農業実習を行った。

そして実習終了後、農学校の校長先生の斡旋によって、ピレネー山脈の麓にあるクリュッピ夫人の農園で働くことになる。クリュッピ夫人は商務大臣も務めたこともある政治家の夫人で、偶然にもロマン・ロランの親友でもあり、ロランの理解者である椎名は厚遇された。

しかしながら、椎名にこのクリュッピ農場を去るできごとが起こった。彼はこの村に住む二児を持つ人妻マリー・ラヴァイユと恋をし、駆け落ちをする運命が待ち受けていたのである。マリーとは終生添い遂げることとなるが、このことにより、椎名のフランスにおける農耕生活には終止符が打たれた。

一四年ぶりの帰国でファーブルの『昆虫記』を翻訳

その後、椎名はパリの国立火薬工場で働いたり、ドンムのルクリュ家に戻ったりしながらマリーと暮らし、一九一九（大正八）年には、ルクリュ家で一緒だった石川三四郎の依頼で、パリ講和会議等の取材に訪れた新聞記者、黒岩涙香（日刊新聞『萬朝報』創刊者）の通訳をつとめ、ヨーロッパ各地を案内している。

一九二〇（大正九）年、マリーを伴ってフランスの国境を越えベルギーに向かい、ブリュッセルの自由大学を見学し、社会学者の総長ド・グレーフ博士から教えを受けた。

また、このブリュッセル滞在中に長男ガストンが誕生し、椎名は妻子を連れて一時的に日本に帰国しようと考えた。渡航費用の調達やマリーの旅券取得に苦労するが、秋田の兄や親友堀井金太郎からの送金により工面がつき、一九二二（大正一一）年、椎名は妻子とともに、一四年ぶりに懐かしい日本の土を踏んだ。三五歳の時である。

長い外国生活から帰った椎名にとって日本の国情はあまりに激しく変わっていた。明治末に出国した彼にとっては別世界のように思われた。第一次世界大戦とロシア革命という二つの大事件の経過のなかで、大正デモクラシーの波は知識階級を揺さぶっていた。社会主義思想と労働問題は、知識人、労働者をはじめ一般社会人にまで広まりつつあった。土崎出身の小牧近江が金子洋文らとともにプロレタリア文学の先駆けとされる雑誌『種蒔く人』土崎版を創刊したのもこの頃（大正一〇年）である。

まず郷里角館に帰ると、フランス人を妻にした椎名のオンツァが来ていることは町で評判となった。その様子が、地元の人のコメントとして残っている。

「オンツァは、背の高い、眉毛の太い、眼の大きい、鼻の高い、まるでロシア人の毛布売りみたいなこわい人だというのも、町の人たちにささやかれた。子供の名がガストンというのも、子ども心にガス灯に語呂が似ているので、不思議な印象をあたえた。其二は帰国後まもなく郷里角館の生家を訪れたが、父徳治はすでに死んでいて兄純一郎の時代になっていた。兄は彼に『おまえは財産はなんにもいらんと日本を飛び出したが、屋敷の中にお前の部屋をつくってやったよ』と言った。これは其二の希望というより、一高なかばで帰郷した兄のエリート好みが多分に加味されていたと思う」

（『秋田人物風土記』秋田県広報協会）

帰国した其二のために作られた建物（個人所有非公開）

だが其二はそこには住まず、秋田中学時代からの親友でアメリカでもしばし一緒に暮らした堀井金太郎（梁歩）を頼って秋田（仁井田）へ向かった。堀井は数年前から、雄物川河川敷を開墾して農場経営をしており、椎名はマリーとともにここでフランス仕込みの農業を実践しようと考えた。しかし雄物川の氾濫などにより河川敷での農業はうまくいかず、外国人の妻子に対する周囲の無理解もあり、椎名は堀井の農場をあきらめ、一九二三（大正一二）年春、東京へ出た。

東京では、一九二七（昭和二）年に再びフランスに帰るまでの五年間、親交のあった吉江喬松教授（早稲田大学仏文科の創設者）の推薦で早大高等学院や早大で教壇に立つ傍ら、吉江教授らとともに農民文学やフランスの文学思想の共同研究を精力的に行った。バルザック、ゾラ、ペロションなどの翻訳書も出版し、なかでも日本で初めて翻訳したファーブルの『昆虫記』は、第一巻を手がけた社会運動家大杉栄が憲兵隊により不慮の死を遂げたため、その翻訳を引き継ぎ第二巻から四巻まで完成させたもので、出版元の叢文閣からの強い依頼もあり、大学の講義を減らしてまで集中的に打ち込み短期間で成し遂げた仕事であった。

当時の教え子たちは述懐している。

「椎名先生は『オウセ・レゼポール hausser les epaules 肩をすくめることだ。こんなふうに』とフランス人の表情を全身をもって説明する。まるで昨日のことのように覚えている。ゾラの『洪水』、バルザックの『ウージェニィ・グランデ』、ペロションの『ネエヌ』、幾冊かの『昆虫記』、どれもみな私たちの感動した先生の翻訳だ」

「私たち教わった者の立場から言えば、当然椎名先生というべきであったが、私たちは親しみを持っていたせいか、椎名さんと呼ぶ習慣になっていた。椎名さんはモンテーニュを講読してくれていたが、私はモンテーニュの字句を全然覚えていないのに、椎名さんの雑談から汲みとった『人生の知恵』のような言葉をいつまでも覚えている」

占領下のフランスで対独レジスタンス運動に協力

学生たちに印象深い講義を続けた椎名であったが、一九二六（大正一五）年、妻マリーが異国での淋しさのためか、息子を連れてフランスに帰ったこともあり、翌年二月、吉江教授らの慰留を振り切り、大学に辞職届を出し、再びフランスに旅立った。東京駅では教え子の学生たちが別れを惜しみ、神戸から船出する椎名を見送ったのは秋田の無二の親友堀井金太郎と画家の佐伯祐三の二人だった。佐伯は一九二七（昭和二）年八月に二度目の渡仏を果たし、二人の当地での交流は佐伯が衰弱死する一九二八（昭和三）年八月までつづいている。

1956 年ごろ。前列中央が椎名其二・マリー夫妻。後列左から息子のガストン夫妻、野見山暁治・陽子夫妻、安齋和雄、「パリに死す 評伝・椎名其二」著者の蜷川譲

この時、椎名四〇歳。再び日本の土を踏むのはこれから三〇年後のこととなる。

せっかく帰ってきたフランスではあったが、仕事がなく生活は悪戦苦闘の連続で、パリに住む日本人数名にフランス語を教えたりしながら、かろうじて生計をたてていた。秋田中学時代からの親友渡辺頴吉の紹介で日本商社のパリ支店に勤務もしたが、働き始めて間もなく、「今日限りこの会社をやめます。私は大砲を日本に売ったりする商売はいけないことだと思う」と言って辞めてしまった。戦争に加担する武器を扱っている商社を許せなかったのである。

一九三〇（昭和五）年、椎名はパリ日本人会の書記となり、その後一〇年間勤務した。この頃のパリには画家、留学生など三百人ほどの日本人がいて、日本人会は、パリ滞在者が足繁く通う華やかな場所であった。

一九三九（昭和一四）年、第二次世界大戦が始まると、椎名はナチス占領下のパリで、日本大使館内の日本海軍事務所に勤務した。フランス政府がヴィシーに移るのに伴い、日本人会事務所もヴィシーに移転。このとき、イギリスにいたド・ゴールが電波で「ここに自由フランスあり」と国民に呼びかけると、フランスではドイツに対するレジスタンスが始まった。椎名はひそかにフランス人に職場の電話を貸し、占領地帯のレジスタンスと連絡をとらせ、そのため多くのフランス人がナチの手から逃れ命を救われたという。

一九四四（昭和一九）年のパリ解放当時、多くの日本人が引き揚げるなか、パリに残り日本大使館の留守番役をしていたところ、敵国人として捕らえられ、パリ郊外の捕虜収容所に入れられた。劣悪な環境の中で数カ月間過ごし健康を害したが、椎名がレジスタンスの協力者であることを知っていたパリ物理化学学校長、ポール・ラジュバンが救援の手を差し伸べ、釈放された。

戦後は、パリの一週の「熊洞《くまあな》」と呼ばれた半地下室で、妻マリーとともに、洋本の革装丁をしながら細々と生計をたてていた。見事な出来栄えの装丁を知り、訪れる人も多かった。作家森有正や画家野見山暁治、音楽家の阿部よしゑ（横手市出身）らとの交流も知られており、多くの作家や画家らが反骨の自由人、椎名の人柄を慕い訪れたという。

二度目の帰国も終着地とはならず

一九五七（昭和三二）年一〇月、椎名七〇歳。かつての教え子たちの椎名帰国促進運動が実を結び、二度目の帰国。到着した横浜港では多くの新聞記者たちに取り囲まれた。しかし、この帰国も椎名にとって終着地とはならず、東京の知人宅などで三年ほど滞在し、一九六〇（昭和三五）年一一月、再びフランスへ戻る道を選んだ。

最後の日本滞在中、椎名は、『中央公論』誌に「自由に焦がれて在仏四〇年」「パリで知った黒岩涙香」「佐伯祐三の死」「石川三四郎のことなど」、『声』誌に「農民作家エミール・ギヨマンその他」を発表。またジャン＝ポール・ラクロアの『出世をしない秘訣』を翻訳し理論社から出版した。

この間、故郷角館にも一度だけ帰り、街並みで平福百穂画伯の歌碑を前にし、パリで会ったときの百穂について語りながら涙を浮かべたという。

日本との別れから一年半後の一九六二（昭和三七）年四月三日、パリの病院の一室で椎名其二はその生涯を閉じた。享年七五。

椎名は最後の翻訳となった『出世をしない秘訣』のあとがきで、出世にとりつかれた会社などの組織に属する人たちについて、こう書いている。

「あの人たちは正確無比な時計、電話、メモによって馳け廻る。彼らは流れる雲や軽やかなスカートや幼児の思い出などに注意深い自由人のあのそぞろ歩きの自由ささえも、また離脱と呼ばれる単純な魂のあの柔らかさも失っている。一言で言えば、彼らは生きることを忘れてしまったのである。それは一体誰のことか。それは成り上がった人々のことである。……」

角館の新潮社記念文学館に椎名其二を紹介しているコーナーがあるので、ご覧いただきたい。

（内藤克幸・記）

参考文献　蜷川譲『パリに死す　評伝・椎名其二』（藤原書店）

秋高OB唯一のオリンピアン

陸上競技五輪選手
鈴木《すずき》重晴《しげはる》
一九五二（昭和27）年卒

一九三三年　秋田市楢山生まれ
一九四九年　秋田南高校（現・秋田高校）入学
一九五二年　早稲田大学入学、競走部に入る
一九五三年　箱根駅伝四区に出場し区間新記録
一九五五年　日独米国際陸上大会男子八〇〇で日本新記録
一九五六年　メルボルン五輪男子八〇〇、一六〇〇リレーに出場
一九五七年　早稲田大学競走部コーチを初めて担当
一九八四年　同監督に就任
二〇〇三年　同監督を退任

「強すぎる相手であっても一か八かに出てみるのも一つの方法である。名の通った欧米の強豪を一時にしろ、あわてさせたのは愉快だった」とメルボルン五輪の戦評。トラック競技八〇〇メートルから二〇キロを超える箱根駅伝までの幅広い競技種目をこなすことができたのは、冬場に長靴を履いて町中を走り回り、持久力を強化した秋高時代の練習の賜物だった。

早大競走部の仲間や家族らに囲まれたメルボルン五輪の壮行会。中列、日の丸を胸に付けた二人のうち右側が鈴木

秋高OBで初めてオリンピック選手となったのが陸上競技の鈴木重晴である。二〇二一（令和三）年夏の二〇二〇東京五輪が終わった時点で、秋高OBでただ一人、日の丸を付けて五輪出場を果たした人物である。一九五六（昭和三一）年一一月、豪州・メルボルンで開幕した第一六回夏季五輪は、南半球で初めて開催されたオリンピックであった。鈴木は陸上男子八〇〇メートルと一六〇〇メートルリレーに出場。いずれの種目も予選通過とはならず、メダルに手は届かなかったものの、文武両道を貫く秋高唯一のオリンピアンとしてその名を刻む。

鈴木は早稲田大学競走部に入り、メルボルン五輪開催前年に八〇〇メートルで日本新記録を打ち立てた。正月恒例の箱根駅伝では区間新を記録するなど、日本の中長距離界のトップアスリートに躍り出た。早大を卒業して社会人一年目にメルボルン五輪を迎え、陸上選手として最も栄えある舞台に立った。

秋田市楢山に生まれ育った鈴木は、戦後の学制改革で旧制秋田中学の歴史を継いで開設された秋田南高校（現・秋田高校）の併設中学から秋高に進学した。野球好きな父の影響を受けて、少年のころから野球をつづけ、高校入学後も野球部に入った。母が野球のユニホームを一式買いそろえてくれた。

鈴木がその後、陸上競技に転じたのは、高校一年次に全校マラソン大会に出場した経験が大きな転機となったといわれている。元来、負けず嫌いな性分であり、勝負に懸ける意志は人一倍強かった。

終戦直後の昭和二〇年代初頭、秋高陸上部の練習環境は決して恵まれたものではなかった。顧問の先生がグラウンドに来ることもなく、コーチもおらず、練習メニューは部員たちが自ら作った。冬場は長靴を履いて秋田市内の町中を走り回り、持久力を強化。合宿は市内の旧陸軍十七連隊兵舎を利用して行われた。

「寒い冬、雪の上を長靴で走った練習は、自然に足腰が丈夫になり、キック力も補強され、私の記録向上につながったように思う。一度も故障のない競技者をつづけられたことから特にそう思うことである」「八〇〇メートルから二〇キロを超える箱根駅伝（区間賞）の幅広い種目を消化できたのも秋高時代の練習の賜物と確信している」。鈴木は秋高同窓会だより（平成九年七月二七日号）にそうつづっている。

高校時代、主に八〇〇、一五〇〇メートルの中長距離種目にエントリーした。一年次には目立った記録を残せなかったが、二年次には全県大会兼東北大会予選の一五〇〇メートルで優勝。秋の国体予選となる全県大会一五〇〇メートルも制した。三年次にはスピードとパワーが一段と強化され、その才能が一気に開花。四〇〇、八〇〇、一五〇〇の三種目を制する全県一のランナーに成長した。東北大会では四〇〇、八〇〇で優勝。そして、インターハイでは両種目とも三位に入賞した。インターハイの上位六選手が参加する秋の全国高校東西対抗大会では四〇〇メートルで初めて全国優勝を果たした。

また、高校駅伝県大会に出場した時に、羽織袴の応援団がトラックの荷台からカネや太鼓をたたいて応援してくれた光景を懐かしい思い出として挙げている。鈴木の高校時代の思い出はまさに、正月の風物詩である大学対抗の箱根駅伝の模様をほうふつとさせる。

「鈴木先輩の足の美しさは見事なものだった。たっぷり走った後のふくらはぎの筋肉は、手で触ってみてもそれと分からないほど柔らかく弾力があり、その色はチョコレート色でまさに黒光りしていた。いったん走り出すと流れるような足運びと蹴りでスピードを上げていく見事なストライド走法で、サラブレッドさながらの走りだった』。秋田高校同窓会の校史資料「文武両道…若かりし日々」のなかで、陸上部ＯＢで鈴木の後輩の長野佳司氏（昭和二九年卒）は「初の母校五輪代表選手　鈴木重晴先輩の足」と題してそう記述している。

ドイツの国際大会で日本新記録を樹立

一九五二（昭和二七）年、鈴木が早大に進学し、名門の競走部に入ったのは、秋高ＯＢで国体四〇〇メートル優勝者の高橋慶治氏（昭和一六年卒）のアドバイスがきっかけであったという。

鈴木は早大に進学後、めきめきと力を伸ばし、好成績を積み重ねた。四〇〇、八〇〇、一〇〇〇、一六〇〇メートルリレーの四種目と、伝統と人気のある箱根駅伝で躍進した。一年次には国体一九歳以下一五〇〇メートルで優勝。三年次には八〇〇メートルの日本新記録をマークした。そして、メルボルン五輪開催の前年となる一九五五（昭和三〇）年の四年次には、ドイツ・カッセルで九月に開かれた日独米国際陸上大会八〇〇メートルで自身の日本記録を更新し、一分五一秒八の日本新記録を樹立した。その実力が認められ、メルボルン五輪出場につながった。大学四年間に四〇〇、八〇〇、一〇〇〇、一六〇〇メートルリレーで次々と日本記録を塗り替え、アジア大会、ユニバーシアード、そしてオリンピックと、国際大会に雄飛した。

箱根駅伝では、胸に「Ｗ」を刻んだエンジのユニホームを着て四年連続出場。その記録が輝かしい。一年次に往路四区で区間新を記録。二年次には一九五四（昭和二九）年の第三〇回大会で一区を走り、早大の箱根路制覇に貢献した。三年次は最終一〇区を走って区間三位。主将となった四年次の一九五六（昭和三一）年一月、やはりアンカーを務め、復路の最終区間を快走して区間賞を獲得。新春に大きくはばたいた。

メルボルン五輪の開催年を迎えた一九五六年三月、鈴木は早大商学部を卒業し、東北地方の殖産興業を目的とした政府系企業の東北興業（本社仙台市）に入社した。同社はその後、東北開発に改組、民営化され、平成に入って三菱マテリアルと合併した企業である。

大学卒業を控えて、鈴木は複数の実業団から誘いを受けたが、断りつづけていた。秋田市の実家にも有名な実業団のスカウトが訪れ、「鈴木とその弟の二人を一緒に採用し、入社させてもいい」という話を持ち掛けた企業もあったほどだが、鈴木はそうした勧誘を一切敬遠した。

大学卒業後の進路を考えたとき、戦死した父と同じ歯科医になって秋田に戻る志もあった。日本を代表するアスリートとして数々の実績を挙げながらも、文武両道の教えの通り、自分の将来については秋田市楢山に歯科医院を構えていた父の後を継ぐつもりだった。しかし、歯科医の卵となってさらに学生生活をつづけるには、家族や周囲に経済的な大きな負担を掛けることになることから、母の説得もあって歯科医の道を断念せざるを得なかった。

陸上競技を優先するのではなく、社会人として勤め上げ、古里の秋田と関わりのある職場で働くという決意を固め、鈴木は東北興業を就職先に選んだ。しかし、トップアスリートとしては、社会人一年生となった鈴木にとって、オリンピック出場までの道のりは厳しいものであった。四月に入社してからメルボルン五輪が開幕する一一月までの間、鈴木は学生時代とは大きく異なる練習環境のなかで五輪に臨むことになる。

「(大学四年の一九五六年一月に開かれた)箱根駅伝の後も、練習が(十分に)できていたら、五〇〇〇メートルでも一〇〇〇〇メートルでも、日本新記録は出せたと思う」。鈴木は後年、そう語ったことがある。

鈴木は仕事を休んだり、会社を早退したりして陸上競技の練習に出掛けることはしなかった。トレーニングはすべて仕事が終わってから始める。平日は帰宅後に家の周りを走る程度。本格的な練習はほぼ週末に限られた。けじめを付ける厳格さと規律を何よりも重んじていた。土、日曜日に早大グラウンドに出掛け、練習のスピードを計測するタイムキーパーや、一緒にトレーニングする練習相手も、専属のコーチではなく、早大の後輩らを頼りにした。日曜日に大会があっても、翌日は会社に出勤し、無遅刻、無欠勤を貫き、五輪本番に向けて調整を重ねていった。

メルボルン五輪、「欧米の強豪をあわてさせる」

「オリンピック出場が決まっても、鈴木の仕事を最優先するスタンスは変わらなかった。五輪に出場するために、最低で何日が必要なのかを計算。五輪前の合宿も辞退し、三年分の有給休暇を前借りして五輪に出場した。誰にも迷惑をかけないという真っすぐな気持ちは、五輪でも曲げなかった」。二〇〇三年一月のさきがけスポーツの連載企画「オリンピックの軌跡　秋田が生んだアスリート」のなかに、鈴木へのインタビューを通して、五輪出場前の様子が紹介されている。

一九五六年一一月二二日に開幕したメルボルン五輪本番。鈴木は大会二日目の男子八〇〇メートルに出場した。予選B組の六コースからスタート。トップグループに入って好調な滑り出しを見せた。六〇〇メートル付近で鈴木がスパートをかけ、トップの米国選手と並ぶレース展開。しかし、ホームストレートに入ってから伸びきれず、一分五四秒〇のタイムで五位に終わり、予選通過はならなかった。「とにかく夢中で走ったが、記録もよくないようだから調子もよくなかったのだろう。六〇〇メートル当たりでトップに出ようとスピードを出し過ぎたのがかえって悪い結果となった」。当時の秋田魁新報（一九五六年一一月二四日付）にはそんな鈴木の談話が掲載されている。

「鈴木、力いっぱいスパート　欧米の強豪をあわてさせる」との見だしを打った当時の秋田魁新報の紙面では、共同通信社の現地特派員が鈴木のレース展開を次のように評している。「鈴木のレースは少し無謀のそしりをまぬがれなかった。ラストスパートの時期（タイミング）を少しずらすか、あるいはスピードアップをもう少し緩く持っていったら成功していたかもわからなかった。自分のかけたスパートで相手の闘志を誘った形となり、策におぼれた感じである。しかし、強すぎる相手であっても一か八かに出てみるのも一つの方法であるし、あながち鈴木を責めることができないかもしれない。名の通った欧米の強豪を一時にしろ、あわてさせたのは愉快だった」。

大会九日目、鈴木は男子一六〇〇メートルリレー予選B組に第三走者として出場した。チームのタイムは三分一三秒七で、当時の日本新記録をマークした。しかし、順位は惜しくも四位に終わり、決勝進出は果たせなかった。このレースで鈴木は第二走者から五位でバトンを渡された後、ゴール手前でプエルトリコの選手を抜いて四位に上がり、アンカーにつなぐ快走を見せた。

メルボルン五輪は、能代市出身の体操選手・小野喬氏が鉄棒で金メダルに輝くなど、日本が金メダル四個を獲得した大会であった。後年、鈴木はメルボルン五輪当時を振り返り、「(八〇〇メートルで金メダルを獲得した米国選手の)コートニー以外に負ける気はしなかった。(八〇〇メートルで)予選は通過すると思っていた」と語ったことがある。「日本選手の体ではとても中距離は勝てない。負け惜しみではなく、この目で見てはっきりそう思った。ただし、長距離ならハードトレーニングを克服すれば立派にやれる」と、自身の五輪体験から後進の指導をにらんでそう総括している。

現役最後のレースはメルボルン五輪翌年の一九五七(昭和三二)年九月、静岡県で開かれた国体の第一二回大会だった。鈴木は練習をほとんど積むことができずに臨まざるを得なかったものの、秋田県代表選手として出場し、アスリートとして有終の美を飾った。

選手生活を終えた鈴木は、社会人として働く傍ら、母校の早大競走部の指導者として関わるようになった。早大競走部OBで農相、五輪相を歴任した政治家の河野一郎氏から指導者になるよう指名を受けたとされる。一九五七年から二年間、駅伝のコーチを務め、その後も断続的にコーチの役目を担った。

モスクワ、ロサンゼルス両五輪のマラソン選手・瀬古利彦氏の指導者として知られる中村清氏とも鈴木は深い関係がある。中村氏は箱根駅伝の早大監督や男子マラソンの指導者として数々の名勝負を残したが、鈴木は中村氏の下でもコーチを務めている。そして一九八四（昭和五九）年、鈴木は中村氏の後任として早大競走部監督に就いた。

箱根駅伝優勝、早大競走部監督の責務果たす

ちょうどその年の一月に中村監督の下で早大が箱根駅伝で三〇年ぶり一〇回目の優勝を果たした直後だった。鈴木が大学二年生で一区を走って優勝に貢献したとき以来、久々の栄冠を獲得した節目でもあった。中村氏の勇退を受け、後任に就いた鈴木は翌年の一九八五（昭和六〇）年、監督一年目にして早大の箱根駅伝連覇を見事に成し遂げている。

「中村（清）さんのような説得力を持たない自分は、せめて練習環境を変えないことを最優先し、選手の経済的負担を軽くするように努力した」。鈴木は後年、監督業の心得をそう語っている。

箱根駅伝を連覇した当時のメンバーで、プロ・ランニングコーチの金哲彦氏は、早稲田スポーツ新聞会のインタビュー連載記事「エンジの記憶」で、鈴木とのエピソードを次のように語っている。

「鈴木さんは練習にもあんまり口出ししないし、学生主体でやっていたんだけど、（中略）『やっぱり花の二区だからやってみたいと思うんですけど、監督はどう思われますか』と聞いたのよ。二区で走る自信もありますと。そしたら鈴木監督は即答して、『わかった。おまえの気持ちはよくわかった。でも、おまえは二区を走ったら順大（順天堂大学）に何分勝てるのか』と聞かれた。（中略）『なら、おまえ、チームのために五区だろう』って。（中略）わかりました。やりますと言わざるを得なかった」。

鈴木は一九八四年から二〇〇三（平成一五）年まで、ほぼ二〇年にわたって早大競走部監督を務めた。出雲、全日本、箱根の大学三大駅伝で常に上位の成績を保ち、「五、六年に一度は優勝」を監督自身の

目標に掲げていた。その結果、箱根駅伝では、一九八五（昭和六〇）年の第六一回大会と、一九九三（平成五）年の第六九回大会の二回、総合優勝を飾ったのをはじめ、往路、復路ごとに数えると計五回の優勝を遂げ、早大競走部監督としての責務を果たした。

鈴木は学生を指導する上で、チームの規律と生活態度を最も大切にしていた。「大広間の入り口にはちゃんとスリッパが並べられていた。それは今も変わらない。どこに行っても自慢できる学生たちだ」。二〇〇三年一月、さきがけスポーツの取材に対してそう語っている。「いつも学生のおかげで楽しい思いをさせてもらっている」と、秋田高校の同級生に近況報告を寄せていた。

「『サポートはするから学生主体でやれ』と言われ、練習には口出ししなかったが、言葉は常に本質を突いていた」「モノは言わないが、物心の支えは半端でなかった。人生を監督業につぎ込んでいた」。早大競走部の当時のスタッフ、選手たちは鈴木をそう評している。

鈴木は、東京・港区の不動産会社に勤務し、後年は社長に就いた。会社や自宅では毎日、新聞各紙の隅々まで目を通すなど、学校や企業に関する情報には常に敏感であった。企業情報を集約した『四季報』を寝室の枕元に置くほどであり、どんな話題にも対応できるように努めていた。「父は強い人だった。責任感があり、頼りになる人であった。そして、郷土愛がとても強かった」と、長女の雅子さんは父の鈴木の性格について語る。駅伝指導のため、正月は自宅にいなかった。大みそかの一二月三一日におせち料理を食べ、子供や孫にお年玉を上げるのが鈴木家のならわしであった。

勤務先の不動産会社の社長室に、鈴木は早大競走部の恩人で政治家の河野一郎の写真を飾っていた。そして、自宅の部屋には、早大創立者の大隈重信の小さな白い胸像を置き、敬愛のまなざしを注いでいた。

メルボルン五輪で鈴木が着用した日の丸の付いたユニホームとジャケットは、長女雅子さんが引き継いで大切に保管している。「オリンピックには行ったが、決勝には行けなかった」と、雅子さんに漏らしたことがある。そこには五輪に対する勝負師としての悔しさと、負けず嫌いな性格の一面がうかがえる。

「俺は幸せだった。早稲田の競走部の選手たちはかわいくて、掛け替えのない存在であり、自分の生きがいだった」。晩年、鈴木が雅子さんに残した言葉だ。

二〇一二（平成二四）年二月、東京・府中市内の病院で七八歳で亡くなった。

（田口清洋・記）

日本人が世界に勝つバスケ追究

バスケットボール指導者
中村和雄《なかむらかずお》
一九五九（昭和34）年卒

自宅裏に設けたバスケットボールのハーフコートで
＝男鹿市船越

好きなことを仕事にできる人はそう多くいません。バスケットボール指導者の中村和雄さんはそのまれな一人です。

今も生まれ故郷の男鹿市船越をベースに、秋田県内はもちろん、教えを請いたいという全国の中学・高校チームに出向き、指導しています。

原動力の情熱はまだまだ衰えそうにありません。常に前を向き、バスケットの進化に全力を傾ける姿は、まるで若者のようにエネルギッシュです。

一九四〇年　男鹿市生まれ
一九六五年　芝浦工業大学卒。日本重化学工業を経て秋田いすゞ入社
一九六六年　長崎・鶴鳴女子高校バスケットボール部監督
一九七四年　共同石油（現・ＥＮＥＯＳ）女子バスケット部監督
一九七九年　バスケット全日本女子監督。八五年に二回目監督
一九九五年　秋田経済法科大学（現ノースアジア大学）男子バスケット部監督
一九九八年　ＯＳＧ（浜松・東三河→三遠ネオ）フェニックス監督
二〇〇八年　フェニックスがｂｊリーグに参戦
二〇一〇年　秋田ノーザンハピネッツ（ＮＨ）がｂｊリーグに参戦
二〇一一年　秋田ＮＨヘッドコーチ（ＨＣ）。一四年退任
二〇一五年　新潟アルブレックスＨＣ。一六年退任

本心だから面白い

楽しくてしょうがない。生まれ故郷の男鹿市船越に住み、情熱を傾けてきたバスケットボールの指導を今もつづけています。好きなことにずっと打ち込めるなんて、こんなにいい人生はないのではないかと思っています。

秋田ケーブルテレビ（CNA）。私の出演番組を見た方が結構いるかもしれません。本心でしゃべっているから、面白いのだと自負しています。突き詰めれば、これまでやってきたことは一つに尽きます。既成の考え方や常識にとらわれず、創造性を持ってチャレンジすること。具体的には小さい選手が大柄な選手にどうすれば勝てるのか。小柄な日本人が二メートル超の選手が数多くいる外国チームにどう打ち勝つか。それに挑みつづけたバスケット人生でした。

五輪銀の秘密とは

二〇二一（令和三）年、東京オリンピックのバスケットで小柄な日本女子が銀メダルを獲得しました。私の考えは、それによく表れています。大柄な選手の間をかいくぐるスピード、相手ディフェンスの圏外からの三点シュート……。俊敏に動き回り、隙を突いての得点。相手が防御しにくい三点シュートを決めることができれば、世界を相手にできると証明してくれたのです。

日本の男子はどうでしょう。世界最高峰の米国バスケットリーグNBAで活躍している八村塁選手や渡辺雄太選手は確かに素晴らしい。しかし、世界ではこのクラスの選手はたくさんいます。高さやパワーといった同じ土俵で立ち向かおうとすると歯が立ちません。だから日本独特の戦法をひねり出す必要があるのです。日本人の特性として義理人情や協調性、謙虚さを挙げることができます。外国人にはない「徳」です。これを選手間に浸透させ、チーム力向上につなげることが世界に対抗していく上で、すこぶる大切だと考えています。

身長差を克服する

これは国内でも同じです。バスケットボール競技は高さ三メートル五センチのリングにボールを入れ合うゲームです。身長のある方が有利で、どこのチームも背の高い選手を集めようとします。しかし、いつもうまく集まるとは限りません。私が最初にコーチになった長崎県の私立鶴鳴女子高校もそうでした。運動能力も決して高くありませんでした。

どうすればいいのか。考え抜き、何にでも挑戦しました。それこそ常識を覆してね。もちろん過酷なトレーニングは不可欠でした。選手たちは「もう勘弁して」と泣きじゃくりながらも、付いてきてくれました。人間の能力は無限ではないか。少なくとも私はそう思っています。ついこの間まで目立たなかった選手が、ある時を境に人が変わったように活躍するようになるんです。昨日までの泣き顔が笑顔に変わるのを見たのも一人や二人ではありません。その積み重ねが高校初の三冠王につながったと思っています。

最初は野球部に入部

バスケットに出合ったのは船越中学校へ進んでからです。最初は野球部に入ったのですが、冬になると雪が積もって練習ができません。その際、目に留まったのが兄たちが取り組んでいたバスケットでした。すぐ夢中になった。自分でも理由はよく分かりませんがね。明けても暮れてもリングに向かってシュートを打ち込んでいました。それは秋田高校、芝浦工業大学（東京）に進んでからも変わりませんでした。

その一方、選手時代からコーチ業にも興味を持っていました。一九六六（昭和四一）年、長崎県バスケット界の実力者だった川崎周之さん（故人）から声がかかり、鶴鳴女子高に呼んでくれたのは、私にとっては願ったりかなったりのことでした。ここから私の「コーチ人生」が始まります。

思わぬコーチ就任

世の中は面白いと改めて思っています。人知れず頑張っていると、思わぬところから声がかかることがあるのですから。長崎・鶴鳴女子高の高校三冠の実績を買ってくれたのでしょう。今度は実業団女子バスケットの共同石油（本社東京、現ＥＮＥＯＳ）から、チームの面倒を見てくれないかと誘われました。

奮い立ちました。当時、男女ともバスケットのプロリーグなんてありません。実業団チームでつくる日本リーグが国内で最高峰でした。しかし、上京して驚きました。共石は鳴かず飛ばずどころか、二部リーグの最下位チーム。高校の延長の甘ちゃん女子の集まりだったのです。逆に燃えました。この弱小チームを日本一にしてみせる。長崎で八年間、みっちりコーチ業を学んできた後の一九七四（昭和四九）年春のことでした。

小が大に勝つには

高校と実業団では、レベルが段違いです。しかも実業団では、身長の高い外国人選手を補強し、戦力アップを図るのが普通になっていました。高校女子コーチの経験を土台に、新たな戦術を編み出しました。もちろん常識外れの思考法で。この頃です。背の低い日本人選手が身長の高い外国人選手に勝つにはどうすればいいのか。その対抗策を具体的に練り始めたのは。

一九八五（昭和六〇）年の二月、実業団女子の最終戦。相手は高身長で世界屈指のアン・ドノバン選手を擁し、チーム力も一枚上のシャンソン化粧品。競って競って最後に日本一を決めたのは、共同石油が放ったロングシュートでした。試合終了まで残り三秒。誰もが熱狂しました。私の挑戦が最高の形で実を結んだ瞬間でした。

いまだに印象に残っているのは、劇的な幕切れだったからだけではありません。今では日本人選手は男女とも大柄になり、外国人選手を交えてチームを編成するのも当たり前になっています。プロバスケ男子のBリーグ、女子のWリーグを見ても分かるように、バスケットでは背が高くて運動能力も優れた選手を集めれば勝てるのです。しかしそれでは面白くない。小さい日本人選手だけで壁のように立ちはだかる外国人のいるチームをやっつける。シャンソン戦はそれを象徴していただけに喜びが大きかったのです。

次の舞台を目指す

しかし、私はどういうわけか、一度、目標を達成すると、興味がだんだん薄れてきてしまうのです。その後、何度も日本一になりましたが、そのたびに、次の舞台で勝負がしたいという気持ちが沸々と湧き上がってきていたのです。さらに日本を代表するバスケ指導者で恩師の吉井四郎さん（故人）の言葉がずっと脳裏に引っかかっていました。「おまえが男子の監督として指揮するのを見てみたい」

人生の節目節目でお世話になった蒔苗昭三郎さん（秋田県体育協会（現・秋田県スポーツ協会）元会長、故人）の紹介でいったん、秋田経済法科大学（現・ノースアジア大学）男子バスケ部の監督に就任。それを経て一九九八（平成一〇）年、男子の実業団チームに移りました。愛知県のオーエスジー（OSG）フェニックス（現三遠ネオフェニックス）でした。ところがここも共同石油に負けず劣らず弱小チームでした。共同石油は当初、日本リーグ二部の最下位、ＯＳＧは二部より下のリーグに属していたのですから。

しかし少しも気になりませんでした。俺が指揮を執ればどうにでもなると思っていましたから。何より弱小チームを日本一へと育て上げる時の燃え上がる闘志、そして達成した時の快感は何物にも代えがたいと分かっていたからです。

諦めは勝負に厳禁

リーグを駆け上がるという表現がピッタリでした。監督二年目で日本リーグ二部へ昇格し優勝。三年目と四年目は準Ｖだったものの、五年目にはリーグ一部が衣替えしたスーパーリーグ（ＳＬ）に参戦できたのですから。ただ大きな壁がありました。ＳＬ全八チームのうち、上位六チームが旧一部所属。私たち二部からの昇格二チームとは地力に大きな開きがあったのです。

だからといって諦めるわけにはいきません。諦めなければチャンスが巡ってくるのが世の常。二〇〇六（平成一八）年、ＳＬ上位四チームによるプレーオフ（優勝決定戦）がそうでした。一発勝負のトーナメントで東芝に勝利し、いよいよトヨタとの決勝戦。残念ながら、あと一歩及びませんでした。ただこのチャレンジは今も誇りに思い、次のステージへと踏み出す足場にもなりました。

この頃、男子バスケは転機を迎えていました。国内初の男子プロ「ｂｊリーグ」が発足していたからです。ｂｊは地域密着型。ＳＬをはじめ、実業団チームによるリーグとは性格を異にしています。監督業の傍ら、たまに訪れる欧米のバスケを観戦するたび、日本にもプロの時代がやってきているのではないかという思いが自分の中で徐々に強くなってきていました。

会社との葛藤はあったものの、二〇〇八（平成二〇）年、チーム名を本拠地の地名を取って「浜松・

東三河フェニックス」へと変更。b·jリーグに参入したのです。結果的にこの挑戦は大成功だったし、私のバスケ人生を大きく飛躍させることになりました。

強さに娯楽を加味

実業団とプロでは何が最も違うのか。何といってもエンターテインメント（娯楽）性です。自腹を切ってチケットを買ってもらう以上、楽しませないといけません。熱狂に沸き立つようなゲームなら最高。もちろん勝負事。強くないと話になりません。ブースター（ファン）を引きつける強さと魅力。そして一体感。プロリーグとしてのバスケットの未来に胸が躍りました。

日本人選手を大事に育てながら、即戦力となる外国人選手をうまく起用。話題を呼ぶために世界一背の高い中国人選手を連れてきたこともありました。計算通りの展開でした。三年連続で東地区一位。西地区とのプレーオフ（優勝決定戦）は一年目こそ三位だったものの、二年目と三年目に二連覇。中村のバスケは強くて面白いと、フェニックスばかりか、相手チームのブースターにも握手を求められた時には目頭が熱くなったものです。

二連覇した二〇一一（平成二三）年は生涯でも忘れがたい一年となりました。b·j連覇もそうですが、東日本大震災が起きましたから。長年、お世話になっていた東北の方々が被災、胸が痛みました。そこに、

ｂｊリーグ（現Ｂリーグ）のチャンピオン決定戦で選手に指示＝2014年5月

蒔苗さんから思わぬ要請があったんです。秋田ノーザンハピネッツ（NH）の指揮を執れと。NHは当時、負けが込み、蒔苗さんにすれば、居ても立ってもいられなかったんでしょう。決めました。秋田に帰るって。できるだけ被災した方々のそばにいかなきゃいけないという思いもありました。

秋田で苦労の連続

苦労の連続でした。秋田NHには、個々の選手にもチームとしても上位を狙える力なんてなかったんです。チームをつくり上げるには一カ月や二カ月では到底無理。何年もかかるんです。ただプロとしてワクワクする試合はやれたと思っています。シーズンを通じて勝ちつづけるのは難しいにしても、ここぞという一戦で勝つ方法はないわけではないのです。中村なら何かやってくれそうだという期待感がブースターを喜ばせ、その盛り上がりがヘッドコーチ（HC）の私も選手も一層奮い立たせてくれました。

私のバスケットの特徴は、スピードと三点シュート。それとガード重視。ガード重視とは司令塔のポイントガードがゲームをつくりながら得点を挙げる戦い方。その意味で秋田NHでは富樫勇樹選手と田口成浩選手が加入したのが大きかった。富樫は低身長ながら優れたポイントガードで今も日本代表の中心選手。田口は天性のシュートセンスがピカイチでした。

天王山、あと一歩

天王山はHC就任三シーズン目、二〇一四（平成二六）年にやってきました。「有明に行こう」が秋田NHの合言葉。その目標通り、チャンピオンを決める東京・有明コロシアムでプレーできるところまで勝ち進むことができました。戦術を考え抜き、大の男の選手が泣き出すまで猛練習を強いた。

選手やスタッフも大変だったろうけど、私自身、一睡もできないほど全身全霊を傾けました。

気持ちだけでは到底勝てません。冷静な戦力分析、それへの対処法を編み出さないといけない。ただ、実力的にはいま一歩かなと思ったものの、東地区一位の富山戦に全てを賭けて挑み、結果、快勝でした。そして西地区優勝チームとのbjリーグ最終チャンピオン決定戦。富山戦で気力を使い切り、それでも諦めていたわけではないけれど、要の富樫がけがで途中退場。どうしても闘志のギアをトップまで上げることができませんでした。

結局、秋田NHのHC就任後、三年間で準優勝。「あと一年あれば……」との無念さは今でも残っています。しかし、その後、NHは秋田の誇りとして秋田の人々に愛されるチームに育っていることは、うれしい限りです。

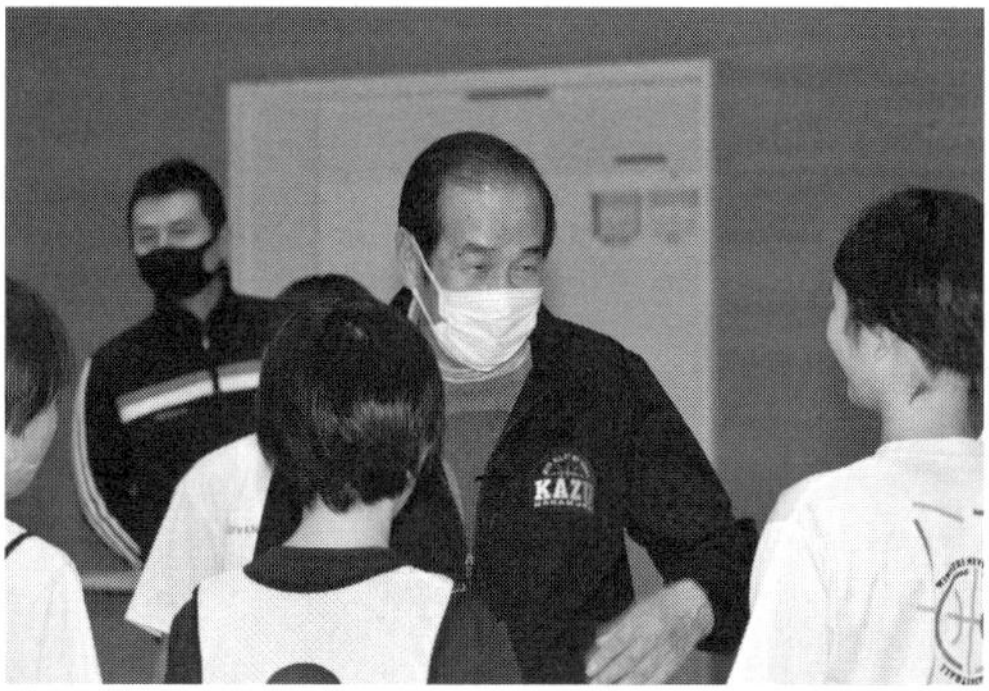

大潟村で今もミニバスケットボールを指導＝2022年10月

今も現役のつもり

二〇二〇（令和二）年、生まれ育った男鹿市船越の実家を建て直し、移り住みました。自宅裏にバスケットのハーフコートを整備し、近くの小中学生の指導をしながら、シュートを打つ姿を見て楽しんでいます。大潟村のミニバスケットや秋田市の中学校、さらには日本一の夢を目指し頑張っている全国の高校にもバスケットボールクリニックをつづけています。男鹿市の協力を得て、研修や大会も開いている昨今です。傘寿を過ぎてなお、まだまだ「現役」のつもりです。

（本人・記）

現代史の大波の裏に隠された人間ドラマを描く

秋田魁新報社提供

作家
西木正明《にしきまさあき》
一九五九（昭和34）年卒

一九四〇年　新潟市生まれ
一九四四年　父の郷里の仙北郡西明寺村（現・仙北市西木町）に転居
一九六一年　早稲田大学教育学部入学、探検部に入る
一九六五年　ベーリング海峡徒歩横断を目指し米アラスカ州に一冬滞在
一九六七年　大学を中退し、平凡出版（現・マガジンハウス）入社
一九八〇年　退社。デビュー作『オホーツク諜報船』で日本ノンフィクション賞新人賞
一九八八年　『凍れる瞳』『端島の女』で第九九回直木賞受賞

少年期に近所のマタギから山や自然の知識を教わって冒険心を育み、大学の探検部ではベーリング海峡横断に挑む。雑誌編集者として出版社に勤める一方、オホーツク海で活動するスパイ船の実態を追い、作家デビュー作となるドキュメントノベルを書き上げた。綿密な取材に基づき、戦争や革命、植民地統治など近現代史の大きな波に翻弄されながらも懸命に生きた人々の物語を書きつづける。

■主な著書　『スネークヘッド』（講談社）『ルーズベルトの刺客』（新潮社）『夢幻の山旅』（中央公論社、新田次郎文学賞）『夢顔さんによろしく』（文藝春秋、柴田錬三郎賞）『ガモウ戦記』（文藝春秋）

ベーリング海を徒歩で渡れ

米国とソ連（現・ロシア）を隔てるベーリング海峡も、結氷すれば徒歩で渡れるはず――。西木正明は早稲田大学時代に所属した探検部で、前代未聞の海峡横断計画を打ち立てる。われわれ日本人と同じモンゴロイドのエスキモーやアメリカ先住民は、この海峡を渡ってユーラシア大陸から北米大陸へ移動したのではないか。人類史の謎を説き明かすには実際に渡ってみるしかない。そんな「壮大なこじつけ」（西木の弁）で構想を組み立て、大学側を説得して了承を取り付けた。

時あたかも米ソ冷戦のさなか。いがみ合う両国の境界線を横断するのはまさに命懸けの無謀ともいえる計画であり、渡航許可を得るのも難しかった。計画書を作り、大使館に幾度となくかけ合っても門前払い。ソ連だけでなく米国でさえ、海峡近くに立ち入ることを頑として認めなかった。

なすすべなく、八方ふさがり。ところが千載一遇のチャンスが訪れる。一九六二（昭和三七）年二月、ケネディ米大統領の弟ロバート・ケネディ米司法長官が来日し、講演のため早大の大隈講堂に現れたのだ。この機を逃すまいと、西木はステージ裏へ潜り込み、講演を終えた長官に駆け寄って直談判を試みた。拙い英語ながら必死で横断計画の概要を伝え、取り計らってくれるよう求めた。

意外にも長官は「これはなかなか面白い。持ち帰って検討する」と好反応。一カ月後には海峡の空撮写真や地図など軍事機密のような資料が西木のもとへ大量に届き、米国の寛大さに腰を抜かした。長官の後ろ盾もあって、海峡に面したアラスカのウェールズという村までは入れることになった。だがソ連側の了承は得られずじまいだった。万策尽きたものの、西木は「米国側から行けるところまで行ってみる」と決断する。

相棒に選んだのは、探検部の後輩で、後に船戸与一の筆名で売れっ子作家となる原田建司ら。真冬の北海道・知床で合宿を重ね、氷点下二〇度にもなる厳しい寒さに体を慣らした。猛吹雪のなか、凍てついた海面を歩く訓練も積み、極寒の地アラスカでの探検に備えた。

計画実行を前に、ウェールズへ下見に向かったのは一九六五（昭和四〇）年一月。エスキモーの家を借りて半年越冬しながらルートを探り、さらに次の年も下見に向かった。現地で実際に海峡付近を歩いてみると、海面を覆う分厚い氷が所々で割れ砕け、シロクマが氷に乗ったまま漂流しているのを目撃した。潮の流れが相当速く、横断は容易ではない。北極海側へ大きく遠回りして潮流を回避しなければ渡りきるのは不可能だと悟った。行けるところまで進みはしたものの、結果的に計画は未完に終わった。

知床で知ったレポ船の実態

こんな調子で探検に明け暮れた西木は、留年を繰り返す。しかもアラスカから東京へ戻る際、恋仲となったエスキモーの女性を一緒に連れ帰っていた。気が付けば大学生として七年目。さすがに親のすねをかじりつづけるのはまずい。女性との同居生活にも金が要る。働き口を探す必要に迫られた。狙いを付けたのは、一〇〇万部も売れる男性向け週刊誌を発行していた平凡出版（現・マガジンハウス）。民放テレビ局に勤めていた叔父の影響で、マスコミ業界には興味があったという。「卒業見込み」ということで入社試験を受け、内定を取り付けたものの、学業はほったらかしたまま。卒業に必要な単位は取得できず、中退。それでも何とか採用してもらった。

向こう見ずな数々の体験をしながらも、西木は後の作家生活に有益な視座やヒントを得る。その一つが、学生時代に探検部の合宿先となった知床で地元漁師から聞いた「レポ船」という漁船の存在だった。いわゆるスパイ船である。日本の漁船はソ連当局に拿捕されるのを恐れ、北方領土近海での操業を控えざるを得なかったが、レポ船となってソ連側に日本国内の情報を密告（レポート）すれば、拿

デビュー作の『オホーツク諜報船』

捕されることなく国後島や択捉島のすぐ近くで好きなだけ魚を捕ってぼろもうけできたという。

国際社会の裏舞台でひそかに繰り広げられる熾烈な情報戦に接し、西木の血はたぎった。ベトナム戦争の脱走米兵がレポ船でソ連に亡命したことがニュースとなり、さらに興奮をかき立てられた。西木は平凡出版で本屋回りの営業マンや芸能ニュース番組制作を経験した後、『平凡パンチ』や『週刊平凡』の編集者となっていた。だがレポ船のことが頭から離れない。土日曜はもちろん、「知人の結婚式がありまして」「友人が亡くなりまして」と適当な理由をつけ平日に休暇を取って根室へ通い、二〇回以上に及ぶ現地取材を重ねた。宿泊先はいつも厚岸町のムツゴロウ（畑正憲）の家だった。取材結果をこつこつ書きためて一九八〇（昭和五五）年に発表したのがノンフィクションノベルの第一作『オホーツク諜報船』。同著は日本ノンフィクション賞新人賞に選ばれ、直木賞にもノミネートされた。

慎太郎とムツゴロウ

この作品が日の目を見るまでの裏話が面白い。編集者をしていた一九六九（昭和四四）年、西木は東映に所属していた俳優の桑原幸子と取材で出会う。ほどなく芸能マスコミに「熱愛」を報じられ、二年後に入籍。結婚前から一緒に暮らしていた東京・赤坂のマンションには、週刊誌のグラビア撮影の仕事で知り合った写真家の加納典明が女性仲間を引き連れて頻繁に押しかけ、居候するようになった。来訪者がまた新たな仲間を引っ張り込むようになり、毎晩どんちゃん騒ぎに。芥川賞作家の石原慎太郎やマギー・ミネンコといった大物も紛れ込み、梁山泊の様相を呈していたという。

当の西木は深夜に帰宅すると寝室へ直行。取材した内容を原稿にすることに没頭した。ある日、ウイスキーを片手に寝室に踏み込んできた石原から「ごそごそと何してんだ。どれ、見せてみろ」と言われ、原稿を差し出した。一通り目を通して西木の才能を見抜いた石原は、出版社への橋渡しをしてくれた。こうして本となったのが『オホーツク諜報船』だった。「物書きとしてデビューできたのはムツゴロウさんと石原さんのおかげなんです」と本人は語っている。

これを機に西木は勤めを辞め、作家の道を歩み出す。『オホーツク諜報船』と、それにつづく二作品が直木賞候補となり、候補四度目となる『凍れる瞳』『端島の女』で第九九回直木賞を受賞。その後も精力的に作品を発表して人気作家となる。有名になると、思わぬ話が舞い込むもので、秋田県庁の食糧費問題で佐々木喜久治知事が引責辞任した後の知事選（一九九七年）では、県農協政治連盟や連合秋田など七団体から出馬要請を受けたこともある。

マタギを師匠として

西木は出身地を西明寺村（現・仙北市西木町）としているが、出生地は新潟市である。父の鈴木正弘が旧制秋田中学（現・秋田高）を出て新潟医学専門学校（現・新潟大学医学部）に進み、医学を学んでいる間に看護師のアキと出会い、西木を身ごもったというわけだ。「おやじは医学生だったはずですが、今でいう『できちゃった婚』をしたようですな」（西木談）。正弘は医師となって東京・赤坂の外科病院に勤めるが、一九四一（昭和一六）年一二月に太平洋戦争が始まり、従軍医としてパラオへ出征。そのころアキは二人目をみごもっていた。激化する空襲から逃れるため、母子三人で正弘の郷里西明寺村へ移り住んだのが、一九年の暮れか二〇年の初め頃のことだった。

西木は西明寺村の荒町集落で中学まで過ごす。本名は正昭。正昭は父の「正」と、母のアキを組み合わせた名前だ。ペンネームの「西木」は郷里の西木村から拝借した。「昭」を「明」に変えたのは、単に「昭和の『昭』があまり好きではなかったから」だという。実家は明治初めの建築と伝えられ、今もかやぶきのまま残っている。脇には村唯一の医師だった正弘の診療所もある。

この家の隣に、西木が幼いころは奉公人として、大人になってからは酒飲み仲間として頻繁に出入りする男がいた。地元で乱暴者として恐れられたマタギ（鉄砲撃ち）の「ガンシュウ」である。西木いわく、鉄砲の腕前はいまいちだったが、カモやウサギを仕留めては正弘とどぶろくを酌み交わし、腹踊りや猥談で場を盛り上げたという。ガンシュウは「前科七犯、女房七人」を豪語する一方、大雨で増水した桧木内川の濁流に流されている子犬を見つけると迷わず飛び込んで救出する。そんな優しさと愛嬌を兼ね備えていた。

元来、荒町は荒くれ者の多い集落として知られ、男たちは「荒町衆」と呼ばれた。西木はガンシュウにかわいがられ、夏は川漁に、冬は雪山に同行し、荒町衆の一人として成長する。山の歩き方、地形や天気の読み方、山菜の知識など「サバイバル術」も教わった。マタギ仕込みの卓越した山の知識を吸収するとともに、周囲から怖がられつつも皆に慕われたガンシュウの豪放磊落な性分に触れた体験が、早大での探検魂や作家としての作風形成につながっている。西木の小説『ガモウ戦記』は、父正弘が「金木医師」、ガンシュウが「イワオ」の名で登場。西明寺村で過ごした日常を艶やかに、かつ痛快に描き、西木の古里愛と、彼が年来の持論とする「秋田特有のラテン気質」が横溢している。

秋田高校時代は秋田市中通の民家に下宿し、陸上部に所属。足の速さを買われ、ラグビー部から「助っ人」の要請が舞い込んだこともある。「ルールは全く分からなかったが、『ボールを受け取ったらとにかく前にだけ突っ走ればいい』と言われ、試合に出た記憶があります」と回想する。ラグビー部OBによると、少なくとも二回は試合に出場したという。

高校時代に仕込んだネタ

高校時代の出来事で西木が「最も印象的だったことの一つ」と話すのが、旧制秋田中学の卒業生で衆議院議員だった須磨弥吉郎による講演だ。外務省情報部長も務めた須磨は一九五七（昭和三二）年春、母校で西木ら後輩を前に、戦時中の情報収集活動の一端を明かしたという。講演で聞き知った話を手掛かりに、三八年後の一九九五（平成七）年、須磨がスペインで関わった諜報組織をモデルにしたノンフィクションノベル『梟の朝――山本五十六と欧州諜報網作戦』を発表した。

西木が西明寺村からわざわざ秋田高校に進学したのは、正弘から「おめも俺と同じく秋田高校さ行っ

書斎の書棚に並ぶ自作品

横浜市の自宅離れにある書斎で（2018年撮影）

て、医者になれ」と言われたからだ。本人は「夜中でもたたき起こされて患者の家まで診療に行っても、なんにももうからない。あんなひどい商売は絶対やるまい」と幼いころから医師の仕事には興味を持たなかったが、伯父からも「父親の後を継げ」と再三説得され、北海道大学医学部を受験することになる。だが勉強には身が入らず、案の定、不合格。札幌で浪人生活をすることになったものの、覚えたのはパチンコやストリップ通い。ついには下宿先での酒盛りで飲み過ぎて病院送りとなり、両親に全部ばれて万事休す。二度目の受験にも失敗し、医師の道は諦めた。受験失敗が転機となり、紆余曲折を経て「医者のなり損ない」（西木談）が直木賞作家へと大化けした。

「普通の人」へのまなざし

西木の真骨頂は、歴史に埋もれた事実や、無名ながらも魅力のある人物を掘り起こして「歴史の裏面」を描くことだ。「悲哀や挫折の連続こそが人生だし、そこに読者を引きつける何かがあるはず。歴史は裏に回ると実に面白い。成功者だけが歴史をつくるわけではなく、普通の人が歴史をつくると思えば小気味よい。歴史は定説を疑ってこそ光り輝くものです」と語り、自らを「裏街道作家」と称する。八〇歳を過ぎても創作意欲は衰えず、旧陸軍の参謀・辻政信を主人公にした物語の執筆に取り組む。何度も渡米し、膨大な公文書をかき集めて一〇年以上前から書き進めてきたが、いまだ着地できずにいる。

二〇二二（令和四）年四月に妻幸子さん（享年七四）を亡くした。現在は横浜市の自宅で愛猫と暮らすが、近いうちに故郷の仙北市へ戻って暮らしたいと考えている。「ガンシュウと一緒に分け入った山の稜線やザッコ（雑魚）を追った桧木内川の清流を眺めるだけで、元気になる。こんな幸せでぜいたくなことはない」。語り口に、野山を駆け巡った日々への郷愁と荒町衆としての誇らしさがにじんだ。

（小松嘉和・記）

「滅びの美学」に魅せられ、歌舞伎で表現した

秋田魁新報社提供

劇作家
野口達二《のぐちたつじ》

一九四五（昭和20）年卒

一九二八年　秋田市土崎港生まれ
一九四五年　早稲田大学文学部入学
一九四八年　雑誌『草園』編集室（秋田市）で働く
一九五一年　大学中退、出版社「アルス」（東京）勤務
　　　　　　歌舞伎関係の雑誌や図書の編集に携わる
一九六〇年　戯曲「富樫」が『オール讀物』懸賞戯曲に佳作入選
　　　　　　劇作家として独立。
一九六八年　季刊誌『歌舞伎』編集人を一〇年間務める
一九八四年　戯曲「若き日の清盛」で第一二回大谷竹次郎賞
一九九九年　神奈川県鎌倉市で死去

会話が苦手だった少年時代、ラジオの「語り芸」に親しみ、「ものがたり」が好きになる。大学時代に仕送りが途絶えて一時帰郷し、秋田市内の文化サロンで働いたことが古典芸能への知識を深めることになった。歌舞伎雑誌の編集者から劇作家となり、その傍ら編集者や解説者として歌舞伎の普及と振興に尽力した。敗者や滅びゆく者に心を寄せた作品の背後には、生家の没落や空襲の悲惨を見た自身の体験がある。

■主な著書　『野口達二戯曲撰』（演劇出版社）『歌舞伎』（文藝春秋社）『歌舞伎再見』（岩波書店）『芸の道に生きた人々』（さ・え・ら伝記ライブラリー）

野口達二の劇作家デビュー作「富樫」は、歌舞伎の代表的な演目「勧進帳」では脇役にすぎなかった関守を主役に据えている。

歌舞伎十八番「勧進帳」は、兄源頼朝の放った追手を逃れて京都から奥州平泉へ向かう義経と、彼に仕える武蔵坊弁慶を主役とする。頼朝は平泉までの道筋に関所を設けて義経を捕らえようとするが、加賀国・安宅の関（現在の石川県）の関守《せきもり》富樫は、山伏に変装した義経に感づいていながら、主君義経を思う弁慶の痛切な思いに共感して関所を通すのであった。

野口の「富樫」は、関守を任された地元の名門・富樫家の惣領たる兄と、その兄を慕う弟との息詰まる心理劇である。兄は常々、源氏の内紛で追われる身となった義経に同情し、その思いを弟に伝えていた。そして、弟が不在の時に山伏姿の義経らを逃がしてやる。

それを知った弟は、代々続く富樫家が取りつぶされていいのかと兄を責め立てるが、兄は「まことのもののふならばこの道を選ぶであろう」「武士の鑑とも仰がれるお方が、歯を食いしばり頭《こうべ》を垂れている。わしは武士だ。その姿に弓をひくことができなかった」と語る。だが弟は「兄者はもののふという名に酔っておられるのだ」「(頼朝や義経のような）権勢の座を前に、鎬《しのぎ》を削る武士の姿は、われらのような土くさい郷武士《ごうざむらい》の目にはたしかにきらびやかに見える。だが…」「刀で米がつくれるか、弓矢で布が織れるか。耕すことを忘れ、いや蔑み、力の座につくその目的の為には、なに省みることなく他人を殺め血を流す、それが武士か、もののふか。わしには郷武士の郷武士としての誇りがあった」と主張するのである。

二人の会話は武士の名誉か、人間の幸福か、という深遠な問答に発展しながら、兄弟二人にとって破滅的な終局を迎える。

「富樫」を書くにあたって、秋田県仙北郡神宮寺（現・大仙市）の名家・富樫家にまつわる落人伝説と孔雀城伝説、加賀の富樫記などを参考にしたという。「歌舞伎十八番で知られる『勧進帳』を裏から書くとあって、山伏問答の件りを、どう異なる書き方をするか——腐心した思い出が懐かしい」「私が劇作家の道を歩むかどうかを、いろいろ考えさせ、決意させて呉れた作品でもある」と述懐している（『野口達二戯曲撰』）。一九六〇（昭和三五）年、雑誌『オール讀物』の懸賞戯曲に佳作入選し、六三年四月に東京・東横ホールで中村富十郎によって初演された。

野口は一九二八（昭和三）年三月、南秋田郡土崎港町上酒田町（現・秋田市土崎港）に生まれた。祖父の銀平（通称野銀《のうぎん》）は回船問屋として財をなした資産家で、土崎築港や国鉄工機部（現・JR東日本土崎工場）の誘致などに尽力した。野口のいとこと結婚（後に離婚）した劇作家青江舜二郎に、野口一族をモデルにした「河口」という作品がある。

野口の回想によると、少年時代の野口は重度の吃音で、相手と話の間《ま》がとれず、自分で言いたいこともよく言えず、人の物言う術《すべ》に興味を抱いて成長したという。「少年の頃、ラジオから流れてくる市川八百蔵や、徳川夢声らの「語りもの」の芸——しゃべる、読む、詠う、語る等々…の巧さには、魅せられるように聞き入った。「ものがたり」が好きになり、やがて中世を代表する能や浄瑠璃に惹かれ、次いで義太夫狂言から歌舞伎に親しみ、挙げ句の果てに、その作品を書くようになってしまった」（同書あとがき）。

焼け跡での遺体運び

一九四〇（昭和一五）年、秋田中学に入学し、手形校舎に通う。土崎地区から秋田中学に通う生徒たちは汀友会という自主サークルをつくり、放課後は野球やボートに興じた。だが翌一九四一年一二月、太平洋戦争が始まる。戦争が激化するのに伴い、校庭の野球用バックネットは金属回収令で供出され、炭焼き小屋や豚小屋が作られた。豚当番は秋田駅前の食堂まで餌用の残飯集めに出掛け、援農や土木作業に駆り出されることもあり、学校生活も戦争の影に覆われるようになる。一九四四年一二月、野口ら五年生全員が神奈川県の東芝川崎工場に勤労動員され、そのまま翌四五年三月、動員先の東芝工場の講堂で卒業式が行われた。一学年下の四年生は群馬県内の動員先で繰り上げ卒業となる。

同年四月に早稲田大学に入学、文学部芸術科（演劇専攻）で民俗芸能を学び始める。ここで教授の河竹繁俊から教えを受ける。河竹は早大演劇博物館館長を務め、『歌舞伎史の研究』という大著もあった。息子で早大生の登志夫（後に早大教授、日本演劇協会会長）は野口と同級で、野口は河竹父子と終生交流した。

早大に入学した野口だが、すぐまた勤労動員に駆り出され、ここで衝撃的な体験をする。動員先の工場から皆と一緒にトラックの荷台に乗せられ、着いた先は空襲間もない焼け跡だった。焼死体の整理が仕事だった。

遺体に合掌してから身元の判別をし、指示された場所まで運ぶのである。遺体を載せる戸板も担架もない。何人かで抱えて運ぶのだが、途中で首がちぎれ落ちれば、首だけを抱えて付いていく。小さい遺体は一人で背負う。「首ががっくりと後ろに反る、屍はこちらの肩につかまって呉れる訳ではない。前屈みで運ぶ間にもずり下がり、次第に引きずることになる。その間には、背中でなにかを言われたような気になることもある」（『アサヒグラフ』一九九二年八月一四、二一日合併号）。まるで狂気の沙汰のなかで念じたのは、父母や祖父母から、家の習わしとして教え込まれていた経文やふだらくの類いだった。

「ひとの　この世のはかなさは　よみじにいそぐ　露の身の　しばし仮寝の　旅まくら　あわれ常

なき世なれども　なまなかまみえ　もの思う　ふどう　しゃか　もんじゅ…なみあぶだぶつ　なむあみだぶつ」

学生寮「秋田育英館」（東京・池ノ上）に、同じ早大生で一つ上の兄と一緒に暮らしていた野口だが、東京が危ないということで他の寮生たちとともに帰郷させられた。秋田に帰り着いた八月一四日の夜、土崎は空襲に遭い、野口の生家も焼失した。

野口の秋田中学での一年後輩、宮越郷平は、野口の評伝『心・魂・情・念のうねり』で、「東京の学徒動員先での焼死体の処理、その半年後の生家の被爆。野口はそれらの異常体験の中で、後の劇作上の大きいテーマともなる人間の命のはかなさ、虚しさというものを感得したのである。好んで描いた戦国の世の無情は、自らの生家の〝滅び〟ともつながる」と書く。

戦後ほどなく野口は東京での寮生活を再開。下北沢の銭湯の帰りに、古本屋で求めたドストエフスキー全集十何巻かを担いで帰ったことがあるという。

学生演劇が盛んなころで、野口は早大の演劇研究会「ともだち座」に参加。大隈講堂での第二回公演「人生劇場」（一九四六年一一月）で照明を担当する。狭い照明室で野口を手伝った宮越は「座員が一体となってやり終えた感動は、青春ただ中の野口にとっては、言葉などでは表せない深いものだったことは想像に難くない」「これが後に（演劇という）この道に進むことになる要因の一つであったことは間違いない」と回想する。

秋田の文化サロンで修業

だが当時の東京は食糧難、野口家はすでに地主ではなくなっており、勤め人の父親では二人の息子に学資の仕送りが難しくなっていたこともあり、野口は大学に籍を置きながら一九四八（昭和二三）

早大に在籍しながら秋田市の『草園』編集室で働いていたころ（後列右から２人目）。前列中央は作家の武者小路実篤、その左が秋田市長の武塙祐吉（号・三山）

年にいったん帰郷。千秋公園の堀端（現在の秋田中央警察署の裏側）にあった「草園社」で働き始める。一階に古書部と喫茶室、二階に画廊と雑誌『草園』（後に「叢園」）の編集室があった。『草園』は一九三五（昭和一〇）年創刊の随想同人雑誌で、県内文化人のほか柳田國男や武者小路実篤、ドイツ人建築家ブルーノ・タウトらも寄稿している。野口にとっては古書部の本は読み放題、レコードは聴き放題、雑誌編集の知識も身につけた。

野口は「当時、古いと極《き》めつけられながらも読んだ本や、耳にした音楽が、いまの私の、伝統演劇の劇作にたづさわる素地を創って呉れた…と、強く信じている」「私は、大学以上にいろんなことを学びとることが出来た」（「叢園」一〇〇号、一九七七年九月）と回想している。

その後、東京に戻った野口は早大を中退し、一九五一（昭和二六）年に東京神田の出版社「アルス」に就職する。アルスは高級な写真集や美術書を得意とする出版社で、アルス児童文庫の版元として、野口にとっては子ども時分から親しみのある出版社だった。社長の北原鉄雄（北原白秋の実弟）は能や文楽、歌舞伎が好きで、公演の招待券が社に届くと、野口を伴ってよく劇場に出かけた。野口にとってこの体験が、大学で学んだ西洋劇とは異なる、日本の伝統演劇に固有の「ものがたり」への興味をかきたてることになる。野口は後に、日本の「ものがたり」の核心を「心・魂・情・念」と言い表している。そして劇作家としての自分を「〝もの〟を通じて人物を創り上げ、〝かたる〟という姿勢も包括してドラマを構築する」と定義する。

アルスでは『アルスグラフ』『演劇グラフ』の編集を振り出しに、『演劇界』など歌舞伎関係の雑誌や図書の編集に携わった。

歌舞伎の普及に寄与

前述の「富樫」を機に劇作家として独立するが、一方で編集者としての活動も続ける。季刊『歌舞伎』（松竹演劇部発行、一九六八年創刊）の編集長を一〇年にわたり務めた。著書に『歌舞伎』（文藝春秋）、『歌舞伎再見』（岩波書店）、『舞台という空間』（新潮社）、『歌舞伎　鑑賞と入門』（演劇出版社）などがある。このうち『歌舞伎』は舞台写真を多用した斬新な入門書として評価されている。著書『芸の道に生きた人々』を含む「さえら伝記ライブラリー」は第一三回サンケイ児童出版文化賞を受賞した。

戯曲は「静御前」「西郷隆盛」「草の根の志士たち」など歌舞伎を中心に義太夫や新劇に及ぶ。鹿角に伝わる「錦木《にしきぎ》塚伝説」を題材にした人形芝居「錦木」、秋田藩の武士小田野直武を主人公とした「蘭学事始」、鷹巣町（現・北秋田市）出身の作家渡辺喜恵子原作の「啄木の妻」など秋田ゆかりの作品も手掛けた。

日本を代表する演劇評論家の戸板康二は、野口について「野口君は作風がきわめて篤実である。今の劇作家の誰よりも、がっちりした構成力を持ってもいる」「野口君が劇作をはじめたのは、そんなに古いことではないが、ゆっくりとしたペースで、力づよい作品を、悠々と書いている姿勢は敬重にあたいする」「もっとも、正義感は強く、先輩をつかまえても、歯に衣着せず、いうことはいう。しかも、その直言を、童顔をほころばせ、すこし口ごもりながらいうのだから、かなわない」「野口君の戯曲が、また、今日の劇界の、目の色を変えているような風潮から超然として、自己独自の道を進んでいるのが、まことにたのもしい」と評価している。

野口は自作品五四編から一二編を選んで収録した戯曲撰のあとがきで「自分好みの作品を選んでみたら、なぜか『滅びの美学』を謡い上げたものが多く残った。それは私が、ものがたるところから〝もの〟を書き出したせいといえる。成人期に第二次大戦で国破れ、生家が霧散したことも関わりないとはいえない」と書いている。

野口の没後、旧制秋田中学時代の同級生らが野口の業績を後世に伝えようと、著作や生原稿、野口が編集した演劇雑誌、書簡などの資料一七七点を収集して秋田県立図書館に寄贈した。同図書館はこれらを基に、野口研究や演劇研究に資する目的で二〇〇〇（平成一二）年一月に「野口達二演劇文庫」を設置した。

（相馬高道・記）

参考文献　宮越郷平『心・魂・情・念のうねり――劇作家野口達二』（演劇出版社）、秋田魁新報ほか

歴史を参照しながら「いま」という時代を記録

ジャーナリスト
橋本五郎《はしもとごろう》
一九六五（昭和40）年卒

一九四六年　秋田県琴丘町生まれ
一九六五年　秋田高校卒
一九七〇年　慶應義塾大学法学部政治学科卒、読売新聞社に入社
二〇〇六年　特別編集委員
二〇一四年　日本記者クラブ賞

テレビでもお馴染みの政治ジャーナリスト。読売新聞社で論説委員、政治部長、編集局次長などを歴任し、現在は特別編集委員。読売新聞紙上に人気評論「五郎ワールド」や書評を連載。テレビ報道番組でもコメンテーターとして活躍しています。二〇一四（平成二六）年度日本記者クラブ賞受賞。

■主な著書　『総理の器量』『総理の覚悟』（以上、中公新書ラクレ）『範は歴史にあり』『「二回半」読む』『宿命に生き運命に挑む』（以上、藤原書店）『心に響く51の言葉　一も人、二も人、三も人』（中央公論新社）

私が一番最初に出版した本のタイトルは『範は歴史にあり』としました。私たちの命は有限なものであって、その中で会える人、それから行ける所、食べるものにしても全て有限ですよね。その中で何が一番大切なんだろうかと考えたとき、それはやはり歴史に学ぶことだと私はずっと思っています。というのは二五〇〇年前の論語にしても孔子にしてもギリシャの哲学にしても、私たちはその本を通じて、そこから学ぶことができるからですね。人の命は高々八〇年くらいの有限であるけれども、そこから無限に学ぶことができる。その意味では私の一番の先生というのは歴史なんだ、とずっと思っているんです。その意味で「範は歴史にあり」というのは、言葉として一番大事にしようと思っています。

その言葉を生き方のバックボーンにしていらっしゃるということですね。

そうです。その場合に一番大切なことは、謙虚になることなんですね。歴史に学ぶとは世の中を横軸として世界を見て、それだけでなく時間という縦軸も見れば、そのなかに大変な人物がいるんだから、自分がいかに小さい存在であるか、とるに足らない人間であるのかがよく分かる。ですから謙虚になるということ、そのことを歴史に学ぶということを私は大事に思っています。曽野綾子さんの『誰のために愛するのか』という本がベストセラーになりましたが、あのなかに「本当に人を愛したというのはどういう時か。それは自分がいかにつまらない人間であるか、それが分かったときが本当に人を愛した時なんだ」ということを書いておられたんです。それはやはり謙虚になるということだと思うし、それを大事にしたいと私は思っています。

幼少期、高校時代、大学時代、若き社会人のころの時代を回顧してどんな思い出が浮かんできますか。

幼少期には、だいたい外で遊んでくたくたになって帰ってくるんですね。そうするといつもおふくろが足を洗ってくれるんです。踏み台の所のタライでね。窯で炊いたお湯を張り洗ってくれるんです。それから晩ご飯を食べるでしょ、囲炉裏でですよ。一番上の兄（橋本顕信さん）とは一〇歳離れてますけど、兄が東京大学受験のときですよ。机なんかありませんから「板っこ」とよぶ一枚の板を膝に渡して、それを机にして囲炉裏の前で勉強するんです。私はご飯の後はもう眠くなるから兄の膝のなかに入るんですね、そうするとそのまま寝てしまい、食事の後片付けを終えたおふくろに布団へ運んでもらっていたらしいんです。目覚めると翌日になっている。その記憶は鮮明にありますね。

兄は一枚のワラ半紙にまず鉛筆で何回も書いて、その次は万年筆を使う、さらにその上に赤鉛筆という具合で一枚のワラ半紙を三回使っていたんです。そうやって同じ紙を何度も使って受験勉強をしていたというのは今日から見れば隔世の感がありますね。

高校時代のことは、鈴木健次郎先生の「汝何のためにそこにありや」という言葉、終生の師の教えとしてこれほどのものはないと思っています。一方、全体としては、高校の先生はやはりできる子に対して、学力の高い子に対して特別扱いしていたなあという記憶がありますね。これはひがみかもしれないし避けられないことでしょうが、高校時代ずっと持っていましたね。

大学になるとそこがちょっと違ってきます。いろんな才能のある人がいます。それは勉強とは別です。たとえば人をまとめるのがうまいとか、ありますよね。私が慶應義塾大の政治学科に入ったときに、自治省に入った兄が乏しい給料で買ってくれたのが福沢諭吉全集なんです。一冊がものすごく重いんです。それで五人の友だちを連れて行って、五人で四冊ずつ分担して二一巻を秋田寮に持ってきたんです。ブースカ文句言われてね（笑）。一番上の兄は福沢が好きだったんです。兄は私が高校のころは防衛大に進学してはどうかと思ってたらしい。海軍が好きでね。ただ私は体力的にどうもだめだから、むしろ福沢の慶應の方が好きだった。それで兄も勧めてくれたんです。だいたい秋田高校でも早稲田のほうが多くて、慶應はごく少ない。それでも慶應に進んだのは兄の影響ですね。兄は「福沢全集が欲しいならお金を出してあげる」といって、秋田寮によく来てくれたんですよ。自治省に入って六年くらいの頃で、乏しい給料だったと思うけど、そのたびに帰るときわずかなお金をくれたりしてね。『学問のすゝめ』にしても『福翁自伝』でも大学一年生には先に進むほど難しいものでしたし、原文は簡単に分かるものではない。福沢全集のありがたさは後年になるほどわかりました。

橋本さんは現在、日本を代表するジャーナリストとして活躍しておられますが、ふり返ってみて、もっとも苦しかった時期があったとすれば、どういう時・場面でしたでしょうか。それをどのように乗り越え、克服されましたか。ここはとくに現役の秋高生に、また若い読者に激励の意味でお話しください。

大変だったなあと思うことは新聞記者になったこと自体ですよ。それまでは全くそういう世界を知りませんでした。最初、読売新聞社の浜松支局に五年いたんですけど、それまで原稿なんか書いたこともないし何も分かりませんから、先輩に叱られると全くその通りなんですね。毎日毎日、泣きの涙ですよ。そういうなかにあって、自分は全く違う世界に入ったけれど、しかし大学時代までやってきたこと、例えば政治学についてずうっと絶やさないで行こう、ただ記者としての仕事はどんなことがあっても徹底してやろうと思いました。だから休みなんか欲しいとも思いませんでした。新聞記者は自分のことは棚に上げて人のことを言うのですから、相手が二〇年も三〇年もやってきたことを、ある日突然に、何も分からないのにバサッと切るわけですよ。こんな傲慢なことはない。ですから批判するためには相手の言うことをようく聞かなければいけない。そのためには自分が一生懸命勉強していなければならない。そう思いましたね。もう一つは、ここがまた傲慢かもしれないけど「昨日より今日、今日より明日、明日よりあさって」、ああ自分は少しは進歩したんだなあと、成長したんだなあと思えるような毎日をすごしたいと思いましたよね。そうすると、全くこれは自己満足なんだけれど、二〇代のころは確かに自分は昨日より今日は違ったなと、そういう実感を覚える時期がありました。これが三〇代になると、消耗してなかなかそうなりませんでしたけれど、毎日毎日が真剣勝負だったなあとはずっと思ってきました。

私は大学一年の一月一日からずっと日記を書いています。今日に至るまで一日として欠かしたことはないんです。浜松支局時代の日記を見ると、毎日怒られたりしている話ばっかりですよ。あの時と比べると今はまだ余裕ができてきたなあと、一日一日をそう思ってました。「昨日より今日、今日より明日」という気持ちがありましたから、やめたいと思ったことはありません。深い挫折感というものを味わったことはないです。一番の原点はこの浜松時代でした。毎日緊張し、そして学ぼうとする姿勢がないといけないということを今も肝に銘じています。

大病をなさったこと。秋田高校の生徒たちにとくに伝えてください。

一八年前（二〇〇〇年一二月）に胃癌で胃の全摘手術をしたんです。ステージは二から三で、生存率は半々くらいでした。それで手術前に遺書も五通書きました。ただ私は娘に「お父さんは楽天的だからいい」と言われたんですけど、遺書五通は家内と娘二人と一番上の兄と日本テレビのチーフプロデューサーに書きました。ふつうは三週間で退院させられるんですが、私は無理を言って五〇日間いました。その間出たばかりの岩波書店版『福澤諭吉書簡集』とか、『石橋湛山日記』などを病室で読んでいました。それで気がまぎれる所もありましたけど、癌と戦っているのは先生だと、自分はもう任せて好きなことをしようと思ったところが、私にとっては非常にプラスになりました。このときは五四歳目前でした。一二月二八日に手術しまして、翌日が五四歳の誕生日。それで五四歳にして死ぬかと、本当にそのとき思いました。その後毎月の検査で癌が転移していないかビクビクしてましたけど、一六キロ痩せて、その後腸閉そくを六回やりました。救急車で病院に運ばれたこともありました。だけども私はここで多くのことを学びました。済生会中央病院は大きな病院ですから、リハビリのために廊下を歩きますとボランティアできている歳のころ四五、六から六〇くらいの女の人たちが一生懸命介護していているんです。こっちもヒマだから、なんで来ているんですかと聞く。そうすると共通していることがありまして、それは後悔の念なんです。自分の姑、舅が生きているときにちゃんと介護して見送ったのか、いろんな感情の対立があったのかもしれない、子育てで忙しかったのかもしれない。でも十分手を尽くして見送ったのかという後悔の気持ちで来ているんです。その気持ちが逆に病院に来て見ず知らずの人に親切にしているんですよね。その思いを自分は知らなかったと思っていました。自分は記者として世の中のことを表面しか見ていないことをつくづく思いました。私がその後書いた文章を、何人かの人に言われました。病気のあと文章が変わったなあと。私にとって大きな病気をしたことはとてもプラスだったと、そう思うようになりましたね。

今度は反対に、人生でもっとも嬉しく、思い出すたびに快哉を叫びたいことは何でしょう。この世に生を享け、これにまさる喜びは外にないということをお聞かせください。

私は当時五四歳でしたけど読売新聞社で幸い編集委員になりました。一二月二八日に手術して二月六日に退院、テレビ出演はもうやめようと思っていましたが、一週間に一度でいいからと言われて出るようになりました。やがて小学二年の中野珠生《たまき》ちゃんという女の子が、お守りを贈ってくれた。二月頃だったか手紙が日本テレビにきて、キティちゃんの紙に「橋本さんの病気がはやく良くなりますように、はやくテレビに出られますように」と書いて銀紙に包み「お守り」と書いて贈ってくれたんです。とても嬉しかった。どんな神社のお守りよりもありがたいと、すぐに手紙を書き、毎年文通をしていました。そして小学校、中学校、大学を卒業して社会人になるとき、私はそのたびにペンを贈ったりしました。それが今度、来月一〇月に結婚式なんですよ。私、一度も会ったことがないの。会ったことがないけどその子の結婚式に呼ばれて挨拶を頼まれているんですよ。お守りをもらったことは私は三田評論（慶應の機関誌）の「丘の上」という欄に書きました。小学二年生だった女の子が、いま結婚するというんですからねぇ。式の当日は(挨拶も)もうだめなんじゃないかと思ってね(涙・笑)。すごくありがたい。私は新聞記者ですから新聞記者として自分の人生を全うしようと思っていましたから、テレビに出ることについては、暗黒の世界に入る気がしていましたよ。だけど、後になってありがたかったなぁと思いました。難しいことを言ったんでは聞いてる人にわかりゃしないし、すぐ消えてゆくことですからどうすればいいか、短く言うためにどうしたらいいか、そのことは本当は新聞でもやらなければいけないということを思いました。ですから、渡辺恒雄に「テレビやれ」って言われて恨みはしましたけど（笑）、また今も後悔してますけど（笑）、そのことは勉強になったなぁという気持ちはあります。

ありがとうございました。橋本さんは、政治記者として歴代の総理と対等にお付き合いをなさってこられました。その中で、最も優れた総理大臣はどなたでしたでしょうか。またどんなやり取りからそう思われましたか。

私は『総理の器量』という本を書きました。そのなかにたとえば中曽根康弘にみる「王道の政治」、福田赳夫にみる「清貧の政治」、大平正芳に見る「韜晦の政治」と、いろんなタイトルをつけました。で、その人の政治の本質を見つけながら、それぞれにみんな学ぶところがあるんですね。この人たちはやはり、何か持っているんだなあと思いました。そういうなかで、私がつきあったなかでの最高は、やはり中曽根康弘ですね。それはなぜかというと、常に世界のなかの日本というのを考えていたということ。そのために毎日毎日勉強していた。「生涯一書生」ということを藤波孝生(元官房長官)さんは言っていますが、常に勉強を怠らない。今もなお一〇〇歳を越えてもそれを実践している。この凄さはとてもまねできない。中曽根は毎日毎日勉強ですよ。

それからもう一人挙げるとすれば、大平正芳さん。人間としての奥深さがありました。大平さんが常々言っていたのは「政治とは鎮魂である」ということです。加藤紘一とか藤波孝生とか後につく人たちに向かって何度も強調していた。これ、なかなか深い言葉だと私は思うんです。人々の気持ちを安らぐようにするのが政治なんだというのです。大平さんが尊敬している郷里・香川県の先輩の加藤太郎さんという人がおりまして、王子製紙から神崎製紙という製紙会社を作った人です。恵まれない人たちに奨学金制度を作って大学へ進学させたという人で、自分（大平）の長男正樹は病気で亡くなるんだけど、ここで修業させました。その加藤藤太郎さんの会社に行くとき大平さんは、決して玄関に車を乗り付けることはしなかった。必ず手前で降りて歩いて玄関を入った。なぜならば、それは尊敬する先輩のところに車で乗り付けるなんて、それはしてはいけない、そう思ったからだそうです。なかなかできません。そういう人なんですよ。泣かせます。「政治とは最高の道徳である」と福田赳夫さんは言いました。私は政治家が道徳家になってもらったんでは困る、プラトンの哲人政治であるまいし、そりゃ困るんだけど、政治家たらんとする人は道徳がなければいけない、人に道徳を押し付けてはいけないけど自分は道徳家たらんとしなければいけない。そう思っていますので、そういう意味ではここがやはり政治家自身がそれを体現していなければいけないなと、国民から選ばれている人なんだからと思っているんです。難しいところですけどね。ずっと顧みて私は政治記者として非常に幸せだったなあと思います。

読売新聞の人気連載である「五郎ワールド」と「書評」は、毎回、高い見地と深い洞察で読者をうならせていますが、橋本さんの着眼点や調査の力、問題点の指摘と解説力、解決策の提起にいたるまでの責任感あふれる論説の姿勢について、同窓の読者はぜひ伺いたいことと存じますのでお聞かせください。

「五郎ワールド」で一番気をつけているのはどんなことを書いても、「今」があることです。「今」が無いといけません。先日の(夏の甲子園野球)金足農業の話題にしても、やっぱり「今」なんですね。それからその問題を見るときに本質的に何が大切なのかということです。私は金足にあえてくっつけましたけど、小泉信三さんの「スポーツの与える三つの宝」という言葉です。「今という永遠」という言い方も変ですけど、普遍的な価値の正しさはあるんです。三つの宝とは、①「練習は不可能を可能にする」、②「フェアプレーの精神」、③「友を得る」ということです。これはどんな時代でも変わらない普遍的なものですよ。しかしなぜそれが今なのかということ、そのいまを金足農業に仮託して普遍的なものを語りたい。それもできるだけ色んな身近なところにあるもので語りたいという気持ちがあるんです。だから身辺のことであってもそれが普遍的なことであれば、それは大事なものだと私は思っています。五郎ワールドの前身は「五郎の政治ワールド」でした。途中から変わるんです。「政治」をとっちゃうんです。そうなると、これからは政治と限りませんから何でもいいのです。時々政治も書いたりする。特に天皇陛下のご退位の問題、私はご退位に反対でした。しかもそれを天皇主導でやっているということを非常に危険に思ったからです。福沢諭吉の著書『帝室論』を引用することによって、少し迂回作戦をとりました。「帝室とは政治社外の者なり」です。非常に気を付けました。現天皇に対する批判になっちゃうから。だけどこの問題を考えるときに天皇陛下がかわいそうだというだけで考えていいのかということを、なぜ天皇制が千数百年続いてきたのか、それは常に政治の外にあろうとしたからだと福沢のいうある種の歴史の真理、そういうものを使いながら主張する。常に今を語る時も普遍的なものだとか、私が真理と思われるものをミックスさせながら書こうと思っています。この言葉を使いたいために今を語るということもあるんですよ。逆の場合もね。切った張ったはあまり好きじゃない。つまんなくなっちゃうから。

読売紙面での「書評」を私は『二回半読む』という本にまとめました。二回半というのは、一回目はまず読んで、ああこれはいい本だなあと分かる。だいたい目次を読んでざっと見れば、何を書こうとしているのか分かります。二回目を読むときは、赤鉛筆で線を引いて、大事なところを抜き書きする。Ａ４判の紙を半分にして、だいたい二〇数枚になるんですけど感想・メモを書きながら二回目を読む。そうすると大概ね、何を言いたいか日本語である限り分かります。そして三回目はもう本から離れて、自分の書いたメモをもとに書く。逆にいえば二回読んで自分の書いたメモを作らない限り、二回半をやらないかぎり書評を書かないと決めているんです。いちばん嬉しいのは、書評された人から「私の気持ちを本当によくわかってくれた」と言われることです。「私が思わなかったことまで解ってくれた」と書いてくれた人もいたけど（笑）。『目安箱の研究』という本の書評をしましたら、著者の立命館大学の大平祐一さんという教授本人から手紙が来まして、「実は何よりもうれしかったのは私（教授）の家内と娘が、お父さんはどんな研究をしているのか興味もなかったし、まったく分かっていなかったが、今朝の書評を読んで、ああお父さんはこういう仕事をしているのかと分かってくれた」とありました。これはとっても嬉しかった。家庭内の平安のために少しは役に立ったのかとそう思いましたけどね（笑）。だから書評を書くときは偏見を離れて、その人の気持ちになって読むのが一番大事ですね。

私はけなす書評はやりません。新聞は多くの専門家じゃない人たち、普通の読者が見るんです。見てそれでこれを読みたいと、これを買いに行きたいと、そう思わせるような書評でなければ意味がない。けなす書評だったら別のところでやればいい。研究室とか大学の紀要とかでやってほしい。新聞の書評は、数ある本の中から選んでやっているわけだから、勧めたい本だけをやればいい。そういったことを書評委員になった人にクギを刺すのです。そうじゃないと、つまらなくなる。

最後に若い秋田高校生徒にお言葉があれば、また秋田と首都圏、さらには全国・全世界に活躍する秋中・秋高同窓生に向かってメッセージをいただければありがたく存じます。

私は大学を卒業するにあたって母に三つのことを言われました。一つ目は、「何事にも手を抜いてはならない」ということです。常に全力で当たれと言われました。二つ目は「傲慢になってはいけない」ということ、常に謙虚であれということ。三つ目は「だれも嫌いになることはない」。いやだなと思ったらその人の中に自分より優れたものがあるかどうか見よと言われました。大概自分より優れているものがあるんです。そうすればもうその人が嫌いじゃなくなるよ、と三つ言われました。特にその中の一つ「常に謙虚であれ」ということですが、われわれが知っていることは限られているし、その中で人を批判するわけですから、くれぐれも自分が今思っていることだけでその人を批判する、そういう傲慢なことではいけないと言われたと思っているんです。謙虚さですね。母は大事なものを与えてくれました。残念ながら二四年前に亡くなりました。三〇年間、過疎の地で一人暮らしをして、倒れているところを発見されて八一年の生涯を閉じました。私の母の教えを、皆さんに伝えたいと思いました。

加えて最後に、人が仕事を選ぶということはどう生きるのかと同じだということです。真剣勝負をしないといけません。どんな仕事だってそうだと思うのです。どこの大学を出たとか、どこの会社に入ったとかということで人を評価するのはおかしいと思います。その人がどう生きているかっていうことのほうがずっと大事だと思っています。皆さんのご健闘を祈っています。

（畠山茂・聞き手）

次世代大型望遠鏡の製作を究め宇宙の謎解きに挑む

天文学者・天文工学者
林《はやし》 左絵子《さえこ》
一九七七（昭和52）年卒

一九五八年　秋田市生まれ、幼少期を福島県で過ごす
一九八二年　東京大学理学部天文学科卒
一九八七年　東京大学大学院理学系研究科博士課程修了　理学博士号取得
イギリス・オランダ・カナダ連合天文台研究員
一九九〇年　国立天文台　助手
一九九八年　国立天文台ハワイ観測所（米国ハワイ州）赴任
二〇〇一年　国立天文台ハワイ観測所　助教授（二〇〇七年　職名が准教授）
二〇一七年　国立天文台TMTプロジェクトに異動（日本に戻る）
二〇一七年　日本天文学会副会長（二〇一九年まで）
二〇一九年　国立天文台カリフォルニア事務所赴任（三〇メートル望遠鏡国際天文台本部付き）

晴れれば満天の星空という北日本で育った。人類が地球以外の天体に到達し、日本でも科学者が職業としてあり得る時代となっていた。この宇宙の中での自分たち、つまり太陽系、地球、生命の起源は誰でも不思議に思うもっとも素朴な問いかけだ。日本の物作りの技が国際的に認知される時代を背景に、天文学観測の道具づくりに携わっていくことになる。

■主な著書など　『宇宙探検　すばる望遠鏡』（新日本出版社、林左絵子著、海部宣男監修）『先生、物理っておもしろいんですか？』（丸善出版、パリティ編集委員会編、寄稿）“The Sky is for Everyone” Princeton University Press 寄稿（女性天文学者三七人の自伝集）

続々出てくる大発見

二〇一九年四月、複数の大陸と島にある望遠鏡群を使って観測することにより、初めてブラックホールの影をとらえたという記者会見が世界の六カ所で同時に行われ、大きな興奮を巻き起こした。ブラックホール自体は「見える」ものではないが、その「影」を調べることにより、本体の存在や性質を明らかにできることを示したものである。このブラックホールを持つＭ87と呼ばれる銀河からの光は五五〇〇万年かかって地球に届いている。現在わかっているもっとも遠くの銀河からの光は一三五億年かけてようやく地球に届くので、Ｍ87はほんの庭先にあるようなものだ。

二〇一九年のノーベル物理学賞は三人の天文・天体物理研究者に授与された。物理的宇宙論と太陽系以外の惑星発見であり、いずれも生活にとって身近な対象ではない。自分が大学生のころに確実なものとして知られていた内容でもない。近年の天文学研究の急速な広がりと深まりを象徴するニュースであった。

このニュースを、三度目の海外勤務、しかも世界中の天文学者の憧れの地の一つである米国カリフォルニア州パサデナで聞いた。受賞者三人のうち二人は一九九五年、太陽のような恒星を巡る惑星の発見を報じた。恒星は自らエネルギーを作り出すことができるが、惑星はそうではない。恒星の誕生時に、その周囲で惑星もできてくることが予想されていた。このような太陽系以外の惑星を「系外惑星」と呼ぶ。あるに違いない系外惑星を見つけようと熾烈な競争が展開されていたなかで、地道な計測が突破口を開いた好例であった。

それ以来、系外惑星はいくつかの手法により続々と発見がつづき、二〇二一年八月末時点で五一五一個に達している。太陽系の惑星も多様であるが、よそにはもっと奇想天外なものが存在する。それでもやはり地球に似たものを見つけたい。地球の成り立ちを知る手がかりを得たい。というわけで第二の地球を見つけるべく、パサデナを本拠に次世代大型望遠鏡を一緒に作っている仲間たちとともに、このニュースは励みになると喜んだ。

天文学の道具は望遠鏡と好奇心

私の現在の仕事はどちらかといえばエンジニアリングであり、工学部出身のメンバーばかりのチームにいる。性能がすぐれた望遠鏡を作ることがよい研究につながることを、これまでに経験できたからだ。

大学では理学部天文学科だった。理学部というところは、扱う対象や原理への興味から入る学生ばかり。特にまだ高度経済成長がつづいていた時期なので、教養課程同期の学生の大部分は工学部に進学した。原子力工学が花形で、今からは想像できないかもしれない。数学や物理が面白い、物事が動く・作られる背景や原理はどういうことなのか、特にこの宇宙を作っている物質はもともとどのようにしてできたのか、地球のような惑星が誕生する過程では何の作用が決め手になっていたのか。知りたい思いが募り、高じて進路を思い定めた。大学院試験に挑戦し、二度目に突破することができた。

大学院では当時まだ新しく、先が見えないとされていた電波天文学分野に惹かれた。宇宙にある天体は、その温度に応じて、それぞ

鏡を作るチームメンバーとともに。出身国は様々、良いものを作ろうとする意気込みは共通（TMT 国際天文台）

れ異なる波長で輝く。太陽のように摂氏六〇〇〇度もあると可視光で、地球は摂氏〇〜四〇度ぐらいなので赤外線、これは人体も同じ。だから夜間の監視カメラは人間の体温に合わせて、赤外線を検出できるようになっている。さらに星が生まれる前の冷たいガスは、波長がミリメートルやそれ以下のいわゆるミリ波・サブミリ波で「輝いている」。つまり異なる波長で観測した結果を総合することで、この宇宙にある様々な天体の様子を明らかにすることができるわけだ。

その頃できたばかり、長野県野辺山にある宇宙電波観測所で直径四五メートル、ミリ波観測用で世界最大のパラボラアンテナに取り組んだ。理学博士の学位をいただいてすぐにハワイ島に移る。マウナケア山頂近く（注）にできたばかりの直径一五メートルという世界最大のサブミリ波観測用の電波望遠鏡ジェームズ・クラーク・マクスウェル望遠鏡（略称 ＪＣＭＴ）に飛び込んだ。ちなみにブラックホールの影の撮影に寄与した望遠鏡の一つである。

さて望遠鏡は組み立てが終わってから、実際に天文学の研究に使えるようになるまで様々な調整が必要である。このときが面白い。いろいろ工夫を重ね、本来目指していた性能に近づいていくのをリアルタイムで経験できる。昨晩達成できなかったことが、今夜はできるようになる。私は野辺山の四五メートル望遠鏡とハワイの ＪＣＭＴ でそのような貴重な経験を得た。

（注：ハワイ州東端にあり、同州でもっとも広いハワイ島には、四〇〇〇メートルを超える高山が二つある。そのうち北側のマウナケアの山頂近くに、世界のいろいろな国が力を合わせて運用している最先端の望遠鏡群がある。これは天体観測のための自然条件が抜群にすぐれているということと、地元にハイテク技術を支える人材がいる、さらにもともとハワイ諸島の発見が最先端の科学技術に基づいていたという伝統が背景になっている）

次が直径八・二メートルの光学赤外線観測用すばる望遠鏡。建設予定地が ＪＣＭＴ に近く、ローカルな気象条件を記録する段階から関わった。日本の天文台に職を得て一九九〇年に東京に移動。望遠鏡の性能を決める要素の実験を始め、設計から工場での性能検証などに携わった。

一九九八年、今度は家族とともにハワイ島に転勤。住まいと研究所は海岸近くのヒロという街にあり、そこからマウナケア山頂にある望遠鏡に四輪駆動車で向かう。望遠鏡の性能がよくなるにつれ、星・惑星系誕生の現場を初めて詳細に示す観測というワクワクに立ち会うことができた。

30メートル望遠鏡が映す宇宙の姿。イラストレーションです。円形で隅々までよく磨いた後に6角形に切り、すきまが最小限になるよう並べて、大きな鏡を構成する（TMT 国際天文台）

現在は三〇メートルの次世代望遠鏡を作っている。三〇メートルの主鏡は一枚ものではなく、四九二枚の分割鏡を作って組み合わせる。私はこのまさしく望遠鏡の目玉について、主に材料から成形に至る過程に注力している。材料については日本のガラスメーカーが長年の努力の末、厳しい要求性能をクリアすることに成功し、生産がつづいている。これを円盤型にした後、研削そして研磨していく。周到に練られた手順に沿って製作を進めていても、何しろ天文研究用としては珍しい大量生産なので、ごくわずかな機械の摩耗などから問題が生ずることがある。現場の技術者が原因を探り当てて、防止策まで着実に練り上げている。そのような現物の確認のため、しばしば工場を訪問してきた。

分割鏡は最後にコーティングを施すことで、宇宙からの光を集める反射鏡の一部になる。このコーティングの開発も、パサデナでの重要な仕事だ。試作や取り扱い方法の工夫などのため、近くのモンロビア市にある実験室に出向くことが多くなった。
大学院入学当時から見ると、この四〇年あまりの間に日本が研究面で国際的な競争力を持つ国として認められるようになった。それを支える研究機器のすぐれた性能のおかげでもある。しかもそうした技術は、民需で鍛えられてきている。つまり、多様な要求を持つ消費者が、使いやすさも含めて日本の競争力を成長させてきたと感じている。日本の天文学の飛躍は、日本の物作りの力のおかげだ。

秋田高校から大学まで

高校時代を振り返ると、この道にすすむきっかけをもらい、また物事にしつこく取り組む基礎を学んだ時期になる。高校入学時には五城目町に住んでいて、隣の八郎潟町一日市（当時の名称）まで鉄道連絡バスで行き、奥羽本線の列車にのる。二両編成でエンジンはディーゼル。車両や軌道のメンテナンスなど、鉄道会社の方々の様々な努力を感じ取ることができた。

高校では教科科目で新しい分野に触れることができる。たとえば理科が物理・化学・地学・生物となり、それぞれに実験、実習があって面白かった。またなんといっても部活や生徒会、学校行事である。友だちの考え方、得意なことなど知り、いっしょに物事を進めていくことを学んだ。図書室にも入り浸った。知らない世界が身近になるし、地理や世界史にもわくわくした。三年間に、自然界におけるつながりを考える機会をたくさんいただいた。

一九七七年に秋田高校を卒業した。同世代人口が約一五〇万人、大学への進学率は日本全体では三割ほど、女子の方が低かった。秋田高校の一学年が五〇〇人ぐらいのうち、女子生徒が二割ほど。これが理系クラスになると、女子がいるのは一つだけ。ただしこの一クラスの半分が女子なので、教室では少数派ではない。

模試や大学入試で上京する際、奥羽本線の急行や寝台列車（三段）を利用した。幸い大学に入ることができ、学問をする機会をいただいて張り切った。勉強についていくのは大変だったが、東京にいるおかげで映画鑑賞が息抜きになった。床から天井までの大スクリーン、当時入れ替え制ではなかったので繰り返し見た映画に、連星系の惑星が登場していた。太陽が二つあり、しかも人類が生存できる惑星があるというのである。まったく空想の世界とされていたが、研究者たちは太陽系以外にも惑星系があるに違いないと研究を進めてきた。冒頭に述べた系外惑星の発見が報ぜられたのはそれから一八年後である。最近、このシリーズの完結編が公開され、二つの太陽が再び登場する。この間の系外惑星研究の進展に思いを馳せた。

大学入学時には、川崎市にあった秋田県育英会の女子寮、また三年からは杉並区にあった小山田四郎様の女子寮にお世話になった。どちらでも他の大学に通う学生たちといっしょで、それぞれの夢を語り合うことができた。三―四年になると、教員を目指すものは教育実習に、医薬関係だと現場での実習にと、それぞれ次のステップのための活動があった。このころは医薬系を別として自然科学分野の研究者というものが社会的に認知されておらず、そもそも研究職のポジションが少ない、さらに男女雇用機会均等法のはるか前で女性が研究者になることは考えられなかった。そのため職業に関する情報も見通しも全く無かったので、教員になることを真剣に考えて教職課程を履修していた。教育実習では秋田高校にお世話になった。大学四年生だと高校生と年齢（も見た目も？）があまり違わない。生き生きとして好奇心に満ちた生徒たちと議論することが楽しかった。

道はつづいてゆく

二〇二〇年元旦、私はパサデナの目抜き通りでローズパレードを鑑賞した。ここの大きな競技場で元日に行われるフットボールの試合前に、市の花であるバラにちなんで行われる伝統的なパレードである。大型トラックをバラや蘭などの花々で飾ったものがつづき、とてもはなやかだ。空は青く明るい。ここからハリウッドが近いので、まさに映画のようである。

軍隊や高校、大学のマーチングバンドが通り過ぎる。楽器はヤマハ、ヤマハ、ヤマハ。吹奏楽に熱中していた中学・高校時代が蘇る。八橋の競技場で高体連のあれは開会式だったろうか、ヤマハの大太鼓をたたきながら行進したことを思い出す。

パサデナ市の伝統行事に、日本や台湾やベネズエラからも参加があり、新年のお祝いを一緒に盛り上げている。人類が住むことのできる惑星はまだ一つしかないのだから、こうして共存共栄の道を作りつづけていきたいものだ。

三〇メートル望遠鏡も同じように、一歩一歩進めていきたい。この望遠鏡はアメリカ、カナダ、日本、インド、中国の機関が参加して作ってきている。次世代の光学赤外線望遠鏡は三台、うち二台はチリ、つまり南半球に作られる。三〇メートル望遠鏡だけが北半球に作られ、チリからは見えない空の範囲をきっちりカバーする。執筆時点で分割鏡を作るだけでもまだ一〇年以上かかるこのプロジェクトは、今の高校生が社会人になってリードしていくことになろう。ぜひ秋田高校出身の方に加わっていただきたいものである。

次世代の人類は、この三台の望遠鏡を通して宇宙の理解を進めていくことになる。成果を共有することで、人類みなの望遠鏡にしていきたい。

（本人・記）

フジタにほれ込み名作の数々を秋田に残す

美術品収集家

平《ひら》野《の》政吉《まさきち》

旧制秋田中学中退

一八九五年　秋田市で生まれる。幼名・精一
一九一六年　小栗常太郎飛行学校に入る
一九二四年　東京湾上空で不時着事故
一九三四年　藤田嗣治と知り合う
一九三五年　三代目政吉を襲名
一九三七年　壁画「秋田の行事」が平野家の米蔵で完成
一九六七年　秋田県立美術館・平野政吉美術館（旧県立美術館）開館
一九八九年　死去

秋田市の富裕な商家に生まれ、青年時代は金に飽かせて好き放題に振る舞い、奇行の数々で伝説を残した。美術好きは終生一貫しており、三九歳のときに出会った洋画家の藤田嗣治（後のレオナール・フジタ）に心酔し、資金援助もした。藤田を秋田市に招いて描かせた大壁画「秋田の行事」は、秋田県立美術館のメーン展示品として光を放ちつづける。

美術品コレクターで「東北最後の奇人」とも呼ばれた平野政吉は東京・銀座の日動画廊を訪れると、脱いだ羽織を奥の六畳間に放り投げてどっかと座り、「さあ、さ、戦争ですわい。きょうは、どうしても、フジタを頂戴していかんと…」と値段の交渉を始めるのだった。

朝の一〇時に画廊が開くと同時にやってきて、座り込んだら動かない。折り合いがつかなければ翌日も翌々日もやってくる。和服の懐には大きく膨らんだ財布を入れ、話が決まれば即金で全額を払っていく。画廊主の妻は「あの方に見こまれるのは、ひどく迷惑なようでいて、それでいてたいへんな魅力でしたから、しばらくお見えにならないと、病気でもされてるんじゃないかしらなんて、気がもめましてね。そういう不思議な買われ方で、フジタさんの作品はずいぶんとあの方にははいっておりますわよ」と回想している（田中穣『評伝　藤田嗣治』）。

秋田県立美術館（秋田市中通）に展示されている大壁画「秋田の行事」をはじめ、藤田嗣治作品のコレクターとして知られる平野政吉。その収集スタイルの一端をうかがわせるエピソードである。

好き放題の少年時代

平野政吉は一八九五（明治二八）年一二月、秋田市に生まれた。幼名は精一。生家は藩政時代からの米穀商で大地主だった。遠慮のない物言いは、豪傑肌で知られた祖父（初代政吉）の性格を受け継いだといわれる。

旧制秋田中学のころ、米一俵が一円の時代に月七五円の小遣いをもらっていたという。しかも一円札を道の上に敷き、その上を渡って歩いた後は土のついた札を友人にくれてやったというから、大金持ちのあきれた息子だったかもしれない。これに限らず、彼の人生は虚実ないまぜの逸話によって彩られている。

学生時代は画家になりたくて浮世絵の収集もしていたが、父親に反対され画家は断念。その反動なのか、当時秋田では珍しいオートバイを買って乗り回したり、映画館の少年技師に頼んで名画のフィルムを失敬し、そのフィルムに火がついて自室を焼くボヤを出したりするなど、いまふうの表現で「やんちゃ」な少年だったようで、結局は中学を中退する。その後、祖父から旅行資金と紹介状を書いてもらい、国内の主立った名門財閥を訪ね歩き、一方で美術館を回って絵の鑑賞をつづけた。

オートバイから始まって自動車やモーターボートなどを乗り回す目立ちたがり屋でスピード狂でもあり、二〇歳のとき、秋田市の楢山グラウンドで行われた興行飛行を見て飛行機に魅了され、飛行士になることを夢見て上京。日本帝国飛行協会の小栗常太郎のもとで五年近く操縦を学んだ。一九二四(大正一三)年一〇月、腕試しに強風を突いて神奈川県の川崎を離陸したものの、エンジン不調のため千葉県木更津沖の東京湾上に不時着する。救助を待っていると小舟が近づき、飛行機が沈む前になんとか乗り移って助かったという。しかし全身打撲の重症を負い、その後三年間、秋田での療養生活を余儀なくされる。

快癒してからは母方の叔父が東京で経営する自動車販売会社で手伝いをし、車を売りまくる。そんな東京生活をしていた一九二七(昭和二)年、小田野直武(江戸時代秋田藩の武士で、秋田蘭画の代表的画家)の「秋海棠図《しゅうかいどうず》」をドイツ大使が所持していることを知り、なんとか秋田に持ち帰りたいと考えて大使館に談判する。本人の回想によれば、「直武はわたしの同郷人だ。この絵は当然秋田に残るべき作品だ」「貴殿が断るとなれば、わたしは武士道にならってハラキリをする。同時にこの建物に空から爆弾を投下する」と懐中にピストルと短刀をしのばせて迫ったという。その気迫に押され、大使も絵を譲ることを許したという。真偽は不明ながら、絵画に注ぐ平野の情熱を伝える逸話だ。

それから間もない一九二九(昭和四)年、東京で藤田の個展が開かれる。パリの画壇で名を上げた藤田にとって一六年ぶりの帰国で、展覧会は東京、大阪、福岡を巡回した。東京展に足を運んだ平野は、フランスから輸送された油彩画やデッサンを見て感銘を受ける。さらに藤田は一九三四（昭和九）年二月に日動画廊で個展を開催、同年九月には二科展に二七点を特別出品している。これにも足を運んだ平野は中でも「カーナバルの後」を見て目がさめたという。「細密な線描。画面全体を包む倦怠感。人物の足元に散乱した紙テープの存在感。心をゆさぶられた」（「聞き書き　わがレオナルド藤田」）。一時は画家を志し、一六歳の時から浮世絵を収集していた平野だが、それまでの絵が色あせるほどの衝撃だったと回想している。これを機に平野は藤田作品の収集を決意したという。

二科展の会場で藤田本人とあいさつを交わした平野は、出品作の中では藤島武二の絵が好きだと言うと、藤田は「あんな絵をねー。あなたは田舎の方だから無理もないが、ああいう人の絵を買っておくと、やがてみんなタダになります」「それに引き換えて、ぼくの絵は全部国宝ですからね」と言い放ったという。これに強く印象を受けた平野は、コレクターとして開眼したという。

藤田美術館を夢みて

一九三五（昭和一〇）年秋、外務省の外郭団体が制作する国際観光映画「現代日本」の監督に抜擢された藤田は角館をロケ地の一つに選ぶ。翌年三月、秋田入りした藤田を歓迎して知事の招宴が秋田市の料亭で催され、平野も呼ばれて末席に連なる。藤田との対面は前々年の二科展以来だ。

「あいさつに立った藤田は、自分はバチカン宮殿でローマ法王に謁見したとか、フランス大統領から勲章をもらったとか、自慢話ばかりするものだから、平野はカチンときて『田舎者と思ってなめるな。世界一の芸術家なら世界一の画をワシの目の前で描いてもらおうじゃないか』と啖呵を切って、後ろ向きになって屁を一発放ってやった」という（『週刊アキタ』インタビュー、一九七九年四月二七日）。

このエピソードは繰り返し引用され、自分でも各所で吹聴していた節があるが、後年、本人は「あれは後になってできた『伝説』だ。田舎では殿様気取りだった若い私（当時四〇歳）も、藤田の迫力の前に圧倒された、というのが本当のところだ」と打ち明けている（『聞き書き　わがレオナルド藤田』）。

この招宴からまもない一九三六（昭和一一）年六月、藤田の妻マドレーヌが東京で急死する。藤田の懐具合を案じた平野は、葬儀費用として大金を提供する。それから間もなく、藤田の秘書がマドレーヌをモデルにした作品「眠れる女」の絵はがきを持って平野を訪ね、この絵を譲ってもいいという。平野はもちろん購入する。これが平野コレクションの藤田作品第一号となった。葬儀を終えた藤田は「眠れる女」を携えて秋田を訪れる。平野はマドレーヌ鎮魂の意味も込めて秋田に「藤田美術館」を建設すると申し出た。

当時の新聞は「平野氏は多額の私財を投じ画伯の大作一二点を買い取って世界的画家のギャラリーが雪の秋田に永遠に保存される」「藤田美術館の建設によって観光秋田の持つ美が世界的になることを祝福したい」と報じ、藤田は「（美術館の）設計は純日本風にしてはじめは小さなものにしてそしてだんだん広げられるように、採光だけは洋風にとって出来上がり小さな三十三間堂といった感じのものにしたい。出来上がったら美術館名物の壁画をうんと描くかな」と語っている（一九三六年七月一二日、秋田魁新報）。

半年後、再び秋田を訪れた藤田は「私もすべてを犠牲的に秋田県の発展のために県を世に紹介するために壁画を計画」したこと、美術館構想については「講堂は十間に十間くらい、高さも四間くらいにして講演、音楽なんでも使えるように美術展使用はもちろんのことである。ふだんは私の代表的作品、一九一九年くらいから現代までのものと大作一五点、素描数百、そして各国で蒐集した美術参考品、織物、工芸、図案並びに専門品を陳列し、（中略）ゴヤの銅版画四〇枚の原画、それと南米で集めたスペイン系の一八世紀宗教画一〇枚などを主な参考品として陳列することとなった」「平野氏も私も私利を捨て協力して社会事業として奉仕的に何等の交換問題なぞ念頭に置かず実行させようとして私はこれから傑作を描くことにただ懸命であるばかりだ」「平野氏と芸術談がよく合ってそれから男らしい気持ちが合って非常にむすばれ兄弟以上の交際」と語っている（一九三七年一月一日、同）。

また、藤田美術館に収める壁画の制作意図を、次のように語っている。

「竿燈、七夕祭、梵天…みな見たものばかり、それに秋田の写真も数百枚とってあるし、着物の面白いのもだいぶ買い込んで参考にしている」「平野氏の方は米町（現在の秋田市大町）の倉庫を改造して画室にあててくれるし万事都合よく約三ケ月で十間（一八メートル）に二間（三・六メートル）の実物が完成する」「画面には男女、子供取りまぜて数百人を描くつもりだ」（同）

実際の制作期間は一九三七（昭和一二）年二月二一日から三月七日まで、実質一七四時間で横二〇・五メートル、縦三・六五メートルの大作が完成した。画面左側に街場の冬の日常風景、中央に竿燈まつり、右に太平山三吉神社の梵天まつり、右端に日吉八幡神社の山王祭が描かれている。左手奥の石油やぐらや「秋田産」の焼き印を押した木材は、秋田の産業を表す。山王祭の舞台では秋田音頭の踊りが演じられ、それを見上げる人々の中に平野政吉が描かれている。壁画は平野家の米蔵を改造した画室で完成。それを収める藤田美術館は翌一九三八年春、秋田市八橋の日吉八幡神社境内で着工となる。しかし戦時体制下で資材調達が難しくなり、結局は建設中止となった。

「秋田の行事」が描かれるより二年前の一九三五（昭和一〇）年、平野は父親を亡くし、三代目政吉を襲名。三〇〇町歩の水田と、金融業を主体とした合資会社「平野商会」を引き継いだ。戦時色が濃くなる中でも美術品への熱意は変わらず、戦後の農地改革で田畑の八割方を失いながらも藤田作品の購入をつづけた。

まだコレクションを収める美術館のない時代、評論家の大宅壮一が平野邸を訪れ、見聞記を週刊誌に以下のように書いている。

「通された座敷は、美術品の売り立て会場みたいで、足のふみ場もない。姿を現した主人は強い秋田なまりで、両手の指にはことごとく指輪をはめており、二つ三つはまっている指もある。好き放題のことをしてそのまま年をとったという感じである。（藤田嗣治を）軟禁して書かせたという膨大な画が、薄暗い土蔵の中にしまいこんである。藤田のパトロンとしては、日本では彼におよぶものはまずあるまい」（『週刊朝日』一九五四年六月二〇日号）。薄暗い土蔵にしまい込んであった膨大な画とは、もちろん「秋田の行事」である。

秋田市の平野邸で絵筆を執る藤田嗣治（右）。その左が平野政吉（1936年7月、公益財団法人平野政吉美術財団提供）

一方の藤田は、太平洋戦争に従軍し、軍の意向を受けて戦争画を描いた。「アッツ島玉砕」などの作品は戦場の凄惨さを伝えており、戦争を賛美する雰囲気はまったくなかったが、戦後は「戦争協力者」のレッテルを貼られ、失意のうち一九四九年にパリへ戻る。藤田美術館の構想も幻で終わった。

価値ある平野コレクション

平野が集めた藤田嗣治作品は、最終的に一〇五点に達した。うち油彩は「カーナバルの後」「眠れる女」「北平の力士」「五人女」「私の画室」「踊り子」など一九三〇年代の作品を中心とした一四点。藤田の作風は時代と共に変遷している。一九二〇年代は独自の乳白色を用いた裸婦像、一九四〇年代前半は戦争画に見られる群像表現を特徴とする。その中で平野のコレクションは両者の中間に位置する過渡期の作品群で、藤田研究にとっても欠かせないと評価されている。藤田作品は、ほかに素描や版画、日本画などがある。加えて、藤田が南米旅行中に収集した土器や仮面、玩具などが一六一点ある。

平野は藤田との出会いによって西洋絵画に関心を向け、ゴヤやゴッホ、ピカソらの版画や素描、さらには秋田蘭画をはじめとする日本の初期洋風画、明治期の日本の洋画、中国絵画も収集した。これら平野コレクションの総計は五九九点に上る。

藤田美術館の構想は実現しなかったものの、一九五〇年代になると平野コレクションは全国を巡回して広く知られるようになり、地元秋田で美術館建設の機運が高まる。在仏の藤田自身、美術館の展示空間や「秋田の行事」の展示方法について考えを伝えている。秋田県立美術館（平野政吉美術館）は、その意図をくみ取り、一九六七年五月に開館した。「秋田の行事」は完成から三〇年ぶりに米蔵を出て美術館に収まった。

その県立美術館は千秋公園のお堀を挟んだ向かい側（エリアなかいち）に移転新築されて二〇一三年九月に開館、「秋田の行事」をはじめとする平野コレクションも移った。藤田が関与した旧県立美術館は新たな創作活動の拠点「秋田市文化創造館」に生まれ変わった。

（相馬高道・記）

参考文献　田中穰『評伝　藤田嗣治』（芸術新聞社）、秋田県立美術館開館記念特別展「壁画〈秋田の行事〉からのメッセージ」図録、近藤史人『藤田嗣治　「異邦人」の生涯』（講談社）、「聞き書き　わがレオナルド藤田」朝日新聞秋田県版連載（一九八三年一月五日～一五日）、秋田魁新報ほか

独自の文学研究を極めた教育者

近代日本文学研究者
分銅惇作《ふんどうじゅんさく》
一九四二（昭和17）年卒

一九二四年　秋田県五城目町生まれ
一九四二年　旧制秋田中学卒
一九四八年　東京高等師範学校卒
一九五一年　東京文理科大学（後の東京教育大学）卒
一九六二年　東京教育大学（現・筑波大学）講師、助教授、教授
一九七七年　実践女子大学へ移り教授、文学部長
一九九三年　実践女子大学学長（一九九七年まで）
一九九九年　勲三等瑞宝章受章
二〇〇九年　享年八四

近代日本文学研究者であり、近代詩研究の権威。中原中也に傾倒し、特に宮沢賢治の研究に生涯をかけた。日本のプロレタリア文学に先鞭をつけた雑誌『種蒔く人』同人・小牧近江、金子洋文らとも親交を深めた。教科書の編者などとして国語教育でも知られ、旺文社大学受験ラジオ講座の国語講師を長年務めた。

■主な著書　『宮沢賢治の文学と法華経』（水書坊）『中原中也』（講談社現代新書）

兄弟愛、そして千家元麿との出会い

分銅さん（以下敬称略）は五城目町の日蓮宗「宗延寺」に、兄妹九人の二男として生まれた。長男の日香（筆名・志静）＝平成二八年、九三歳で死去＝は宗延寺の住職を務める傍ら、昭和三九年から五城目町議を連続四期務めた人物。さらに「秋田文学」「北国」の同人として文筆活動にも力を入れ、幼い頃から弟惇作に影響を与えている。

何より、この二人は他人が羨むほど仲が良かった。兄弟としての愛情に加え、宗教という目に見えないものが引力となり、二人の絆を強固にしたのである。

一九四二（昭和一七）年に旧制秋田中学を卒業した分銅は東京高等師範学校に進み、その後、東京高師の専攻科を改組して発足した東京文理科大学で勉学に励む。秋田中学時代にも島崎藤村や北原白秋の詩を愛読してはいたものの、詩作に興味を持ったのは東京高師の頃からで、自作の詩を集めてガリ版の詩集を出したりした。それが、ある人物の目に留まったことから、分銅は詩の世界にのめり込んでいく。

その人物とは当時、白樺派の代表的詩人で「貧乏詩人」といわれた千家元麿《せんげもとまろ》（一八八八年－一九四八年）である。「ぜひ会いに来い」と言われた分銅が何度か千家の住まいを訪ねるうちに、昵懇の間柄になった。当時、千家の許には白樺派を中心に多くの詩人たちが出入りしており、分銅はそうした詩人と交遊することができた。そのうち詩誌の同人となり、近代詩の研究に励むようになっていく。

素朴で善意に満ちた人道主義的な詩を書く千家を、分銅は生前、「私の最初の詩の先生」と振り返っている。それだけ分銅の人生に大きな影響を与えたということだろう。同時に「千家さんは随分変わった人だった」と敬愛の念を込めて懐かしんでいる。

確かに分銅の話を聞けば聞くほど、変わった人だった。千家の父尊福《たかとみ》は出雲大社の宮司を務めた後、貴族院議員や埼玉県、静岡県、東京府の知事、そして司法大臣も務めた名士である。千家家は代々の当主が出雲国造を務めてきた家柄だったが、元麿は庶子だったことも影響したのか、家出をしたり貧乏生活を送ったりしていた。

そんな千家に、分銅は人間臭さを感じたに違いない。一九四八（昭和二三）年三月一四日、千家が肺炎で亡くなった後、分銅は雑誌「文壇」に「千家元麿の晩年と臨終」と題する追悼文を書き、生前を偲んでいる。

中原中也に憧憬し傾倒

千家に師事した分銅は、その一方でダダイズムの中原中也（一九〇七年ー一九三七年）に傾倒していく。分銅は一九七四（昭和四九）年、中也研究の基礎文献として評価の高い『中原中也』（講談社現代新書）を上梓しているが、その中で中也の詩と初めて出会ったときの思いを次のように綴っている。

「中也の詩を初めて読んだのは上京後である。学校の寄宿舎の図書室の本棚に一冊の詩集があった。（中略）私はたちまち中也の詩の魅力にとらえられてしまった。日本語でこんな美しい詩が書けるのかと、目をみはる思いで、『朝の歌』『臨終』『妹よ』『寒い夜の自画像』『汚れつちまつた悲しみに』『曇天』『一つのメルヘン』などの気に入った作品を丹念にノートに写し取った。それは自分の粗野な詩的感覚が磨かれるような発見のよろこびであり、感動であった。しかし私は中原中也がどういう経歴の詩人であるのか、まったく知らなかった」

中也の詩と偶然出会ったときの喜びや感動が、何とストレートに伝わってくることか。ただ同時に、得体のしれぬ悲しみが心に突き刺さる痛みを中也の詩から感じた。ほどなくして中也の常軌を逸した生活、三〇歳の若さで亡くなるまでの裏話を知り、当時の多くの文学青年のようにただ傾倒するだけでなく、研究者として学術的に考察していくことになる。

「詩は青春の文学といわれる。が、近代詩人のなかで、青春の意味がとりわけ重く、振幅のはげしいゆれを示しているのは、中原中也の青春であろう。不羈奔放《ふきほんぽう》な三〇年の短い生涯を終わった中也には、晩年があっても老年や中年があったわけではない。晩年も青春の連続で、いわば燃えつきるような形で、個性的な青春を完成して彗星のように消えた詩人、と見るのが一番ぴったりする」

分銅は同書で、中也の人生を「不羈奔放な三〇年」と表現し、「己れのうちなる狂気に導かれて、死を道づれにした人生の放浪者であった」と結論付けている。

宮沢賢治研究に生涯をかける

二〇〇二（平成一四）年一〇月二六日、秋田市立中央図書館明徳館で文化講演会が開かれた。一九二一（大正一〇）年に創刊された雑誌『種蒔く人』の周辺を考察する内容で、講師は分銅と筆者の二人だった。終了後、図書館から「記念に何か書いてほしい」と渡された色紙を前に、分銅はしばし目を閉じて熟考した後、次のようにしたためた。

もろもろの徳性は
善逝《スガタ》から来て善逝にいたる
分銅惇作

宮沢賢治の生前唯一の詩集である「春と修羅」の中にある「昴」と題した詩の一節である。「善逝《スガタ》」

は如来十号の一つを指す仏教用語であり、「煩悩を断って悟りの彼岸に去った者」という意味である。要するに、「あらゆる徳性、つまり道徳をわきまえた正しい品性は、如来のもとにあるのだ」ということだろう。

図書館の突然の申し出に対し、咄嗟にこの一節を思い浮かべるほど、分銅の全身には宮沢賢治の精神が宿っていたのである。

分銅が賢治の詩と初めて出会ったのは秋田中学時代である。草野心平が編集した『宮沢賢治研究』（十字屋書店）をたまたま学校の図書室で手に取って読み、「大変な詩人がいるんだな」と思う。夏休みを利用して賢治の故郷である岩手県花巻市を訪れたこともあった。

以来、仏教信仰と農民文学に根差した創作を行い、三七歳の若さでこの世を去った詩人は分銅にとって、とてつもなく大きな存在となっていく。分銅は生前、事あるごとに「東北の詩人宮沢賢治研究は、私の生涯をかけたライフワークです」と話すほどだった。

その思いは、分銅の代表作の一つである『宮沢賢治の文学と法華経』（昭和五六年、水書坊）のあとがきに凝縮しているので、引用したい。

「宮沢賢治は日本の近代詩の星座に北極星のように永遠の光を放って輝き続ける詩人です。賢治の文学の特色は、自然と宗教と科学を統一的に把握した詩的宇宙の限りないひろがりと澄明さにあります。豊かな想像力と感受性による自然との深い交感は、自己の存在を修羅の意識でとらえ、それを克服して菩薩道に生きようとした真摯な求道精神に支えられていました。こんなまことの詩人が、昭和の初めにこの国の片すみに生きていたという事実が、何か信じがたい奇蹟のような感じさえします。私はこれまで、賢治文学によって人生に対して限りない希望を見いだし、生きることへのはげましを与えられて来ました」

秋田と岩手という同じ東北出身、法華経の寺院の二男に生まれた男と法華経を信仰した男という共通項。こうしたことも、分銅が賢治を身近に感じた要因であったことは想像に難くない。

それにしても宮沢賢治と中原中也は、共に孤独の光を放った詩人であり、夭折した運命も似通っている。しかしながら、この二人の個性や生活態度は実に対照的である。片や最期まで求道者たる姿勢を崩さず、片や故郷を捨て無頼の放浪者としてさまよい続ける。

「敬虔でストイックな賢治の生活の内面にはたえず挫折感の痛みや暗い情念の疼《うず》きがあったのであり、放埓《ほうらつ》で無頼な中也の生活の内面には無垢永遠なものへのはげしい渇きがあったのである」。分銅は『中原中也』の中でこのように評する。分銅がこの二人に引き込まれたのは、まさに生身の人間の本質を見いだしたからにほかならない。

『種蒔く人』同人と親交を深める

分銅の文学研究者としての軌跡をみた場合、中原中也、宮沢賢治研究を縦糸とするならば、雑誌『種蒔く人』の主要同人との親交を横糸と位置付けることができようか。研究を通り越した人間関係の密度の濃さが、分銅の文学観や思想形成に多大な影響を与えたことは間違いない。

『種蒔く人』は一九二一（大正一〇）年二月、南秋田郡土崎港町（現・秋田市土崎港）で産声を上げた同人雑誌である。この土崎版は第三号で休刊するが、同年一〇月には東京に拠点を移して東京版を創刊。関東大震災後の一九二四(大正一三)年一月まで号外、別冊を含め二二冊を発行して終刊し、『文芸戦線』へと受け継がれていく。一貫して「反戦」と「平和」を希求し、日本のプロレタリア文学運動の嚆矢として評価されている雑誌である。

その中心人物は小牧近江、金子洋文、今野賢三という土崎小学校の同級生だった三人である。雑誌には中央の多くの作家らが集ったが、分銅がとりわけ親交を深めたのが小牧と金子の二人だった。

　小牧はパリ大学で学び、一〇年近いフランス滞在中に「クラルテ運動」という反戦運動に接し、この運動を日本でも実践しようと『種蒔く人』創刊に向かう。片や金子は戦後の第一回参院選で社会党から全国区で当選し、劇作家としても広く活躍した。

　分銅は小牧を「柔らかくて心の広い人。学者より思想家と言った方がいい。強烈なリーダーシップを発揮した」と評し、「小牧さんがいなければ『種蒔く人』は生まれなかった」と断じる。また金子に対しては「『飢えと戦争を防げない文化は真の文化ではない』という洋文さんの信念は一貫していた」と話し、関東大震災で労働運動家ら一〇人が虐殺された「亀戸事件」をいち早くルポした「種蒔き雑記――亀戸の殉難者を哀悼するために」を「洋文さんが命がけの覚悟で書いた不朽の文章」と激賞する。

　分銅が小牧や金子を知ったきっかけをたどると、兄日香の存在が大きい。昭和二三年夏のことだ。戦前、芥川賞候補に三度ノミネートされた秋田市出身の作家・伊藤永之介が分銅の実家である宗延寺に日香を訪ねてきた。伊藤の妻輝子の母和崎ハルへ日香が相談に行ったことが縁だった。

　当時、分銅はちょうど帰省中だった。そこで伊藤と会い、この年の三月に亡くなった千家元磨を追悼して雑誌『文壇』に書いた「千家元磨の晩年と臨終」を伊藤に見せると、「私は昔から千家さんの詩が好きだった」ということで親しくなる。そこで伊藤を介して小牧と金子と知り合うようになったのである。

　「プロレタリア文学は文学運動としては既に歴史的役割を果したが、その精神は今後も継承されなければならない」。分銅はこのように断言している。

　ちなみに小牧の本名は「近江谷駉《こまき》」と言い、衆議院議員や土崎町長を務めた近江谷栄次の長男である。栄次は旧制秋田中学の卒業生であり、自費で火力発電所を建設し本県で初めて一般家庭に電灯をともした傑物。先の『先蹤録』に「先見性豊かな経世家」として収録されている。

慈愛に満ちた教育者、全国に教え子

分銅が長年住んだ東京都台東区池之端の自宅は、上野公園に程近い閑静な住宅街の一角にある。元々は東京帝国大学の文学部長などを務めた上田萬年《かずとし》の住宅であった。分銅が上田の長女千代の娘(長女)である恭子と結婚した縁で分銅一家がここに住むようになり、二階にある分銅の書斎は日本文学に関する文献や資料で足の踏み場もない状態だった。

分銅宅の隣には作家の円地文子が住み、よく遊びに来ていた。円地は上田の二女であり、分銅の妻恭子とは叔母、姪の関係だった。戦後の女流文壇の第一人者として評価される作家とのこうした関係・交流は、分銅の日本文学研究者としての幅を広げることにもなった。

分銅は生前、妻恭子の実家に関してよく話していたことがある。恭子の父方の祖父は東京帝大医学部を卒業し明治時代、浅草小島町に樂山堂《らくさんどう》病院を開業した宇野朗《ほがら》である。この病院は貧しい人々に医療を施したことで知られ、恭子の父宇野俊夫もこの病院の副院長を務めた。

よほど誇らしかったのだろう。分銅は「樂山堂病院は昭和二〇年三月一〇日の東京大空襲で焼けてしまう。でもね、それまでは順天堂と二分していた病院で、尾崎士郎の小説『人生劇場』にも出てくるんですよ」と相好を崩す場面が多々あった。

故郷に対しても教え子に対しても、分銅の眼差しは常に慈愛に満ちていた。一九九五(平成七)年に開学した秋田公立美術工芸短期大学に関して創設委員長を務め、当時の文部省に水面下で強く働きかけたことは、知る人ぞ知る話である。一九七九(昭和五四)年に開校した秋田西高の校歌の作詞を依頼されたときも快諾し、まさに西高の生徒になった気持ちで詞を練ったという。

分銅の独特の秋田なまりの語り口調を耳にすると、年配者の多くが懐かしさを感じるに違いない。旺文社の大学受験ラジオ講座の国語講師を長年務めた関係で、ラジオから流れる分銅の声に接した人が多いからだ。ラジオ講座は一九五二（昭和二七）年の文化放送開局と同時に始まり、二年後には日本短波放送でも流れるようになる。

自ら在籍していた東京教育大や実践女子大にとどまらず、分銅は東京大や東北大、静岡大、埼玉大などで講師として国文学を教えた。加えて長年のラジオ講座。教え子は全国にたくさんいる。分銅が五城目町の実家に帰省すると、どこから聞きつけたのか県内外の教え子が駆け付け、分銅の教えを乞う姿があった。

そういえば大学ではよく、分銅は宮沢賢治の「永訣の朝」を朗読していた。その秋田なまりの朗々たる姿を懐かしむ教え子は少なくない。

目が見えぬとも社会は見える

二〇〇一（平成一三）年一〇月一三日、秋田市土崎のホテル大和で「『種蒔く人』八〇周年の集い」が開かれたときのことだ。分銅が記念講演に立つと、普段は温和な表情が一変した。突然、壇上の机をバンと叩くと、「人間は愚かだ」と怒りを爆発させたのである。

米同時多発テロからほぼ一カ月が過ぎ、ちょうど米国がアフガンに報復攻撃をした時だった。テロに対して報復攻撃をしても憎しみだけが残り、何の解決にもならない。それは歴史が証明しているのに――。反戦平和を希求した『種蒔く人』の研究者の体は小刻みに震えていた。

この時、分銅の両目はほぼ見えない状態になっていた。突然の帯状疱疹で視神経が侵され、その後遺症で視力がどんどん低下し、晩年は失明に近い状態となったのだ。

それでも、いやだからこそ社会がよく見える。言ってみれば心眼。分銅は亡くなる数カ月前、こんなことを言って周囲を笑わせた。

「今の社会は真っ黒だな。あっ、そうか。私の目が見えないんだったね」

単なる冗談ではない。社会がおかしな方向へ進んでいることを、分銅なりのエスプリを利かせて警告を発していたのである。

ただ、「私の最後の仕事にしたい」と熱意を燃やしていた「作家の死生観」の執筆は、目の状態が悪化したことでついに果たせなかった。

分銅が都内の病院で亡くなるとき、最期は安らかに、笑うように息を引き取った。宮沢賢治も最期は笑うようにして逝った。分銅の脳裏に何が去来したのか。

「宮沢賢治にも最期に笑顔を浮かべる作品がある。弟は成仏したな、と感じた」。悲報に接した兄の日香は、穏やかな表情でこう語った。

（大地進・記）

病と闘い不屈の人生を切り拓く

商法学者
前田《まえだ》 庸《ひとし》
一九五一（昭和26）年中退

一九三一年　秋田市生まれ
一九四三年　旧制秋田中学入学
一九五一年　療養専念のため退校
一九五四年　東京大学法学部入学
二〇一三年　享年八一

昭和から平成に至る日本を代表する商法学者。司法試験委員（試験官）、政府の法制審議会会社法部会長を務め、商法改正に幾度となく貢献した。肺結核により、新制秋田高校では病気休学をくりかえし退校するが、不屈の意志をもって大学入学資格検定を取得し、東京大学入学。鈴木竹雄教授（商法）のもとで研究者の道に進む。穏やかにして円満な人格と相まって、手形法における「二段階創造説」を掲げわが国商法学の学統を担い、後進の研究者や多くの知識人に慕われる。

生まれ、育ち、結核療養生活と旧制秋田中学・新制秋田高校へ

前田庸さん（以下敬称略）は、不屈の不倒翁である。戦後になって特効薬が開発されるまでは不治の病であった宿痾の肺結核と闘う青春時代をすごし、利あらざる時も失望の淵に沈まず強く奮起し、営々たる努力の上に輝ける学究としての人生を切り拓いた秋田中学・秋田高校の先覚であり、その足跡は先蹤たるにふさわしいこと異論の余地はない。

苦しかった若き日の療養体験を回想し、生前、二〇一〇（平成二二）年に前田は語っていた。

「私は小学校六年の時に肺結核に感染してしまったのです。それで一年間休学して、昭和一八年に旧制秋田中学に進みましたが、二年生の終わりから三年生にかけてまたやむなく休学したのです。学校制度が変わり、新制高校一年生になる時期にまたもや病状が悪化、通学を中断して療養所に入りました。あの頃は今と違い、国民病の結核は実に恐ろしい、命にかかわる病気でした。

闘病の初期は終戦後一、二年たった頃だったのですが、当時出回り始めた特効薬のストレプトマイシンを父が内緒でアメリカ進駐軍から入手してくれまして、肺の手術も受けて、何とか死なずに助かりました」

つづく長い闘病生活、退校、大検を取得

前田は闘病やむなく卒業を前にして母校を去っている。一説には、非情なる某体育教師が単位取得を認めず、本人もまた結核の療養をつづけながらの在籍はこれ以上は困難としたことからであったと語りつがれている。しかし同窓会名簿の昭和二六年卒業同期の中に、その氏名は連絡先と共に明記されていることには納得がいく。不運だった友を惜しむ同期生の友情がここに見て取れるのである。

この間の事情を前田は語る。「私は療養のため普通の人より四年遅れてしまいました。高校も卒業していませんから、まず大学入学資格検定（大検）に取り組みました」。東大同窓の奥様・前田愛子さんは回顧して「共に長く過ごした家庭生活の中で、前田は秋田高校時代のことは一度たりとも話題にしませんでした。また大検はそのあとの東大入試よりはるかに大変だった、と申しておりました」と静かにふり返る。

やがて不屈の取り組みは実を結び、一九五四（昭和二九）年東京大学に入学する。

鈴木竹雄教授のもと、研究者の道へ

東京大学法学部では商法の鈴木竹雄教授[1]のゼミで学ぶ。前田は語る。「私は学部生時代に鈴木先生に教わって、先生の書かれた有斐閣法律学全集の手形法にすっかり惚れ込んでいました。商法・会社法よりも手形小切手法の研究の方が好きで、熱心でした」

父親が秋田銀行の経営に携わっていたので、卒業に際して最初は金融業界への就職を希望した。しかし、就職試験を受けた都銀からは「既往症のせいで健康不安があるし、年齢も過ぎているので」と断られてしまう。そこで前田は師匠の鈴木教授に「全部だめでした。申し訳ないのですが、研究室に残していただけませんでしょうか」と頼み込んだ。

「今思えば大変失礼な話なのですが（笑）、鈴木先生は「そうか。じゃ、これからは研究職でがんばれ」と励ましてくれまして、本当に先生には頭が上がりません。私は大学院にはいかず、直接鈴木先生の助手となりました。当時の東京大学は割と自由に助手を取っていたと思います」としんみりと振り返る。それにしても際立って優秀でなければ学士で助手にしてもらえなかったであろうし、学者にならなければ、のちの手形法における鈴木教授の「創造説」を先に進めた「二段階創造説」は誕生していなかった。ひたむきに道を切り拓いていく俊秀には、天上からの見えざる加護がもたらされるということか。

「二段階創造説」について前田は言葉を残している

「鈴木竹雄先生は創造説をとっておられたのですが、必ずしも手形債務負担行為と権利移転行為を明確に区別されず、従って権利移転行為については明確に有因とまでは言い切らず、原因関係が不存在な場合は権利濫用で処理しておられたんですね。けれども私としては、鈴木先生の創造説にすっかり魅せられてしまっていたものですから、僭越ながら「ここまできたら権利濫用とかじゃなくて、はっきりと二段階にしたほうがいいんじゃないか」と考えたのです。兄弟子の竹内昭夫先生[2]も交えていろんな議論がされたのですが、鈴木先生も最終的には二段階創造説に賛成してくださいました。今でも先生から「いやー、前田君。手形法はずいぶん進歩したね」とおっしゃっていただいたのが忘れられません」と過ぎし日の師弟の冥利を回想する。

東大から立教大を経て、学習院大の教授となる

前田は「立教には九年いて、その後はずっと学習院ですね。当時から立教は、東大で定年になった先生が行って教えるという流れができあがっていましたから、そのためだと思います。私も先生方から引っ張っていただけたのです。学習院も程度の差こそあれ同じような感じですね」。しかし穏やかな日々は、理不尽な大学紛争の嵐の中で翻弄されてゆく。

佐々木毅さんは語る

秋田高校一九六一（昭和三六）年卒・第二七代東京大学総長の佐々木毅[3]さんは、前田を苦しめた六〇年代末の大学紛争時代の様相をふり返る。

「本郷キャンパスでは歴史に残る安田講堂の攻防戦があり、東大入試が中止になった年です。東大法学部では病人がたくさん出て、ほかの学部でも結構大学を去られた方がおられ、あの紛争は多くの大学にも広がりがました……前田先生は商法でしたね。ご本人を直接存じ上げないのだが、先生はあのとき確か立教にいたと思う。立教も大変だったんです。東大と同じようなことが起こってね。それで彼は立教を辞めた。正確な情報ではありませんけど、辞める事態に至ることが起こったからだと記憶しています。前田先生は決然と辞めて、そのあとに学習院に行ったんですよ。あの方は昭和初期（昭和六年）のお生まれでしょう。定年はまだまだ先なんです。立教に行って大学紛争が起こり、教授会が駄目になり、東大で起こったことがある意味では立教の方がもっと深刻で、前田先生以外の方も辞めて立教の教授会が分裂したんです。あちこちで似たようなことが起こって、ダメージは深刻なものでした」

神作裕之東大大学院教授の証言

長年教授職を共にされて前田と家族ぐるみの交友を重ね、その人格と人柄を誰よりもよく知る東京大学大学院法学政治学研究科教授（商法）の神作裕之《かんさくひろゆき》[4]さんは語る。

「前田先生は、常に穏やかで知性に富み、人に接するに感情を表すようなことは決してない円満な方でした。そのお姿から感じられるのは、やはり若い日の闘病生活から今日を見て、授かった今の命を大切に、一日一刻たりとも無駄にせず、人生の燈火を細くとも長く確実に燃焼させるのだという意志を感じさせたものです。その分ご自身には厳しく、決して今をおろそかにしない生き方を通されました。大学紛争で立教大学を退く時も、なにも辞めなくともよいのではと人は思うのでしたが、先生は筋を通され、ご自身をきつく律されたのです。しかも、辞める時は次の行き先を確保してから辞めるのが通常なのにそれをせず、後で学習院に落ち着いたのでした。やがて法学部長になられて、大学の運営業務に忙殺されてしまう時にも、わずか十分でも時間があればご自身の商法研究のつづきを深く探求されていたことは、今でも印象深く頭の下がる思いです。

前田先生の日常のエピソードですが、健康回復の後にも趣味は一つに厳選し、たとえば園芸を楽しむのであれば他は見向きもせずに集中する。病後の自分には二つ三つの趣味を同時に追うゆとりはない。後年の別荘でのテニスにせよ、晩年の愛犬の散歩であれ、その時々の趣味は一つとされていました。先生はやはり東大出身で秋田銀行頭取だったお父様を慕い、たいへん尊敬しておられました。自分はいつも父親の背中を見つめ、心の支えにしていたと語っておられます。またお父様は会津の出身、したがって自分の中にも会津人の血と誇りが色濃く漲っている。自分は会津の人間だと深く自覚している、とつね日頃申しておられました。先生の気骨を思えば、なるほどそうかと得心いたします。

少し愉快な話では、先生は食事制限にも厳格でしたが、唯一の例外はお酒でした。お好きなうえにお強いので、明るい話題とともに良いお酒飲みでしたね。ことにゼミの学生には懇切丁寧で人気抜群。ゼミ生は前田先生といて幸せだったと思います」と、得がたい証言の数々を神作さんは語ってくれた。

法制審議会で商法改正に取り組む

つづけて前田は語る。

「法務省の法制審議会では、法律を作る側に回るわけで、そこではいわば白地のキャンバスに絵をかくような楽しみもあります。鈴木先生がお元気なうちに、商法の基本的な改正をしようということで発足しまして、昭和五六年の会社法大改正のときは私も幹事として参加し、以来定期的に委員として会社法の改正作業に携わってきました。

最近の大改正は何といっても平成一七年の会社法の分化ですが、こちらは一つ若い世代の江頭憲治郎[5]さんが中心でやっています。私はその前の平成一四年に七〇歳に達し、慣例で法制審議会を退いています。もうずいぶん古い話になりましたが、手がけた改正では一人会社設立とか、株式の譲渡制限、株式交換や会社分割などがあります。あれを作った当時は、それがこんなにたくさんの企業で使われることになるとは思いませんでした」

衆議院法務委員会で「総会屋」の根絶に向けて参考人意見を力説

企業不祥事を防ぎ総会屋の跋扈を許さないための商法改正にむけて、前田は分かりやすく品位あふれる言葉で衆議院の法務委員会に語りかけた。その肉声を簡潔に再現してみよう。

「前田でございます。このたびの、いわゆる総会屋の根絶を図るとともに株式会社の運営の健全性を確保するための、商法（中略）を改正する法律案につきましては、全面的に賛成であります。以前から株主の権利行使に関する利益供与罪、受供与罪につきましては法定刑が軽すぎるのではないかとの意見もあり、また最近、違反事件が次々に発覚していることにかんがみましても、法定刑をぜひ引き上げるべきであるというふうに考えます。したがって、この点に関するこのたびの改正法律案が可決されることを希望するものであります。

企業の側が利益供与をやめようと思っても、総会屋がその要求をした場合、殊に脅迫を伴う要求をした場合には、心ならずもそれに応じてしまうというのがこれまでの企業の側の実態ではなかったかと推察されますが、右のような刑罰規定の新設により、利益供与禁止違反が防止できるようになると期待されるのであります。過日、法制審議会商法部会が開催されまして、（中略）最近、企業不祥事が相次いで発生していることから、全会一致で利益供与罪の会社法上の罰則強化について了承いたしました。（中略）総会屋の存在は、わが国独特のものであります。改正法案が可決され、その規定が総会屋への利益供与に対する大きな抑止力として機能するということを願ってやみません」

諭すがごとく明快に証言する前田の凛々しい姿がそこにあった。

商法改正のスピード感を先取りして読む

前田の著書には名著の誉れ高い、分厚い『会社法入門』をはじめ『手形法・小切手法』（いずれも有斐閣）や『銀行取引』（弘文堂）などがある。経済や企業環境の変化の激しさに伴って、商法は各分野で大胆な改正が進む。前田は前向きに語る。

「今後も会社法の改正に伴って教科書のフォローはしていきたいと思っています。あと国際会計基準が来年（平成二三年）から任意適用になります。要するに簿価から時価へという流れになるといってもよいかと思います。これは昭和三七年以来の大変革ですが、国際会計基準適用会社とそれ以外の会社とに適用企業が分かれてしまいますので、ダブルスタンダードになってしまいます。これは難問だと思いますね。国際基準もまだ最終的には定まっていないようですので、今後の運用状況を注意してみていきたいです」と生涯現役の研究者の抱負を語った。

以上、前田庸先生について、書き手の非力と地元の証言・記録の少なさにもかかわらず記述を進めることができたのは、第一に平石直昭(6)東大名誉教授の破格のご厚情があってのことであり、さらに平石先生のお声がけに応えてくれた江頭憲治郎東大名誉教授が紹介くださった神作裕之東大大学院教授をはじめとする次の皆様のご親切と記録遺産のおかげであり、衷心より感謝申し上げる次第です。

〔取材並びに引用〕
佐々木毅さんインタビュー　二〇一九（平成三一）年二月一九日　日本生産性本部にて
神作裕之さんインタビュー　二〇一九（平成三一）年四月二六日　東京大学大学院にて
関東弁護士連合会インタビュー記事「関弁連がゆく」二〇一〇（平成二二）年一〇月二六日号
第一四一国会　衆議院法務委員会　第五号　一九九七（平成九）年一一月七日　議事速記録

（畠山茂・記）

【注】
（1）**鈴木竹雄**（すずきたけお、一九〇五〜一九九五）商法・東大名誉教授。学士院会員。文化勲章受章。（2）**竹内昭夫**（たけうちあきお、一九二九〜一九九六）商法・東大名誉教授。学士院会員。（3）**佐々木毅**（ささきたけし、一九四二〜）西洋政治思想史・東大名誉教授。学士院会員。二七代東大総長。文化勲章受章。学士院院長。（4）**神作裕之**（かんさくひろゆき、一九六二〜）商法・東大大学院教授。（5）**江頭憲治郎**（えがしらけんじろう、一九四六〜）商法・東大名誉教授。学士院会員。文化功労者。（6）**平石直昭**（ひらいしなおあき、一九四五〜）日本政治思想史・東大名誉教授。

戦時下の秋中で修身の授業の合間に哲学を説いた教師

教育者
町田與太郎《まちだよたろう》

一九〇八年 秋田県美郷町（旧千畑町千屋）生まれ
一九四〇年 一九六二年まで二二年間にわたり、旧制秋田中学で修身と公民、新制秋田高校では社会科の教壇に立つ

戦前の軍国教育の風潮におもねらず、人の真正の在りようを求めて真摯に哲理を語りつづけた姿は、あまたの秋中・秋高生徒に慕われた。また独学で旧制高等学校教員検定試験（哲学）を突破。京都学派の哲学者・西田幾多郎の高弟・田辺元の口頭試問を切り抜けたのは、その年では全国で與太郎ただ一人だった。

ふるさと秋田の力を信じて人々を鼓舞し続けた

銀行家
町田《まちだ》 睿《さとる》
一九五六（昭和31）年卒

一九三八年　現美郷町生まれ
一九五八年　東京大学法学部入学
一九六二年　（株）富士銀行入行
一九九五年　（株）荘内銀行の代表取締役頭取に就任
二〇〇九年　業績不振に陥った北都銀行（秋田市）との経営統合を実現
フィディアホールディングス（株）の取締役会議長に就任
二〇一二年　酒田市の（学法）東北公益文科大学学長に就任
二〇一四年　秋田高校同窓会長（二〇一八年まで）
二〇一八年　死去（享年七九）

東京大学卒業後、富士銀行に入行。市場開発部長、総合企画部長、代表取締役常務を歴任し、荘内銀行へ転身。強靭な精神をもって、たちまち荘内銀行の業績向上と組織の体質改善を実現した。また業績不振に陥った北都銀行（秋田市）からの懇請を受け荘内銀行との経営統合も成し遂げ、フィデアホールディングス（株）の取締役会議長に就任した。平成二六〜三〇年、秋田高校同窓会長。

本書としては異例であるが、町田與太《よたろう》郎さん、睿《さとる》さん父子に登場を願った。父・與太郎は教師のかたわら哲学の根本義を求める研究者として、また長男・睿は世を先導する銀行家・経世家として、いずれもスケールの大きい、深い知性と品性の持ち主として人々に感動を与え、現代社会に足跡をしるした。以下、前編を父に、後編を長子に捧げたい。

前編・町田與太郎　同窓の識者が先師を語る

一九四〇（昭和一五）年の旧制秋田中学着任いらい、父與太郎の足跡は、木造校舎で青春を過ごし、その謦咳に接した生徒たちの胸中に熱く宿る。長い年月を経て、いくぶん記憶は薄れても、本質は摩耗しない。時代は軍が主導する超国家主義（ウルトラナショナリズム・丸山眞男）のもと、戦争への急な坂道を転がり落ちて行くなか、わが国あげての皇道精神は、この近代合理主義を信奉する哲学教師の目にいかに映り、いかに苦しく脳中に住み分けられたであろうか。また、敗戦を境に同じ国民や教職員が一斉にデモクラシーに転身するなか、先師は変わらぬ自分の軸足としなやかな魂のもと、静かに本来の哲学研究を重ねていった。

以下に、わが同窓会の名だたる四人の識者の記憶をたどりたい。

小玉得太郎さん（一九四三（昭和一八）年卒　ヒューマンクラブ「原点」主催　元本金西武会長）談

「私の記憶に明瞭なのは、旧制秋田中学のときに科目として修身を教えた町田與太郎先生の熱血授業がありました。昭和一七年のころです。町田先生は先の同窓会長である町田睿さんのお父上で、当時の秋中の生徒からは絶大な人気を博していた。本来は哲学の研究者であって、いつも修身の授業を簡潔に切り上げて残った時間に「人間とは何か、哲学とは、神を追究することは人間を知ること」など、戦争のさなか軍靴の響きが強まる時代に、愛国教育とは縁もゆかりもない哲学の本質論を一七歳ぐらいの秋中生の柔らかい頭に刷り込んでくれました。何よりも人間の存在に対する思索を中心に据えるという私の人間学（哲学者カントが提唱）に対する基本姿勢はこの頃に焼き付けられたものです。（私が実践した）文化と経済の両立もここからスタートします」（本書の小玉得太郎さんの記事から引用）

明石康さん（一九四八（昭和二三）年卒　元国連事務次長）談

「私が旧制秋田中学に入学したのは昭和一八年、一二歳の時でした。太平洋戦争はすでに敗色濃厚になりつつあり、秋田でも徐々に食糧事情が悪化していました。秋田中学でも勤労動員を生徒に課すようになり、ある二月の真冬、私たちは農地のための暗渠水路を掘る作業を命じられました。凍てつき、ぬかるんだ地面を粗末な道具で二・三メートルも掘り下げ、ただならぬ寒さとひもじさに襲われながら、何のためにこんなことをさせられるのかと情けなく自問したものでした。学校も軍事色が濃くなり、配属将校に叱咤されながら演習と称して秋田から能代まで徒歩で行軍させられ、しかも肩には日露戦争のころの重く使い物にならない歩兵銃を担ぎ、食事もまともには与えられないという酷い日々でした。

辛い野外演習や勤労動員の合間に受けた授業の思い出といえば、私はよい先生たちに恵まれたことだと思っています。ことに修身を担当した町田與太郎先生の姿や言葉には、懐かしさを覚えますね。町田先生は戦争の時代におもねることは一切なく、軍国主義とは無縁の授業をしてくれました。修身という科目は、教育勅語や神国日本の臣民のあり方を教え導くことを内容とするものでしたが、町田先生は生徒に、思考の対象を深く掘り下げ自分の力で答えを見出す、いわば哲学のドイツ観念論の初歩を平易に噛み砕いて教えてくれました。生徒は耐えがたい空腹を忘れて聞き入ったものです。やがて敗戦の八月、私は秋田中学三年生の一四歳。戦争完遂のあらゆる観念が瓦解し、ＧＨＱによる民主主義の嵐に巻かれて、手のひらを反すように人々は豹変していきました。昨日までは何だったのか、大人の世界への不信を宿した時でした。そんななかでも町田與太郎先生は飄々と、淡々と「時代が変わるのは時代の都合、真理は真理」と哲学者カントのように泰然として戦前・戦中の秋田中学・戦後の秋田高校におられたと思います」

松岡正樹さん（一九五五（昭和三〇）年卒　元秋田高校校長）談

【町田先生の哲学談義】先生が大曲高校校長として赴任された時、私は三三歳の若き教師であった。そんなある日、職員会議が始まった。いきなり黒板に達筆で大きな字が躍った。浅学な私には理解できなかった、しかし何とか判ろうとしているうちにいくらか判ってきた。確かこんなことであったと思う。「善とは我々の内面的要求、即ち理想の実現と自己の発展完成である。我々は最上の善を追求すべきである……」。今から思えばあの講義はきっと西田幾多郎の「善の研究」の一節であったと思う。

【睿さんへの父の愛情】睿さんは私の一年後輩で、秋高当時は生徒会長をしていた。彼は生徒の応援参加の自由化を主張し、それをめぐって全員参加を主張する応援団長の佐藤照さんと激しく対立、照団長による睿さんへの鉄拳制裁へと暴発しかねないほど両者の関係が加熱したことがあった。幸い顧問の「たむてつ」こと田村鉄男先生の説得によって事なきを得た。後年に至り、照さんは大曲農業の体育教師、與太郎先生は大曲高校校長、小生は同校社会科教諭で共に秋田から列車で通った。その車内で與太郎先生と照さんはいつも仲良く碁盤を囲むのであった。睿さんが同窓会長になってからそのことを話したことがある。睿さんはすかさず、かつての自身と照さんの対立が和らぐことを願って「あゝ、私のことを思って父は照さんとあえて囲碁を打ってくれたのだろう」と瞬時に理解した。

【愛猫と葬儀】秋田高校の校長室で執務をしていたある日、電話が鳴った。「町田睿という者です。父町田與太郎が亡くなりました。父は長い間秋田高校にお世話になりました。弔辞を読んでいただけませんか」とのこと。そこで私はこんな弔辞を捧げた記憶がある。「私は父の申しつけで、車で囲碁仲間の町田先生をお宅にお迎えに伺ったことがあります。ぽろんぽろんとピアノの音がして、玄関を開けると先生が白い猫と共に現れました……いまはあの優しい笑顔を浮かべ、愛猫と天国で仲良く暮らしていらっしゃるでしょう」と感謝と惜別の心を込め、祭壇の先生に語りかけた。

佐々木毅さん（一九五一（昭和三六）年卒　元東京大学総長）談

「町田與太郎先生は、私が秋田高校を卒業した翌年の昭和三七年まで、母校の教壇に立たれたことになります。我々の時は日本史の先生でした。お互いに同郷（美郷町・旧千屋村）でしたが、だからといってベタベタした感じにはならず、普通の生徒と教師の乾いた間柄でしたね。私より先に東大に進まれた先輩、息子さんの睿さんとも同様だったと思います。

秋高三年のある時、私は日本史教科書の中に、年の記述が誤まっているところがあると気づき、教員室に與太郎先生を訪ね「これは、誤記です」と指摘したことがありました。先生は「そうか、じゃあ調べてみる」と静かに答えて、それで終わった記憶があります。そんな少ない想い出ですが駅前校舎の面影と重なって、懐かしくよみがえってきます」

佐々木毅さんは「町田先生は、秋田高校の後はどちらへ？　ああ大曲高校の校長先生ですか。そこでご退職？　そうですか、それはよかったですね」とかなたに眼差しを向けて、親しく回想した。

後編・町田睿その経世の論を語る

町田睿は、優れた銀行家であるのみならず、ふる里社会の文明力を引き上げようとする言論人でもあった。具体的には二〇〇九（平成二一）年から二〇一二（平成二四）年までの三年間、睿は秋田魁新報の紙面「月曜論壇」に四〇余編の論説を連載した。その原稿の中から特に思い溢れる二編を以下に紹介する。

「秋田の潜在力に注目」二〇〇九・二・二三　秋田魁新報

ここ一年、北都銀行との経営統合の準備があり、郷里秋田へ帰る機会が多くなった。物心ついてから高校を卒業するまで秋田市内で育ったから、半世紀余りの空白を経て秋田を見直すこととなった。駅舎は新しくなり、駅東の一面の田んぼがすっかり住宅地に変貌し、県都の機能も山王地区に移転したが、秋田は本質的なところで変わっていない。

思えば、日本が太平洋戦争後の廃墟から世界第二位の経済大国へ上りつめるまでの間、秋田は中央に米、その代金、さらには労働力を提供し、戦後の復興とその後の経済発展に貢献してきたが、米価が下がるにつれ、相対的に貧しい県土とみなされるようになった。

しかし、東北にあり、日本海に面している秋田の地政学的な特徴と米どころ秋田で培われた歴史と文化そしてそれらに育まれてきた秋田県人気質の可能性は、中長期的に見れば優れた利点を多く保持していると思えてならない。以下、論拠を示したい。

第一に、東京一極集中は是正され、再び地方の時代が来る。わが国の首都圏人口は総人口の三割を占める勢いにあり、自然災害（地震等）やパンデミック（新型インフルエンザ等）の危険、さらには生活コスト（水、電気、ゴミ処理等）が、集積のメリットからデメリットに転じている。

何よりも、市場万能主義的行動原理が人間を競争意識の中に閉じ込め、ある種の精神異常を来している憾がある。人・物・金のあらゆる資源を中央に集中して欧米先進国へのキャッチアップを果たした日本がとるべき道は、再度人・物・金を地方に回帰させ、多様な地方から逞しい人材が輩出される国家へ改造することではないか。

第二に、ＢＲＩＣｓと言われる新興国の急速な台頭である。国家戦略を考えるならば、広大な中国東北三省（旧満州）と豊かさを取り戻した極東ロシアを望む日本海沿岸を縦に結ぶ交通インフラ（高規格道路・鉄道と港湾）の充実は不可欠である。

第三に、秋田は農林水産業に適した基盤を持っていることだ。地球全体が人口爆発を起こしている中、高成長を続ける中国やインドが生活水準を引き上げるから、今後あらゆる資源の不足（特に食糧危機）や地球温暖化問題が深刻化する。奥羽山脈の水と森林の存在は貴重となり、コメや木材などの価格も国際競争力を持つようになる。

第四に、秋田県人気質である。粘り強く我慢強いのは、東北人に共通する資質だが、相手を思いやる気配りが大切な労働の質となってきている。

日本は、中国の十分の一の人口で、しかも少子高齢化と人口減少が同時進行している。先行き高い成長は望めないが、その独自の歴史や優れた文化に裏打ちされた「品格ある国家」として、他国から尊敬される存在でありたい。「文明の衝突」としてのイスラム世界とキリスト教世界との対立の仲立ちは、万物に神が宿るとするアニミズムに起源を持つ日本こそが相応しい。

「独立自尊」二〇一一・九・一九　秋田魁新報

三・一一の悲劇から既に六か月がたち、復興が思うように進展しないいら立ちを感じつつも、当時の衝撃が日々薄らいで日常化しつつあるように見受けられる。今回の惨劇を東北全体の復興につなげ、さらには日本の再生につなげていこうとの当初の熱い思いは、一体どこへ行ってしまったのであろうか。

明治維新を成し遂げて、近代日本の精神的よりどころを探索するようになった明治三〇年代に、最晩年の福沢諭吉が六人の弟子と共に策定した「修身要領」は「独立自尊」の精神で貫かれている。敗戦後の日本は、欧米先進国への「追いつき追い越せ」の目標を達成した後は国家目標を見失い、「失われた二〇年」をただただ嘆いている。大地震、大津波、原発事故の三重苦の洗礼を受けて、あらためて日本の未来を切り開く精神が必要とされるに至ったのではあるまいか。私は再度、福沢諭吉の「独立自尊」の精神を拳拳服膺《けんけんふくよう》すべき時が来たと確信する。

本格的な高齢化と急速な財政悪化で、社会保障をめぐる論議がかまびすしい。年金、医療、介護に要する費用を推計し、消費税の大増税が不可避な情勢にある。

しかしながら、国民一人一人が「独立自尊」の精神で超高齢化社会に挑戦し、各自の志を追い求めて長寿を全うするならば、年金、医療、介護のコストは、社会全体として大いに軽減しうる。死の直前までなにがしかの有為な仕事に携わる、張りと生きがいのある老後を目指したいものだ。さらに地方も中央に依存せず「独立自尊」を目指すならば、政治や中央政府への単なる失望から脱して、日本列島の各地に個性豊かな地方が活力を取り戻すことにならないか。

東日本大震災からの復興は、確かに国の支援が必要であろう。しかし被災地の将来を決めるのに、お伺いを立てねば前へ進めないというのはいかにも情けない。市町村は自分たちのビジョンとプランをもっと強力に発信し、国は地方へ、その実現のための権限と責任を付与するべきだ。今回の復興は国と地方の関係を見直す絶好の機会である。

「権力は絶対的に腐敗する」。政治の世界に限らず、経済社会においてもしかりである。変化のスピードが加速する二一世紀にあって新たに生成し光り輝く企業群もある一方で、名門の誉れ高い老舗企業の挫折や崩壊の例は枚挙にいとまがない。今や硬直化した大企業の時代ではなく、変化への対応力に富む中小企業の時代でなければなるまい。多産多死の世界とはいえ続々と多様多彩な企業人が出現してほしい。自らの力を信じ、自らの夢に殉ずる起業家の輩出が沈滞した日本を再生してくれる。

今回の東日本大震災が、大きいことの効率性が実はリスクの集積でもあったことを教えてくれた。東京一極集中の危うさやエネルギー源の地域独占の無責任さを露呈した。

南北に長い日本列島が、それぞれの地域に多様多彩な地方文化や産業を開花せしめ、それぞれの地方に住む人々が中央やお上に依存せず、「独立自尊」の主体的な夢を追い求めることができる環境をどう整備するかが、今回われわれに突き付けられた最大の課題ではあるまいか。

さらに町田語録を二題、「月曜論壇」から引用してみる。

睿は加えて、この秋田の古習・宿弊にも痛打を与える。

「ところで、わが秋田には、どのような再生のシナリオがあるのであろうか。結論を急げば、秋田は豊かで多様な資源に恵まれているが、不足しているのは、県民の秋田再生へ向けた強い決意と実践である。(中略)最も唾棄すべきは「俺もやらないから、おまえもやるな」と、やる気のある人々の足を引っ張る、悲しい県民性を徹底して打ち壊すことだ。痛みを恐れては改革はできない」(二〇一一年一一月)

また、「想定外であった」という自己弁護には反発を覚えると説く。「危機対応時の責任者は簡単に想定外という言葉を口にすべきではない。災害などでは想定外のことが必ず起こるものだ。危機対応で最も忌むべきは自己保身。それが判断を狂わせ、取り返しのつかない結果を招く。最も必要な心構えは無私、無我夢中の取り組みであり、何にもまして強い当事者意識だ」(二〇一一年五月)

かくのごとく地方銀行経営者が、会長・頭取の執務室から外へ出て、異質な逸材と提案をかわし、自らの組織力、財力をもって社会的にリーダーシップを発揮してゆくという例を秋田で見ることは、従来まず無かった。いいかえれば骨太な「銀行家」が登場し、活躍するには秋田の舞台は小さすぎたかもしれない。しかし睿は、秋田の可能性や人的・物的資源を掘り下げる視点をおろそかにしなかった。常に視野を前方に据えていたことに、頭が下がる。

秋田高校同窓会長としての発言と行動もまた同様であり、声を発するのみならず、ともに汗をかく先導者の姿は見事であった。母校一五〇年の中でも、早すぎた逝去が悔やまれてならない。

(畠山茂・記)

美術作品の力を伝える人を目指して

美術史家
山梨《やまなし》絵美子《えみこ》
一九七七（昭和52）年卒

一九五八年　秋田市生まれ
一九七七年　秋田高校卒業
一九八一年　東京大学文学部美術史学科卒業、同大学院進学
一九八三年　秋田ロータリークラブ奨学生としてテキサス州立大学留学
一九八四年　東京大学大学院博士課程を中退し、東京国立文化財研究所（現・国立文化財機構東京文化財研究所）入所
二〇一六年　同所副所長
二〇二一年　東京文化財研究所を定年退職し、千葉市美術館館長に就任
二〇二二年　日本博物館協会理事
二〇二三年　全国美術館会議理事、日本博物館協会会長

少女時代から訪れた平野政吉美術館での藤田嗣治の作品との出会いが原点であった。日本の洋画家で初めて国際的画家となった藤田の優品を見て、平野政吉氏から藤田との思い出を聞き、作品の背景にある藤田の思いや努力を知る。そこから、どの時代、どの地域の美術品の背景にも作者の営みがあることに思い至り、作品を介して作者と対話することで心の糧を得て、それを人々に伝えようとしてきた。

■主な著書　『近代日本美術事典』（共著　講談社）『高橋由一と明治前期の洋画』（至文堂「日本の美術」三四九）『清親と明治の浮世絵』（至文堂「日本の美術」三六八）『黒田清輝《智・感・情》』（中央公論美術出版）

美術へいざなった秋田の暮らし

秋田で過ごしたのは生まれてから高校卒業までの一八年。大学は、美術史か美学を学べるところを選び、美術史学科に進学して、大学院修士課程を終えて博士課程に籍を置きアメリカに留学。帰国直後に洋画家黒田清輝の遺言によって設立された美術研究所の後身である東京国立文化財研究所の研究員となり、令和三年三月に定年で退くまで三七年間在籍し、日本近代美術の調査研究にたずさわった。大学入学以後、首都圏に住むようになり、秋田での生活はこれまでの人生の三分の一にも満たなくなったが、こうした、美術作品とともにある生活の原点は秋田での暮らしにある。

秋田での住まいは三度変わった。生まれてから幼稚園に上がるまでは登町、幼稚園時代は八橋に住んだ。明確な思い出は八橋から始まる。当時の八橋は県庁の移転によって開発が進む途上にあって、市立体育館から秋田運河に向かうとすぐに湿地帯となり、土崎までが見通せた。家は大工の棟梁の敷地内の借家で、隣家には牛小屋があり、秋になると牛小屋に積んだ藁におびただしい赤とんぼが飛んだ。家の近くの小川でドジョウを捕まえたり、豊かな自然に親しんだ。一方で、母と日吉八幡神社に散歩に行き、狛犬の片方が口を開き、片方が閉じているのは阿吽の意味で、世の最初と終わりを示していると聞いて、形は何か深い意味や古い歴史を持っていることを印象づけられるなど、文化的なものにも触れた。

小学校への入学を控えた早春に中谷地町（現在の中通四丁目）にあった大叔父の家に引越した。そこは、秋田中学から東京大学経済学部に進み、同学で教鞭をとっていた母の叔父の家で、門構えと広い庭、物置小屋と蔵があった。平田篤胤生誕地と記した石碑がある土手谷地町の公園は家から二分で、小学生の頃は毎日のように石碑に見守られながら鉄棒や鬼ごっこに時を過ごした。その家から、秋田大学附属小学校、中学校に通い、秋田高校一年生の夏に千秋中島町の家に転居するまで約一〇年暮らした。

美術に関わる具体的な思い出は中谷地町の家に始まる。大学で西洋美術史を学んだ後、秋田で県立高校の英語教師となった父の蔵書には画集をはじめ美術関係のものが多かった。小学生の頃にレオナルド・ダ・ヴィンチの「モナリザ」の図版を見て、不思議な、少し気味の悪い絵だと思ったり、体に多くの矢を受けつつ殉教に満足げな表情を浮かべている聖セバスチャンの図版を見て不可解に思った記憶がある。

一九六七年に千秋公園のお堀のそばに校倉造の屋根を持つ県立美術館と平野政吉美術館が開館。県立美術館には日展や二科展が巡回し、学校の授業で見学することもあり、日本を代表する画家たちの作品に触れる機会が得られた。テレビの美術番組で見ている林武などの人気作家の作品を実際に観賞できる美術展の会場は、日常とは異なる空間で、秋田からより開かれた場所へと目が開かれる高揚感があった。小学校中学年の頃から通った油絵の教室での展覧会が県立美術館で開かれたこともあり、美術館には親しみをもっていた。

平野政吉美術館の思い出

県立美術館に隣接する平野政吉美術館は、世界的に著名な藤田嗣治の作品に出合える特別な場所だった。階段を上って入口を入り、左に進むと平野の依頼で描いた「秋田の行事」の大壁画の飾られた大きな空間が開けていた。一九二〇年代にパリで評価された白い下地に細い線描の裸婦をはじめ、南米を訪れて描いた「カーナバルの後」など藤田の作品が並び、階上にはゴヤやピカソ、マティスなど世界的巨匠の作品が展示されていた。カンバスに塗られた色とりどりの絵の具は、作者が筆やペインティングナイフを扱う体の動きや息遣いを伝え、世界的に著名な画家たちと直接に対峙しているような気持ちになるのが常だった。そこは世界へと開かれた場所だったのである。当時の日本は、一九六四年の東京オリンピック、一九七〇年の大阪万博と祝祭的な雰囲気の中で国際化が進められており、戦後の荒廃から世界に追いつく明るい道筋が開かれているような機運があった。当時のテレビ放送はモノクロで、都会の様子が映っても遠い世界のように感じられる中、実際の作品は圧倒的なリアリティで違う世界を伝えてくれた。

美術史との出会い――NHK教育テレビの「芸術と文明」放映

こうして絵に興味を持っている中で、小学校五年生のころ、NHK教育テレビで「レオナルド・ダ・ヴィンチの生涯」という番組を見、それまで見知っていた「モナリザ」などの絵の背景に、画家の人生や社会背景があることに深い興味を抱いた。その番組は、イギリスの美術史家ケネス・クラークが作成し、一九六九年にBBC放送で放映されたものであったらしい。貧しい家に生まれたレオナルドが幼くして家を離れ、画家の工房に奉公するところから、一人前の画家になるため日々写生を欠かさず、世間に画家と認められてからも、人体の理解のために規則を犯して解剖を行い、鳥の研究から飛行器具を作成するなど、画業にとどまらず広く自然科学を研究する様などがドラマ化されており、モナリザのモデルや、ライバルであったミケランジェロ、支援者であったフィレンツェのメディチ家の人々、マントヴァ侯やフランソワ一世も登場して、数百年前のことが生き生きと感じられ、一つひとつの絵が秘めている壮大な物語を紐解いていくことの面白さに目を開かれた。その物語を知ることでこんなに絵の面白さが違ってくるならば、物語の探求とそれを伝えるのは意味があるのではないか、事実、このような番組が放映されるのであれば、こうした仕事があるのではないかとも思った。ケネス・クラークはこの番組のスクリプトをのちに書物として刊行しており、高階秀爾氏の訳で『芸術と文明』と題した邦訳が出ている。当時、ルネサンス美術史家として高階秀爾氏がよくテレビに出演していたためか、私の記憶の中では、その番組と高階氏が強く結びついており、この番組を見たころから高階氏の教えを受けることに強い憧れを持つようになっていった。

秋田高校へ

中学時代は軟式テニス部に明け暮れ、本格的な受験勉強は中体連秋田市大会が終わった夏休み以後となったが、父が秋田高校赴任時代に話してくれたエピソードから、秋田高校への憧れが強かった。父が秋田高校で教えていたのは、東京や京都を拠点とした大学紛争の余波で着装自由化などの動きがあった時代のことで、校則を批判する生徒総会が頻繁に開かれる一方、授業を抜け出す自分の代わりに犬に学生服をかぶせていく生徒がいた、あるいは、学校のプールに落ちたニホンカモシカを水泳部員が助けたといった話を聞き、自由で活気ある校風に惹かれていた。私が入学した一九七〇年代半ばには入学早々、放課後に新入生の各クラスに強面の応援団員が訪れて校歌や応援歌の厳しい指導が行われるなど、旧制高校のいわゆるバンカラ風の一面も残っていた。学業だけでなくスポーツや音楽にも力を入れる多才な生徒が多く、おおらかな雰囲気で、高校三年間を大変楽しく過ごした。

進路は美術史を学べる大学と決めており、おのずと志望校が絞られた。三年生の二学期になっても、全国模擬試験の成績は志望校の合格可能性が三割に満たなかったが、それでも希望のままに受験ができたのは、本人の意思を尊重する秋田高校の方針のおかげと感謝している。

大学、大学院、留学

大学では美術史か美学を学ぶと決めて入学したが、在学中にさらに方向を明確にする出来事がいくつかあった。ひとつには真善美の価値について考えさせられたことである。東京大学の一、二年次は教養学部で三年生から専門に分かれる前に広く基礎的な学習をする。高校までは知識を身につけ、定理や公式によって解を求める学び方であるが、大学ではそれらをいったん相対化し、まだ解決されていない問題に取り組む思考が求められる。一般教養として法学史、科学史などを学ぶうち、社会の規範とされている法も、客観的真理であるとされている科学も、いつの時代にも異なる選択肢があるなかでその時々の人々が選び取ってきたものであり、絶対的なものではないと気づいた。法はいうまでもなく人が集団生活を営むために定めたものであるが、学問がギリシャ時代から何千年もつづいているからには、ゆるぎない真理は存在すると仮定してよいと思っていた。しかし、科学史を知ることでそれにも疑義が生じた。すべての星は地球を中心に回っていると信じられていた時代にガリレオ・ガリレイが地動説を唱えて宗教裁判にかけられたことはよく知られているが、科学史では、地動説に限らず、自然科学の法則はいくつもある異論の中で最も妥当性があると論証されたものであって、さらに妥当性が高いものが論証されればそちらが採用されてきたことが跡付けられる。ダーウィンの進化論も一仮説であると知って、驚いた。

古くから真善美が生きる上での最高の価値とされるが、法や科学が相対的なものであるならば真や善はよりどころとするに足りないように思えてきた。一方で、美の価値は直接に感動をもたらし、少なくとも自分にとって疑いようがない、信頼できる価値に思えた。

二年生で美学概論（今道友信教授）の講義を聴講したが、哲学的言説のみで客観的な論拠がないと思った。それに対して美術史は、実際に存在する作品について論を展開しており、客観的よりどころがあるだけでなく、作品から感動が得られ、それについて調べていくことでさらに感動が深まるのが魅力的であった。また、美術史学は作品の美的価値に優劣をつけるものではなく、多くの人々の、多様な美的判断を尊重し、それぞれの作品の歴史を伝えるものである。正解がないこと、多様性を前提とし、肯定する点が好ましかった。

平野政吉氏のこと

夏休みなどに秋田に帰ると必ず平野美術館を訪ねた。「秋田の行事」の大壁画がある部屋の大きな空間は、他のどこにもない。そして、いつ訪ねても変わらない。高い天井の丸窓から光が入り、厳かな雰囲気がある。その部屋に入ると、すぐ左側に館長室があり、紋付き袴姿の平野政吉氏（一八九五〜一九八九）が来館者に声をかけてくださることがしばしばあった。大学で美術史を学んでいると言うと、館長室に入れてくださり、藤田について話してくださったり、秋田蘭画に描かれた雪の表現が雪の性質を知っている人独特のものであるとお話しくださったりした。藤田のことを調べているとお伝えし、大町の旧宅をお訪ねしたこともある。若いころはまだ秋田では珍しかった自動車に乗ったり、飛行機を操縦したり、破天荒でいらしたようだが、美術館でお目にかかる平野氏は穏やかな方だった。藤田が日本に伴ってきた四番目の妻マドレーヌ・ルクーを東京で亡くした直後に、藤田を元気づけたい気持ちもあって平野美術館建設の提案をしたことなどをのちに知ったが、ご本人から直接にそうしたお話を伺っておかなかったことが悔やまれる。

日本近代美術に選考を絞る

東大美術史学科では毎年秋、京都・奈良を中心とする作品見学旅行が行われていた。隔年で絵画を中心とする旅程、彫刻をめぐる旅程が組まれ、学部生、大学院生、教授陣も加わって、一週間ほど朝から晩まで作品を見て歩く。今日では美術館や博物館に保管されている作品も多いが、もともと絵画も彫刻も社寺や邸宅にあって、生活に根づいていた。この旅行では社寺の天井画や襖絵、安置されている仏像などを巡り、それらを観賞するとともに、作品の置かれた建物、その建物を取り巻く地形、創建当時のその地域の社会的位置づけなどに触れる。都市化されてきていたとはいえ、山や川の位置などは古代からほとんど変わっていない。当時の都からの距離や社寺の位置関係などを思い、歩きながら、この場所に絵師や仏師が同じように立ったであろうと思うと、彼らがとても身近に感じられた。木や紙など脆弱な素材で作られていながら絵や彫刻が何百年も伝えられてきたことのありがたさも改めて感じた。何百年後も伝えられていく作品に何らかの形で関わることができたら、これに勝る幸せはないと思うようになっていった。

いわゆる古美術にはこうした歴史的な魅力がある。時代に淘汰された優品のみが残されて、美的価値も高い。一方で、これらの作者の直接の声を伝える資料はほとんどない。どんなに優れた作品であっても、作品を介して作者とできる対話が限られる。また、近世までの優れた絵画・彫刻を見るにつけ、今日の私たちとそれらを隔てるものがあるように思われ、日本の近代という時代の問題が大きくなっていった。美術に関わって、それを仕事とするのであれば、作者の直接の意見、その作品が発表された当時の人々の批評、その後の評価など、なるべく多くの資料に基づいて伝えたい。日本の近代美術について、それぞれの作家が西洋化や近代化とどのように向きあったかを伝え、鑑賞者の作品との対話を豊かにしたい。そうして何百年も伝えられていく作品に関わっていきたい。それが日本近代美術を専門とした動機である。

こうした考えから、卒業論文は幼いころから親しんできた藤田嗣治のフランスでの作品をテーマとした。藤田は日本の伝統的絵画技術と西洋絵画の技術を融合したと自ら語っているので、その表現とそれを可能にする独自の技法について、絵画修復家の協力も得て書いた。修士論文では日本洋画のパイオニアとされる高橋由一を対象として、西洋の油彩画技法を用いながら、日本に古くから伝わる季節の景物や名所風景などを描いていることを明らかにし、江戸と近代のつながりの一端を示した。こうした中で、日本人がどのような表現を求めて油彩技法を用いようとしたのかが知りたくなり、油彩技法史を学ぼうとしたが、日本ではそうした講座を持つ場がなかったため、留学することにした。秋田ロータリークラブの奨学金をいただき、テキサス州立大学美術史学科へ留学した。ニューヨーク修復研究所を第一志望としていたが、国際交遊を目的とする同クラブはなるべく多くの地域への留学生派遣を進めており、第二志望のテキサスとなった。当時のテキサス大学は石油産業の好調により多額の資金を持っていたようで、優秀な教授陣を備えていた。一九八〇年代初頭のアメリカで暮らし、テキサスの広大な自然に触れた体験から多くのことを学んだ。

美術史家として社会に

留学から帰国して直後に職を得た東京文化財研究所は「湖畔」（一八九七年）などで知られる洋画家黒田清輝の遺言によって一九三〇年に開所した帝国美術院付属美術研究所を前身とする。美術に関する調査研究、文献や画像資料の収集・整理・公開を業務とし、戦後は古典芸能、民俗芸能、保存科学、修復技術を担当する部を加え、一九九〇年代には国際協力の部署を加えた。私は同所で近現代美術を担当し、黒田清輝を中心とする日本近代美術の調査研究、黒田記念室での作品公開や貸与、『日本美術年鑑』の編纂などを行ってきた。黒田記念室の所蔵作品を毎年、地域の美術館に巡回する展覧会を開催しており、千秋美術館で一九九三年夏に行われた際には展示のために来秋した。二〇一六年に東京国立博物館で開催された「生誕一五〇年記念　黒田清輝展」では企画や展示に関わった。『日本美術年鑑』は一年間の展覧会、美術文献などを毎年まとめたデータブックで、一九三六年に創刊された。私が入所した当初は手書きで原稿を作成していたが、一九九〇年代にデジタル化に取り組み、今日では書籍としてだけでなく、創刊号から掲載されたデータによるデータベースが構築されてインターネット上で公開されている。

これらのしごとを通じて、黒田清輝や明治・大正の画家たちが日本の近代化にどのように取り組んだかを知ることで、それを私たちがどのように引き継いでいくべきかを考えるようになった。また、日本の美術史研究を世界的なレベルにしようとしてきた美術研究所の諸先輩の努力を引き継ぎ、今日的なかたちで発信する責任を感じ、工夫を重ねてきた。

浮世絵撮影時

美術作品を伝えていくことをしごとと思ってきたので、二〇一一年三月の東日本大震災は衝撃であった。東北出身でもあり他人事と思えず、東京文化財研究所が被災文化財救援委員会事務局となったこともあり、全国美術館会議ほかの関連団体と連携して被災した文化財のレスキュー活動に携わった。二〇一二年には福島県の放射能警戒区域内に残された文化財レスキューを担当した。これらの体験を通して、災害の多い日本で文化財が長年伝えられるために、いかに多くの人々の思いと働きがあったかを改めて考えさせられ、また伝承された作品の貴重さへの思いを深めた。

おわりに

昨今、女性の活躍を求める声が聴かれる。私が大学院を終えるころは、まだ雇用機会均等法が施行されて間もなく、博物館の世界でも女性の常勤職員は非常に少なかった。一九八四年は一九七五年からの国際婦人年の一〇周年に向けて、日本で女性の総合職や常勤職の雇用が急速に促進され、国立美術館・博物館でも女性学芸員が採用された。一九八〇年代後半から、各自治体で美術館が開館するなかで、女性への門戸は開かれていったが、社会あるいは家庭内のジェンダー・ロールは旧来からそれほど変わっていない印象がある。私が子育てをした一九九〇年代から二一世紀初めでも学童保育など女性の就労環境を支える仕組みは十分ではなかった。美術の世界で常勤職を得たものの、子育ての過労から退職せざるを得なかった女性たちが私の世代には複数いる。私は幸いに同居した義母の協力と中学時代から運動部で鍛えた体力で勤めつづけることができたが、家事分担やワークライフバランスの再検討の必要性を強く感じる。

美術や文化財について同時代の人々に伝え、次世代へとつなぐしごとには性差にかかわらず、多様な人の力が求められる。世代を超えてその魅力と意義が理解され、そのしごとを担う人が連綿と続いて、今日まで伝わっている貴重な美術品がこれから何百年も存在し続けるよう、心から願っている。

（本人・記）

人生の四半世紀を大学改革に挑む

元秋田大学学長
吉村《よしむら》　昇《のぼる》
一九六二（昭和37）年卒

一九四三年　新潟県生まれ
一九六二年　秋田高校卒業
一九六九年　秋田大学大学院修士課程修了
一九七五年　秋田大学助教授
　　　　　　名古屋大学工学博士
一九七八年　クラークソン工科大学（アメリカ　ニューヨーク州）
　　　　　　客員研究員（一九七九年まで）
一九八三年　秋田大学教授
一九九五年　秋田大学鉱山学部長
一九九八年　秋田大学工学資源学部長
二〇〇八年　第一一代秋田大学学長（二〇一四年まで）
二〇一四年　東北公益文科大学学長（二〇二〇年まで）

吉村昇さんは、秋田高校出身者さらに秋田大学出身者では初めての秋田大学学長となった。

大学改革が迫られるなか、同大学の看板学部であった鉱山学部の最後の学部長となり、同学部の廃止後は新生工学資源学部の学部長を務めた。

学長に就任後は、大学の施設、環境整備を行うとともに、グローバルな人材育成に寄与する国際資源学部の創設を成し遂げるなど、現在の四学部総合大学の基を築き上げた。

はじめに

平成二二年の六月頃かと思うが、事務職員が学長室に飛び込んできて、「今、秋田高校の生徒が図書館に来て、勉強をしてますがどうしましょうか?」と問いかけてきた。「何名くらいいるの」と聞いたところ、「一〇数名です」との返事。いかにも帰って欲しい様子であった。図書館は二〇〇九(平成二一)年度の予算で全面改修、二〇一〇(平成二二)年度から新しい、居心地のよい図書館として利用されたのである。私は即座に「高大連携の一貫にもなるし、秋田大生の刺激にもなるので、そのまま利用させなさい」と言った。以後、秋田高校の生徒には秋田大学の図書館を利用してもらっている。全館冷暖房完備、勉強をするには最適な環境でもあった。

実は、二〇〇八(平成二〇)年四月、秋田大学の学長に就任直後に、秋高同窓会だより第八三号(平成二〇年七月一八日発行)のポラリスに、「秋田大学にとって近くて遠い秋田高校」を寄稿。その最後の所に以下のような一文を記したのである。「見た目にもキャンパス環境が変わったという所をお見せします。秋田高校生がキャンパスの中を通って通学したくなる様に創り変えます」。図書館は手形キャンパスの中央部にあり、秋田高校生がここに寄ってくれることは私にとっては最初から強い思いがあった。

高校〜大学(院)時代

秋田高校には一九五九(昭和三四)年四月入学、一九六二(昭和三七)年三月卒業の秋田駅前校舎の最後の学年であった。翌年から今の手形山の校舎に移転した。今の市民市場の所に古びた木造二階建の建物、NTT東日本の辺りが土手になって一段低く、そこに野球場があった。

最後の校舎ということで建物は荒れ放題、教室と教室の間の壁には穴が開いており、隣のクラスとはそこから行き来するほどであった。駅前ということで、通学には便利。昼飯も金座街に行くと何でも売っていて、とてもよい場所だったと記憶している。

在学中、新校舎建設のための寄付金募集があったが、自分たちが新校舎に入るわけでもないので寄付は極めて低調、三年次担任の奥山先生（担当物理、後に秋田高専教授）に、寄付の件で頭を下げてお願いされたことが記憶に残っている。寄付のせいか、卒業式は手形山の新体育館で行われた。今と違って三月七日であった。当時の手形山はずいぶん不便で秋田駅から歩くしかなかった。

秋田高校を卒業、秋田大学鉱山学部電気工学科に入学した。高校時代と一緒で校舎は木造の酷い建物であった。四年生になると卒業論文用の実験等があり、能登文敏教授（後に鉱山学部長）の研究室に入り、高電圧による電気絶縁破壊の分野に進んだ。能登先生の薦めもあり、大学院に進学はしたが、当時の地方大学は研究費が乏しく、実験設備は手作りであった。

幸運が訪れたのは大学院の二年生になる四月、鉄筋四階建ての一号館に移転、研究室の片隅にシールドルーム（遮蔽室）と暗室を兼ねた二畳ほどのスペースができたことである。暗闇の中で顕微鏡を通してエポキシ樹脂の中の微小破壊をのぞいていた時に、今までに見たこともない赤い、途切れ途切れの光が発光しているのを発見した。さっそくスライドフィルムでその光を撮影。放電光と名付け、翌年の電気学会全国大会で発表したところ、世界で初めての発見となり、会場にいた研究者が驚きの様子であった。

大学教員及びアメリカでの生活

一九六九（昭和四四）年四月、電気工学科の助手に採用された。電気学会での発表を聞いていた名古屋大学の家田教授（後の電気学会会長）が博士論文の指導をしてくださり、一九七五（昭和五〇）

年六月に名古屋大学から工学博士号が授与された。同年四月助教授に昇進。有機絶縁材料の破壊現象に成果を出し、北の拠点として秋田大学は注目された。

一度は外国の大学で研究生活を送りたいと思い、放電光の写真を飾ってくれていたイギリス、マンチェスター大学のクーパー教授か、カナダのオタワにある国立研究所に行きたいと思っていた。結果としてアメリカ、ニューヨーク州にあるクラークソン工科大学より研究員の誘いを受け、一九七八（昭和五三）年一月から一九七九（昭和五四）年八月までの一年九カ月を大学のあるポツダムで過ごすことになった。客員研究員という身分で大学から給料を貰い、高電圧での絶縁破壊を研究した。家族四人でのニューヨーク州最北の町、ポツダムでの生活は当初苦労が多かったが、一年過ぎた頃からは楽しい毎日であった。夏時間と冬時間のあることも初めて知った。セントローレンス川に近く、最も近い町がモントリオールとオタワで、どちらも車で二時間ほどである。ニューヨーク州のシラキュースまでは車で三時間、ここの電力会社に報告のために時々出掛けた。

クラークソン工科大学電気情報工学科は教員が二三名で、半分はアメリカ人以外の国際性のある学科であった。高電圧の研究室はエジプト人のハンマム教授が主宰していた。ドイツ語流の英語で話してくれた。例えば、「アル　ユー　ドクトル　ヨシムラ?」といった語りである。向かいの部屋にインド人の助教授がいたが、巻き舌英語で理解するのに苦労した。

毎日夕方五時になると掃除人のおじさん（ジャニター）が来るが、帰り際に「ドウ　ユウ　シャブザ　ライト?」と言って帰る。最初は意味不明であったが、しばらくして、「帰る時に電気を消してくれ」ということがわかった。夏はニューヨーク市民の避暑地になるが、冬はとても寒い。マイナス三〇度になったこともある。日本に帰国後はもっぱら英語の論文をアメリカの学会誌に書いていた。

一九八三（昭和五八）年四月、教授に昇進、三九歳の時であった。当初七人の研究室であったが、その後三〇人まで増え、大学院生が半分であった。ＴＤＫからセラミックスの誘電体破壊現象解明の依頼があり、以後二〇年以上共同研究は継続された。多くの研究費を出して頂き、成果を上げることができた。中国から博士大学院生が集まり、科学研究費にも採択、研究成果では他の大学には負けない研究室となった。

最後の鉱山学部長

一九九五（平成七）年四月、秋田大学鉱山学部長に選出された。五一歳の時であり、国立大学工学系の学部長では最年少であった。一九九一（平成三）年から前任の徳田学部長（後に第九代秋田大学長）から博士課程設立準備委員長を拝命、無事一九九四（平成六）年四月に博士課程を設立することができた。その成果もあってか、徳田学部長につづいて第一六代鉱山学部長に就任した。

私に与えられた大きなミッションは、鉱山学部を廃止し、新しい学部を作ることと理解していた。苦節二年、一九九七（平成九）年一二月下旬の政府予算案に「工学資源学部」創設予算案が盛り込まれていることを知り、辛い仕事からの解放感に浸った。一九九八（平成一〇）年四月、新生工学資源学部が誕生、初代の工学資源学部長に就任、同時に最後の鉱山学部長となった。以後三期六年、工学資源学部長を務めることになり、この間秋田大学に関する様々な概算要求に携わることになった。合計で九年間の学部長の経験が後に秋田大学の学長としての成果に繋がったといえる。

秋田大学出身初の学長

二〇〇八（平成二〇）年四月、秋田大学の第一一代学長に就任した。秋田大学出身者としては初めて、秋田高校出身者でも初めての学長である。

最初に取り組んだのは施設、環境整備であった。秋田県初の人工芝の陸上競技場、図書館の改修、医学部基礎棟の改修、附属病院の裏手にある保育園の改修と病児・病後児保育室の新築、保戸野地区附属学校園の改修と駐車場の整備等、秋田大学のほとんどの建物の改修と環境整備を行った。手形キャンパスの正門から見る光景を一新し、さらに秋田大学の入り口近辺にあった秋田県の宿舎跡を、県と土地の交換ということで入手、そこに産学官連携の建物（インキュベーションセンター）と秋田鉱専以来一〇〇周年記念会の一部寄付を頂き、一〇〇周年記念会館を建設した。一二月から一月にかけては道路の両側の塀に発光ダイオードによるイルミネーションで道路を明るく照らした。最も喜んだのは秋田高校生であろう。学校帰りの暗い夜道が明るくなり自転車でも危なくなくなったようだ。

附属病院には秋田県から多くの支援を頂いた。バス停空き地の提供、医師養成の寄付講座、ダビンチ手術装置、腎疾患センター、シミュレーションセンター等々である。保戸野の附属学校園とも、年一回学長と園の関係者との懇談会を開いた。トイレの整備、小学校の図書室への司書の派遣と本の購入費用の補助、体育館の整備等の要望に耳を傾けた。

様々な改革に取り組んだが、その中で最も評価されたのは第四の学部である国際資源学部の新設である。二〇一二（平成二四）年一月、文部科学省は国立大学の学長に対し、大学改革経費一三八億円について、よいアイディアを提案した大学に配分することを表明した。それに対し秋田大学はトップダウンで、新しい制度で設計した国際資源学部を提案、採択された。学部のコンセプトは「資源グローバル人材の養成」である。専門科目を英語で行うこと、一年次にＡＥＰ教育を行うこと、海外資源フィールドワークの必修化等、新しい試みを導入した。

学長に就任した平成二〇年、国際資源学教育研究センターを立ち上げ、アフリカボツワナ共和国のボツワナ国際科学技術大学の創設に貢献、さらにモンゴルの国立科学技術大学、カザフスタンの東カザフスタン工科大学との連携や協定を締結、国際資源学部の創設に結びつけた。

在任中心掛けたことは、他の大学とは異なる特色のある大学政策を文科省に提案することであった。資源外交の一翼を担いながら高等教育機関としての使命である人材養成に寄与する姿勢を打ち出したことである。資源分野において「世界のハブ大学」として存在感を示していくという大きな目標を掲げた。教授会改革では新しい試みが注目された。教授会の議事案件を主に学生の入試や学務、厚生補導など学生に関連したものに特化したことである。そして教員の人事や予算の配分、改組等、主な運営については学外委員を半数入れたカウンシル制度を設置した。外部の目を入れ学部の運営を図る仕組みは、国立大学では新しい改革であった。与えられた条件のなかで、秋田大学は何を特色として世界に挑み続けることができるのかを考えつづけた六年間であった。

東北公益文科大学学長

町田前学長（北都銀行会長、前同窓会長）からのお誘いもあり、二〇一四（平成二六）年四月、東北公益文科大学の第四代学長に就任した。公設民営方式で設置された私立大学で、学生の入学定員は二四五人、収容定員は九六〇人の小さな大学で、二〇〇一年の設立で、学部は酒田市、大学院は鶴岡市に立地している。

改革で最初に取り組んだのは、クオーター制（四学期制）であった。狙いは第二クオーターの六、七月と夏休みの八月の三カ月を利用して、海外留学を可能とすることであった。一〇カ月程度の長期留学をしても四年で卒業できる制度にした。さらに渡航費の半額を大学が補助した。

最初の三年間で大学の基礎を作り直し、平成二九年からの三年間で「庄内から日本の教育を変える」を目標に、文科省の大学教育再生加速プログラム（ＡＰ）に採択、また私立大学改革総合支援事業では全国二位、さらに文科省の研究ブランディング事業にも採択、順調に外部資金を獲得し目標通りの大学に変わっていった。その結果、二〇一九（平成三一）年四月の入学生は二七一人と定員を超え、全学生も九二〇人までになった。私立大学は国立大学と比べて国の支援が少ないが、教育に特色を出すことにより、特色のある大学を作ることができることを実感した。

結び

私自身の人生の中で後半二五年間は国立秋田大学の改革、最後の六年間で私立大学の東北公益文科大学の改革を行うという経験をした。

学部長になり、学長になった時は「他の大学ではやらない新しいことをしよう」と言いつづけてきた。組織には「常に夢と目標を持つこと」とも言いつづけてきた。例えば、国際資源学部の創設という夢と、グローバル人材の育成という目標を実現するというふうだ。新しいことを進めるにはトップダウンの意思決定が重要だ。正しい方向を見定め、意思を固めても、それを通せない様では、改革は成し遂げられない。これは研究にも通じる。後につづく同窓生諸氏の一人一人の頑張りにより、日本の社会に明るい未来が訪れることを期待して結びとする。

秋田大学の学生たちと

（本人・記）

脳神経外科学を極め、大学改革に邁進した

元東北大学総長
吉本高志《よしもとたかし》
一九六一（昭和36）年卒

一九四二年　秋田市土崎生まれ
一九六一年　秋田高校卒、東北大学医学部入学
一九六八年　東北大学医学部卒業。専門は脳神経外科学
一九七七年　医学博士授与
一九八二年　脳神経外科助教授
一九八八年　脳神経外科教授
一九九九年　病院長
二〇〇一年　第33代医学部長
二〇〇二年　第19代東北大学総長（二〇〇六年まで）
二〇〇七年　独立行政法人大学入試センター理事長（二〇一三まで）
二〇〇三年　日本脳神経外科学会初代理事長（二〇〇七年まで）
二〇〇五年　日本学術会議第20、21期会員（二〇一一まで）
二〇一八年　瑞宝大綬賞授賞

東北大学総長として強い決意で大学改革に取り組んだ脳神経外科医師。生命に直結する最先端医療に患者中心主義で取り組むとともに、大学、病院の組織運営においても、医師としての迅速な判断経験を広い視野で活かし、巧みな手腕を発揮した。「歴史と伝統に畏敬の念をもちつつ、同時に、常に大きな改革へのたゆまざる努力が肝要」と語る。

私は、これまで、秋田高校の校歌の一節にある「敬天愛人」を大切にしてきました。東北大学総長に就任した時、友人の書家に依頼した畳一畳分の大きな額に入れられた「敬天愛人」の勢いのある四文字を今でも時々眺めることがあります。ちなみに、作詞された晩翠先生は旧制第二高等学校の教授であり、旧制二高は、一九四九（昭和二四）年四月、その歴史と伝統を東北大学が引き継いだ六つの高等教育機関の一つであります。

私が医師の道を選択したのは、両親が開業医でありなんとなくそれ以外は考えられない環境にあったためでした。あまり疑問を抱かずに選んだ道でしたが、私の学生生活は順調ではありませんでした。教養部での大学生活を経るにつれ、漠然とですが、このままでいいのだろうか、卒業し医師となり、父の後を継いで本当に好いのだろうか、と考えるようになりました。確固たる信念はあったわけではありませんが、医学部四年の春、休学しました。父は休学に対し、ほとんど何も言いませんでした。ただ、自分は若いころは経済的に余裕がなく、充分な勉強はできなかった。だから博士号を取っていない。もし医学部に戻ってきても、自分の後を継ぐことは無い。好きなことをすればいい。ただ真摯に勉強しろ。

世の中には、不思議なことがあるものです。一九七七（昭和五二）年二月二三日。この日は父が鬼籍に入った日です。私の医学博士の学位記に記載されている日付も昭和五二年二月二三日です。遠い、遠いこの日、私は寸暇を惜しんで脳外科の真っ只中にあり土崎には帰れませんでした。

私たちが過ごした秋田高校は、秋田の駅前にあった古い校舎でした。現在の社会の枠組みにもよると思いますが、当時の高校生活は、今と違って全体的に「自由」であったと思っています。私自身は優秀な生徒ではなく、東北大学に合格した時、担任の先生が本当に受かったのかと驚かれたことを今も覚えています。そして、高校時代は、同級生ともよく共に過ごしました。卒業後は年次を冠した

「36会」に出席したことはありませんが、心に残る、同級生を一人述べます。

一九七七（昭和五二）年早春、当時の西ドイツ州立大学に留学する機会を得ました。朝六時半から始まる生活に慣れたころ、私は高校時代の友人がいるブリュッセルに向かいました。久しぶりの再会でした。最後の夜、彼の家で大いにワインを飲みながら「現在の日本経済の発展を支えているのは、お前のような若い人がこのように外国で一生懸命頑張って地道な努力をしていることがその一つの源となっている」「それは医学の世界でも同じだろう。その道の大家が外国で認められているのも、やはりお前みたいな若い医師が寝食を忘れ仕事をする。その積み重ねから大きな仕事ができている」と、大変な飛躍はあるものの、高校時代の議論の延長でもあるように、日本の国を支えているのは我々みたいな若者であり、お互い現在その様な第一線の場で生きていることに感謝しようと意気投合しました。

私の机にエッフェル塔とセーヌ川の夕日の絵葉書があります。「お元気ですか。もう一年ぐらいで帰国出来そうです」。私が東北大学に入学した時、彼は東京外国語大学のフランス語科に入学しました。高校在学中から非常に優秀で、特に語学の天才でした。大学卒業を控えた夏、重箱の隅を突っつくような仕事はしたくないよと民間の会社を選びました。「いろいろな紆余曲折がありましたが、やっと東北大学医学部の教授になりました」。私が脳外科医を志してから二〇年が経っていました。二人の歴史から見て、彼は、私を心から祝福し、この瞬間を理解してくれる数少ない一人であったに違いありません。四月一七日夕方、突然パリから彼の夫人の電話がきました。彼は私の手紙を見ることなく約三〇時間前に鬼籍に入っていたのです。仕事の帰り深夜に交差点で運転席の側面に衝突され即死でした。東京の学会の途中、彼に会いに行きました。彼の写真は昔のままで笑っていました。私は話す言葉は全くありませんでした。ただ悲しい気持ちでいっぱいでした。数少ない友人を失った悲しみは無論あります。それと同時に、それ以外の何かが私の心の中にありました。人間の一生とはこんなものかもしれない、またそうでないかもしれない。そしてそうであるからこそ現実の私があり、親しき人、人、人がいる。

東北大学総長に就任した時、日本医事新報の「人」の欄が、私のインタビューを基に考えをよくまとめていますので、次に述べさせて頂きます。

教授初期のころ

「脳外科の診療では、極めて限られた時間に決断しなければならない局面が多く、時期を失すると、たとえ救命されても重度の後遺症を残す危険があります。このような迅速な判断経験を大学運営に活用出来れば幸いです」総長就任の第一声の情感からにじみでるのは、大学改革に対する強い決意だ。
来春に迫った国立大学法人化へ向けては「全学的な英知の結集による新たな仕組みが不可欠」と、副総長には事務方のトップも含めた四人を任命し、更に総長補佐制度も設けるなど、柔軟で機動性のある新体制を発足させた。病院長時代には、診療科中心の縦割りの大学組織に横糸をかけるべく、中堅医師、看護師、薬剤師、事務職員らで構成する病院運営会議を立ち上げ、そこから提案された数々の改善策は即実行に移す等、大胆な改革を推し進めた。その巧みな組織運営手腕には定評があるだけに、まさに時機を得た総長登場といえよう。
持論は〝組織的対応〟「病気を治すには医師個人の力では無理です」とりわけ脳外科領域では、進歩する脳科学を臨床に活かすためには莫大なお金がかかるだけに、チーム医療という〝ヒト〟

もさることながら、医療、診断機器などの〝モノ〟そして患者や医療を取り巻く〝社会〟も含めた総合的な対応が必要であり、それは大学運営でも同じことと強調する。

医学部卒業後脳神経外科に入局し、脳卒中の外科治療では世界的な先駆者として知られる恩師・鈴木二郎教授の厳しい指導の元、多忙な日々を送ってきたが、「生命に直結する最先端の医療に取り組むことで、これこそ自分の生きる道との核心を深めました」と当時を振り返る。教授就任後、鈴木教授の業績を更に発展させ、低侵襲的な手術の開発や非侵襲的画像診断法の臨床応用、更に脳保護物質の開発などに取り組んできた。

その根底に流れるのは患者中心主義だ。「もちろん、一番大事なのは病気をきちんと治すことです。しかし、それだけに特化してはいけません」長年、生死の瀬戸際に立ち会い、患者の心身の苦しみを全身で受け止めてきた吉本さんらしい医療観だ。だから若い医師には「あまり先を見るな」と一言。「大事なのは気持ちとか意欲ということではないでしょうか」。


このようなことで始まった、私の総長時代は、明治の帝国大学令公布そして、敗戦後の新制大学制度に次ぐ日本の大学の三大変革の一つと位置付けられる国立大学法人化の時期のまさに前後でありました。法人化を経験した新年のあいさつの一部を述べさせていただきます。

新年明けましておめでとうございます。昨年の六月、国立大学法人東北大学の業務報告書を法人評価委員会に提出、七月、総

総長時代の入学式で

長ヒアリング、九月、評価結果素案に対する意見の照会、一一月、最終評価の決定、公表と、「評価」の全過程を経験しました。法人化により、中期目標の作成、それを実行するための中期計画の達成、法人評価委員会により評価、次の第二期中期期間の資源配分が決定。今までの国立大学にはなかった新たな仕組みが、現実に始まりました。

現在、東北大学は「研究中心大学」、「世界と地域に開かれた大学」、「指導的人材の養成」を中期目標に掲げ、法人化を契機にすべての研究科、研究所が、それぞれの緊張感と競争的環境の元、世界最高水準の研究・教育拠点を目指し順調なスタートを切ることが出来ました。更に、この「国立大学法人」と同時に「創立一〇〇周年記念事業」、「青葉山新キャンパス移転」があります。これらは個別に見ましても大変な事業であり、その結果が東北大学の将来に極めて重要な影響を及ぼします。そしてこの歴史的ともいえる「三大事業」はお互いに密接な関連を持ち同時進行してゆくことになります。

東北大学の長い歴史と伝統を基に、教職員を初め多くの方々のご努力により必ず大いなる成功を遂げるものと確信いたしております。そして「三大事業」の成功により、東北大学は、国内外に向けて更に大きな飛躍を成し遂げることになります。

病院長の二年間、医学部長の約一年半、総長の四年間、そして大学人としての最後の仕事の大学入試センター理事長の六年間を過ごしました。その間常に考えていたことは、組織の長としての立場でした。その職責の理解、その職責の任期の理解が大変重要だと思っています。そして、基本的には「歴

2018 年、瑞宝大綬章授賞

史と伝統に大いなる畏敬の念をもちつつ、それと同時に常に大きな改革へのたゆまざる努力」が肝要だと思っております。

司馬遼太郎氏の文集文庫に『菜の花の沖』があります。一八世紀末の稀代の豪商高田屋嘉兵衛が、自身の設計による初めての巨大な千五百石積の辰悦丸を建造したのは、まさに秋田の地でした。「輝くように白い帆に風を受け土崎を後にした時の喜びは、全員が終生わすれられなかった」と書かれております。

私は秋田の海が大好きです。人生は順風満帆ではありません。四季、真夏の海に沈む大きな太陽、白い波頭が幾重にも押し寄せる真冬の海、その時々に心を癒され再び現実に戻ってゆくことを大切にしてきました。

このことは、後期高齢者を過ぎた現在も変わりなく続いております。

（本人・記）

母校に栄光あれ――あとがきに代えて

新先蹤録委員会　委員長　畠山　茂

母校秋田高校の創立一五〇周年を記念し、刊行に着手したこの『新先蹤録』が約五年の歳月を経て、今日つつがなく完成したことは何にも増して喜びに堪えません。編纂委員会の皆さんとともに天を仰いで安堵したいと存じます。また振り返ると、編纂にあたり数年前までは先の見えない、出口の明かりも分からないトンネルの暗闇のなかで、しかし委員各位は一言の不安や不満も口にすることなく、力強く対象者を調査し、感動をつかみ取り、原稿に仕上げ、気高く無報酬の完全ボランティアを貫きながら、休む間もなく次の仕事へと取り組みました。委員九名の多くはすでに老境に差し掛かっておりましたが、ひるむことなく秋高に宿るノブレス・オブリージュを遺憾なく発揮し、各自の重い責務を全うしたのであります。これには誠に頭の下がる思いです。

頭が下がるといえば、二代にわたる同窓会長、故町田睿さんと銭谷眞美さんのお二人には編纂事業を進める上で常に温かいまなざしでご支援を賜りました。ここに厚くお礼を申しあげます。

余談ですが、編纂初期のころ町田さんに案として父・與太郎先生とともに親子並んで本書の候補者に、と伝えたことがありました。「うー、それは待って欲しい。発兌する側に立って、やがて自分が巻頭言を飾る立場にありながら、本文中にも涼しい顔をして登場するわけにはいかない、しかも親子で。せめて父だけにしてはくれまいか。それがかなえば、こんな嬉しいことはありません」と深慮を述べられたのが記憶に新しい。町田会長はその後、惜しまれながら逝去され、私としては迷うことなく父子のページの実現を誓った次第です。

現在の会長の銭谷眞美さんは、私とは昭和四三年卒の同期であり、なにかと敷居を低く構えてくれて編纂の過程を励ましていただきました。そのお人柄をよく知る元国連外交官の明石康さんは、東京・麻布十番の瀟洒な個人事務所で四年前に私のインタビューに答えながら、突然「文化庁も京都に移転しますが文科省の話題から派生して、いま同窓会の会長の銭谷さん、国立博物館の館長も立派におやりになっていましたけど、静かな優しい人ですね。文科省では非常に信望のある立派な事務次官だったと思いますね。」と語ってくれました（本書にあり）。このように新先蹤録の本文中で名前をあげて称賛を受けるとは稀なことでしょう。しかも明石康さんからです。かくのごとく秋田高校同窓会は歴代の会長にも恵まれ、一五〇年の歴史を刻んできたことを深く思います。

ところで、先の『先蹤録』は二〇年前の母校創立一三〇周年に際して、明治・大正期に旧制秋田中学が輩出した歴史的な逸材、偉人を対象として、小玉得太郎先輩（昭和一八年卒・本書にあり）によるご発議と資金提供のもとに同窓会事業として編まれたものでした。当時を振り返り小玉さんは「みな賛同はするが、同窓会には人も金もない状態であった。提案者は自分であり、後には引けないわけだ」と語り、上梓にむけて果敢に全力をつくしたのでした。私は智力・財力を兼ね備えた小玉さんをして、旧制秋田中学が輩出した「秋田の最後の旦那衆」と親しみを込めて内心お呼びしていたものですから、一四年前のある日「次の先蹤録の編纂をあなたに託すので、断らないように」と静かに強く断言されて、いらい新先蹤録のことを思わぬ日は一日たりとてない年月をすごすことになりました。

小玉さんが旅立たれて四年になろうとしている今日、ご冥福を祈り完成本を御霊前に捧げます。

編纂事業の中で最大の難関として立ちはだかったのは、新型コロナウイルスの感染拡大と国内の移動制限、それに伴うインタビュー取材の不成立でした。ゲストの息づかいが聞こえ、即妙な話題発展にハラハラ感も交え、肉声の温存も加わるオーラルヒストリーの妙味は感動的な成果をあげてくれました。それができなくなったので、編纂方針は調査記述、自筆記述の重視へと大転換を遂げざるを得ません。委員各位も最後まで精励努力を尽くしてくれましたが、ここでさらに厚く感謝を申し述べなければならないのは、原稿執筆にご協力をいただいた有志の皆様の心意気に対してであり、そのなかには同窓以外の方々すらおられたのです。本書の各原稿の末尾には、敬意をもってその方々のお名前を記しております。誠に感謝申しあげます。

本書に登場した同窓各位は赫赫たる先蹤を残されたのですが、今回の候補者の選定にあたっては、溢れるほどの人々の中から「衆目の一致する」方々に登場いただき、結果的に選考はおだやかに軟着陸できたと思っています。同時に、やがて登場すべき次期予備軍ともいうべき分厚い同窓生の層を強く感じます。それはやがて母校一七〇周年さらには二〇〇周年の後続の先蹤録に収められるべきであり、あたかも「秋高山脈」ともいうべき連山の姿を想起させます。我らはもって瞑すべしであります。秋田高校から世界に、宇宙に飛び立った幾多の男女の火の玉に想いを致し、満足の思いで「あとがき」を終えます。母校秋高と同窓会に栄光あれ。有難うございました。

新先蹤録委員会

委員長　畠山茂（昭和四三年卒）

選考委員　澤井範夫（昭和四一年卒）　柴田義弘（昭和四一年卒）

北林真知子（昭和四五年卒）　武内伸文（平成二年卒）

編纂委員　武藤富士雄（昭和四三年卒）　相馬高道（昭和五一年卒）

内藤克幸（昭和五一年卒）　田口清洋（昭和五四年卒）

新先蹤録《しんせんしょうろく》——秋田高校《あきたこうこう》を飛《と》び立《た》った俊英《しゅんえい》たち

二〇二三年九月一日　初版発行

編者　秋田高校同窓会新先蹤録委員会
あきたこうこうどうそうかいしんせんしょうろくいいんかい

発行者　三浦衛
発行所　春風社　Shumpusha Publishing Co.,Ltd.
横浜市西区紅葉ヶ丘五三　横浜市教育会館三階
〈電話〉〇四五・二六一・三一六八　〈FAX〉〇四五・二六一・三一六九
〈振替〉〇〇二〇〇・一・三七五二四
http://www.shumpu.com　✉ info@shumpu.com
装丁　矢萩多聞
装画　ミロコマチコ《鳥との対話》
印刷・製本　シナノ書籍印刷株式会社
乱丁・落丁本は送料小社負担でお取り替えいたします。

ISBN 978-4-86110-872-3 C0023 ¥2000E